›Informationen zur Zeit‹

Originalausgabe

Über dieses Buch

Das ›Rotkol‹ (Rotes Kollektiv proletarische Erziehung) gehörte 1969–1971 zu den bekanntesten Berliner Organisationen, die im Kinder- und Schülerladen-Bereich an der Entwicklung sozialistischer Erziehung gearbeitet haben. Der Autor war einer der Hauptbeteiligten im Kollektiv. Sein Bericht zeichnet Probleme und Perspektiven einer proletarischen Erziehung nach, die über die bürgerlich-antiautoritären Versuche hinaus die Grundlagen revolutionärer Politik vermitteln soll.
Sein Resümé: »Es liegt auf der Hand, daß kommunistische Intellektuelle, die diese Aufgaben beginnen, für sich selbst organisatorische Konsequenzen ziehen müssen. Die Organisationsfrage löst sich für die Kopf- und Handarbeiter nicht nach abstrakten Prinzipien der III. Internationale, sondern nach Maßgabe der Möglichkeit, daß sich am Arbeits-, Studien- und Ausbildungsplatz die unteren und höheren Schichten des ›Gesamtarbeiters‹ gemeinsam organisieren.«

Der Autor

Lutz von Werder, M. A., geboren 1939; Studium der Philosophie und Erziehungswissenschaft in Göttingen und Westberlin; wissenschaftlicher Mitarbeiter am Institut für Soziologie an der Freien Universität Berlin.
Veröffentlichungen: Edition der Pädagogischen Schriften Otto Felix Kanitz, Kämpfer der Zukunft. Für eine soziologische Erziehung, Frankfurt 1970; Gotthold Krapp, Polytechnische Erziehung, Frankfurt 1971; mehrere Beiträge in: *Erziehung und Klassenkampf.* Eine Zeitschrift für marxistische Pädagogik, Frankfurt 1971 ff. — Zusammen mit Reinhart Wolff Herausgabe von: Siegfried Bernfeld, Antiautoritäre Erziehung und Psychoanalyse, Band 1–3, Darmstadt 1969–70; Otto Rühle, Zur Psychologie des proletarischen Kindes, Frankfurt 1970; Edwin Hoernle, Grundfragen proletarischer Erziehung, Darmstadt 1969; Schulkampf 1, Frankfurt 1970; Geschichte der kommunistischen Jugendinternationale Band 1–3, München 1970.

Lutz von Werder

Von der antiautoritären zur proletarischen Erziehung

Ein Bericht aus der Praxis

Fischer
Taschenbuch
Verlag

Fischer Taschenbuch Verlag
Januar 1972
Umschlagentwurf: Jan Buchholz/Reni Hinsch
Fischer Taschenbuch Verlag GmbH, Frankfurt am Main

Gesamtherstellung: Clausen & Bosse, Leck/Schleswig
Printed in Germany
ISBN 3 436 01521 0

Inhalt

Vorwort

Die studentische Erziehungsbewegung 1968—1971 scheint ausreichend dokumentiert. Es gibt eine Reihe von Berichten zur Kinderladenbewegung.[1] Es gibt verschiedene Aufarbeitungen zur Schülerladenbewegung.[2] Diese Berichte haben allerdings einige Mängel. Sie reflektieren einmal nicht genügend den Zusammenhang der Entwicklung von Erziehungstheorie und Praxis in den dargestellten Erziehungsprojekten selbst. Sie analysieren außerdem die Stufen der Entwicklung und des Inhalts heutiger proletarischer Erziehung nicht. Weitgehend verbleiben die Berichte bei einer Konstatierung der Mängel und Grenzen der Theorie und Praxis der studentischen Erziehungsbewegung.
Schließlich zeigen sie selbst nicht den möglichen Prozeß, durch den die studentische Erziehungsbewegung ihre Grenzen überwinden konnte, was erst die Etappe der Remobilisation der Arbeiterjugendbewegung ermöglichte. Sie beschränken sich zumeist auf die Propagierung einer revolutionären Erziehungsinsel oder auf die Kritik der Einrichtung eines derartigen Versuchs. Damit sind sie nicht in der Lage, eine Perspektive revolutionärer Erziehung jenseits der studentischen Erziehungsbewegung zu entwickeln.
Die pädagogische Intelligenz sieht sich aber heute angesichts der Entwicklung der Arbeiterjugendbewegung vor die Aufgabe gestellt, sowohl eine Theorie der Lage und des Kampfes der Arbeiterjugend im Spätkapitalismus als auch eine Theorie der Erziehung zum Klassenkampf unter den heutigen Kampfbedingungen der Arbeiterjugendbewegung zu entwickeln. Die kritische pädagogische Intelligenz fragt nach Möglichkeiten, dieser Aufgabe nachzukommen.
Der vorliegende Bericht aus der Praxis soll ein erster Versuch sein, zu beschreiben, aufgrund welcher Erfahrungen und welcher theoretischen Anstrengungen eine Gruppe von Studenten zur Unterstützung des Kampfes der Arbeiterjugend gelangt ist. Er soll dokumentieren, in welche Richtung sich eine Erziehung zum Klassenkampf entwickeln muß, wenn sie nicht auf der beschränkten sozialen Basis der Studentenbewegung, sondern im Rahmen der Arbeiterjugendbewegung sich entfalten soll.
Der Bericht will zeigen, wie sich die Erziehungstheorie und -praxis

[1] Gerhard Bott (Hg.): Erziehung zum Ungehorsam. Frankfurt 1970. — Berliner Kinderläden, Berlin/Köln 1970. — Kinderläden. Revolution der Erziehung oder Erziehung zur Revolution? Reinbek 1971.
[2] Sozialistische Projektarbeit im Berliner Schülerladen ›Rote Freiheit‹. Frankfurt 1971. — Zur Kritik und Selbstkritik der Arbeit in den Schülerläden Westberlins, Berlin 1970. — Schülerladenbericht Falkensteinstraße, in: *Erziehung und Klassenkampf* Nr. 2, 1971, S. 79 ff.

revolutionärer Studenten ändert. Er will Auskunft geben über das, was sie lernen mußten, ehe sie einen Begriff der Revolution der Erziehung und des Umsturzes des bürgerlichen Erziehungssystems entwickelten. Dieser Begriff der Revolution der Erziehung hängt nicht von den beschränkten pädagogischen Inseln der Studentenbewegung ab, sondern begreift die Revolution der Erziehung als einen Teil des Klassenkampfs des Proletariats und seiner Jugend.
Der vorliegende Bericht will die pädagogische Intelligenz dazu anregen, zu prüfen, wie sie die Entwicklung einer revolutionären Erziehung fördern kann, die mit der Unterstützung des Kampfes zusammenhängt, den die Arbeiterjugend als Avantgarde ihrer Klasse führt.
In einer Etappe der sozialistischen Bewegung, in der die Tendenz sich entwickelt, die revolutionäre Studentenbewegung als überholt und reaktionär abzutun [3], kommt es allerdings darauf an, ihre Antizipation eines revolutionären, antirevisionistischen Kommunismus in ihrer Theorie und Praxis zu analysieren. Es kommt darauf an, die Fortführung dieses Kommunismus unter veränderten gesellschaftlichen Bedingungen und einer neuen proletarischen Avantgarde zu unterstützen. Dieser Bericht will mit der Lösung dieser Aufgabe an einem Abschnitt der studentischen Erziehungsbewegung beginnen.
Dieser Bericht ist nur möglich, weil im Rahmen der Studentenbewegung eine Gruppe revolutionärer Studenten mit schwachen Mitteln versuchte, über den Rahmen der Universität hinaus praktisch zu handeln. Diese Gruppe organisierte sich im ›Roten Kollektiv proletarischer Erziehung‹. Der Bericht kann im Namen des ›Roten Kollektivs‹ nicht erscheinen, weil die Gruppe sich aufgelöst hat.
Dieser Bericht wäre ohne die Unterstützung von Carl Walter Beise, Jürgen Seippel und Barbara v. Werder nicht entstanden. Er kann nicht mehr repräsentieren, als die persönliche Meinung und Sicht des Berichterstatters.

Berlin, Sept. 1971 L. v. W.

[3] Vgl. etwa folgende Beiträge, die von unterschiedlichen politischen Positionen her die Studentenbewegung als reaktionär einstufen.
Joscha Schmierer: Zur Analyse der Studentenbewegung, in: *Rotes Forum*, Nr. 5, 1969. – Werner Hofmann: Zur Soziologie der Studentenbewegung, in: Ders., Abschied vom Bürgertum, Frankfurt 1970. – H. G. Helms: Linksradikalismus unter monopolkapitalistischen Bedingungen, in: Ders., Fetisch Revolution, Neuwied 1969.

I. Teil: Vom antiautoritären Kinderladen zum Arbeiterkinder-Club

»Genossen, Antiautoritäre, Menschen! Wir haben nicht mehr viel Zeit [. . .] Wir haben eine historisch offene Möglichkeit. Es hängt primär von unserem Willen ab, wie diese Periode der Geschichte enden wird.«

Rudi Dutschke

1. Vom Bürgerbezirk Schöneberg zum Arbeiterbezirk Kreuzberg

Die Wende der Studentenbewegung

Mit der Krise 1966/67 tritt die Entwicklung der BRD in ein neues Stadium.[1] Die Rekonstruktion des Nachkriegskapitalismus war abgeschlossen. Die Ausformung eines neuen kapitalistischen Krisenzyklus zwang die herrschende Klasse zu neuen Anstrengungen des Krisenmanagements. Mit dem Auswechseln der Führungsgarnituren, der Entwicklung von Reforminitiativen, Rationalisierungsbemühungen, der Vorsorge für den ›Notstand‹ entwickelte sich die Protestbewegung der Studenten, Schüler und Lehrlinge. Der Formulierung des autoritären Staates wurde von den Hochschulen, Berufsschulen und Gymnasien her Widerstand entgegengestellt. Diese Protestbewegung war radikaler als die bisherigen Ansätze der antimilitaristischen Kämpfe bis 1956 [2], der Ostermarsch- und Atomtod-Kampagnen in der BRD. Die Protestbewegung verstand sich als ein Glied des weltweiten Kampfes der revolutionären Jugend gegen die wachsende Aggression und Repression des US-Imperialismus in der Dritten Welt und gegen die wachsenden Widersprüche in den Metropolen selbst. Sie machte sofort Front gegen den mit der NPD sich organisierenden Faschismus in der BRD.[3]

Da der westdeutsche Kapitalismus große verbale und organisatorische Anstrengungen zu machen schien, um Reformen im Qualifikationsbereich durchzuführen und neue Formen der ideologischen Integration der Arbeitskraft unter die kapitalistischen Verwertungszwänge zu beginnen, ergab sich für die Studentenbewegung die Aufgabe, den technischen und herrschaftsstabilisierenden Reformen des Erziehungssystems entgegenzutreten. Der antifaschistische, antikapitalistische und antiimperialistische Kampf im Erziehungssektor wurde im Rahmen der kritischen Theorie von Marcuse, Horkheimer und Adorno geführt, die die Studentenbewegung in ihrer ersten Etappe leiteten. »Sie war die spezifische Ideologie von Intellektuellen, die die bürgerliche Gesellschaft satt hatten und die Fähigkeit des Proletariats bezweifelten,

[1] Vgl. Jörg Huffschmid: Die Politik des Kapitals. Frankfurt 1970, S. 7 ff. – Ernest Mandel: Die Deutsche Wirtschaftskrise. Lehren der Rezession 1966/67, Frankfurt 1969. – Franz Janossy: Das Ende der Wirtschaftswunder, Frankfurt 1966, S. 43 ff.

[2] Fritz Krause: Anitimilitaristische Opposition in der BRD 1949–1955, Frankfurt 1971.

[3] Vgl. Bahman Nirumand: Die Avantgarde der Studenten im internationalen Klassenkampf, in: *Kursbuch* 13, 1968, S. 1 ff. – Uwe Bergmann u. a.: Rebellion der Studenten, Reinbek 1968. – Rolf Seeliger: Die außerparlamentarische Opposition, München 1968.

die bürgerliche Gesellschaft umzustürzen.«[4] Die kritische Theorie, entstanden 1933–45 auf dem Hintergrund der Ohnmacht der Arbeiterbewegung, interpretierte die gesellschaftlichen Unterdrückungszusammenhänge als wachsende Unterwerfung des Einzelnen unter allmächtige staatliche Institutionen. Sie begriff den spontanen Widerstand Einzelner gegen den autoritären Staat als Beginn der Emanzipation. Die Versuche, wirkliche Freiheit herzustellen, »die ihrem Wesen nach keine Bürokratie dulden, können nur von Vereinzelten kommen. Vereinzelt sind alle. Die verdrossene Sehnsucht der atomisierten Massen und der bewußte Wille der Illegalen weist in dieselbe Richtung.«[5] Im Erziehungsbereich ergab sich deshalb für die Studenten die Aufgabe, gegen die technokratische Anpassung Grundlagen für spontanes und systemtranszendierendes Handeln der Einzelnen zu legen. Innerhalb der Studentenbewegung entwickelte sich deshalb eine Erziehungsbewegung, deren Ziel die Umstrukturierung des autoritären Charakters war, der die Einzelnen ohnmächtig hält. Die Entwicklung von charakterologischen Dispositionen, die verhindern, daß die Einzelnen erneut der faschistischen Lösung gesellschaftlicher Widersprüche sich bloß anpassen, leitete die Aktions- und Aufklärungspraxis der Studentenbewegung. Der Marsch durch die autoritären Erziehungsinstitutionen ging durch Schule[6], Hochschule[7], Vorschuleinrichtungen und Fürsorge-Erziehungsheime[8]. Er führt mit der Gründung der Kritischen Universität[9] und der Kinderläden[10] zum Entstehen von Gegeninstitutionen im Erziehungsbereich. Dieser Kampf im Erziehungsbereich unter dem Ziel »den Menschentypus freizulegen und zu befreien, der die Revolution will, der die Revolution haben muß, weil er sonst zusammenbricht«[11], konnte sich nicht weiterentwickeln ohne die Erfahrung, daß die auf die kritische Theorie bauende Studentenbewegung nach dem Scheitern der Springer- und Notstandskampagnen von der Offensive zur Defensive übergehen mußte. Mit dieser Wende zur Defensive verband die Studentenbewegung zugleich intensive Bemühungen, ihre soziale Basis im Proletariat zu verbreitern, um eine neue Offensive einleiten zu können. Diese Basisverbreiterung sollte durch eine intensive Aufnahme der politischen Aufklärungsarbeit unter den arbeitenden

[4] Joscha Schmierer: Die theoretische Auseinandersetzung vorantreiben und die Reste bürgerlicher Ideologie entschieden bekämpfen, in: *Rotes Forum*, Nr. 1, 1970.

[5] Max Horkheimer: Autoritärer Staat, Frankfurt 1970 (Schwarze Reihe Nr. 3), S. 68.

[6] Günther Amendt: (Hg.) Kinderkreuzzug, Reinbek 1968. – Manfred Liebel/Franz Wellendorf: Schülerselbstbefreiung, Frankfurt 1969. – Hans Jürgen Haug/Hubert Maessen: Was wollen die Schüler? Frankfurt 1969.

[7] Nitsch/Gerhardt/Offe/Preuß: Hochschule in der Demokratie, Berlin 1965.

[8] Rainer Kippe/Lothar Gothe: Ausschuß, Köln 1971. – Peter Brosch: Fürsorgeerziehung. Heimterror und Gegenwehr, Frankfurt 1971.

[9] Kritische Universität und außerparlamentarische Opposition, in: Ludwig v. Friedeburg u. a.: Freie Universität und politisches Potential der Studenten, Neuwied 1968, S. 402–482.

[10] Kurt Beutler: Was heißt antiautoritäre Erziehung? In: *Westermanns pädagogische Beiträge*, H. 7, 1970, S. 325 ff. – Brigitte und Walter Raitz: Antiautoritäre Erziehung in der BRD, in: Buch und Bibliothek, 23. Jg., 1971, S. 594 ff.

[11] Herbert Marcuse: Das Ende der Utopie, Berlin 1967, S. 29.

Massen im Stadtteil und im Betrieb erreicht werden.[12] Auf dem Höhepunkt der Offensive der Studentenbewegung in Berlin, auf dem Vietnam-Kongreß am 17. u. 18. Februar 1968 [13] wurde besonders von Ernest Mandel auf die Notwendigkeit hingewiesen, daß Studenten sich mit der Arbeiterschaft verbinden müßten. Er sagte, »die westberliner Studenten (sollten) einige technisch-praktische und politische Lehren ziehen aus der Verbindung des Studenten- und Arbeiterkampfes in verschiedenen Ländern der Welt«[14]. Mandel unterstrich, daß der antikapitalistische Kampf primär nicht an der Unterdrückung der Studenten, sondern an der »Unfreiheit des Arbeiters und Angestellten an dem Arbeitsplatz selbst«[15] anknüpfen müsse. Zu diesem Zweck forderte er die Einheit von Arbeiterklasse und revolutionärer Studentenschaft in Westeuropa.[16]

Rudi Dutschke brachte, kurz vor dem Mordanschlag auf ihn, die Notwendigkeit der Transformation der antiautoritären Bewegung in eine sozialistische und den Übergang von der Organisation an der Hochschule zur Organisierung im Betrieb und Stadtteil mit den Worten zum Ausdruck: »Wir haben eine gefährliche Übergangsphase, in der es entscheidend ist, die Basis an den Universitäten zu erhalten und zu erweitern, aber es gleichzeitig unerläßlich ist, Basisgruppen in Betrieben zu bilden.«[17]

Angesichts des Scheiterns der Offensive der Studentenbewegung setzte in ihr ein Prozeß der Überwindung der kritischen Theorie und der auf ihr basierenden Praxis ein. Die Studentenbewegung entdeckte, angeregt vom Kampf des italienischen und französischen Proletariats und bestärkt durch die Septemberstreiks 1969 [18], das Proletariat als Subjekt der Revolution wieder. Die Studentenbewegung gewann in der Transzendierung ihrer syndikalistischen Tendenzen eine neue Dimension als Remobilisator und Bündnispartner der Arbeiterschaft. Diese Neuorientierung der Studentenbewegung hatte auch weitreichende Folgen für ihren Kampf im Erziehungssektor.

Mit der entstehenden Einsicht in die Herrschaft des Kapitals entwickelten sich nun einerseits theoretische Anstrengungen, den Einfluß des Kapitals auf das Erziehungssystem mit den Mitteln der ›Einflußforschung‹ festzumachen.[19] Praktische Anstrengungen, mit den theore-

[12] Vgl. Rudi Schmidt: Betriebsarbeit und Organisationsfrage, in: *Sopo*, Nr. 10, 1971, S. 83 ff. – Bergmann u. a.: a. a. O., S. 174 ff. – Als Beispiel der Kooperation von Studenten und Arbeitern wirkte bald der französische Mai 1968; vgl. dazu Cohn-Bendit: Linksradikalismus – Gewaltkur gegen die Alterskrankheit des Kommunismus, Reinbek 1968, S. 21–135.

[13] Februar 1968, Tage die Berlin erschütterten, Frankfurt 1968.

[14] Der Kampf des vietnamesischen Volkes und die Globalstrategie des Imperialismus, Berlin 1968, S. 130.

[15] a. a. O., S. 132.

[16] a. a. O., S. 134.

[17] *Konkret*-Interview vom März 1968

[18] Die Septemberstreiks 1969, Frankfurt 1969.

[19] Hans Joachim Heydorn: Ungleichheit für alle. – Gernot Koneffke: Integration und Subversion, in: *Das Argument* 54, 1969. – Friedhelm Nyssen: Schule im Kapitalismus, Köln 1969. – Karl Heinz Roth/Eckard Kanzow: Unwissen als Ohnmacht, Berlin 1970. – Martin Baethge: Ausbildung und Herrschaft, Frankfurt 1970.

tischen Ansätzen der Einflußforschung unvermittelt, zielten nun auf einen Beitrag zur Emanzipation der Arbeiterjugend und Arbeiterkinder.[20] Nicht mehr die klassenunspezifische Revolte assoziierter Einzelner und ihre erzieherische Stützung konnte nun Ziel der revolutionären Erziehung sein. Revolutionäre Erziehung mußte als Teil der Wiederaufnahme des Klassenkampfes begriffen werden.

In der *Roten Presse Korrespondenz* Nr. 52 wurde in fünf Thesen die Perspektive der Erziehung aufgezeigt, die sich mit der Wiederentdekkung des Proletariats als Subjekt der Revolution für die studentische Erziehungsbewegung ergab:

»1. Revolutionäre Erziehung muß eng mit dem Klassenkampf verbunden sein. Sie muß den Klassenkampf und seine sich wandelnden Formen als Erziehungsfeld zum Klassenkampf in die bürgerlichen Erziehungsinstitutionen von der Schule bis in den Lehrlingsbetrieb selbst tragen.

2. Revolutionäre Erziehung muß auf Kindermassenerziehung aus sein. Diese Erziehung muß unter den Kindermassen stattfinden. Sie darf keine Inselpädagogik sein. Sie muß eine Kinderbewegung sein.

3. Revolutionäre Erziehung muß eine Klassenbasis im Produktions- und Wohnbereich sowie in den Organisationen des Proletariats haben.

4. Revolutionäre Erziehung muß sowohl vom proletarischen Kind als auch von dessen Klassensituation ausgehen. Sie muß deshalb sowohl in ihren Methoden klassenspezifisch antiautoritär wie in ihren Inhalten antikapitalistisch sein.

5. Revolutionäre Erziehung muß zum Klassenbewußtsein, zur Klassensolidarität, zur revolutionären Praxis führen, nicht zur Ich-Autonomie, nicht zum kritischen Bewußtsein.«[21]

Der Kinderladen Schöneberg II

Im Jahre 1968 hatte die psychoanalytisch orientierte Erziehung noch ihre Ausstrahlung auf die linke Studentenbewegung in Berlin. Es schien so, als ob Freud der Ahnherr der revolutionären Erziehung sein und immer bleiben sollte. 15 Kinderläden, von Studenteneltern eingerichtet, in einem Zentralrat organisiert, als Selbsthilfeprojekte und zur Befreiung der Frau von der bürgerlichen Kleinfamilie propagiert, waren die praktische Basis für eine sich revolutionär verstehende und mit Hilfe der kritischen Theorie und Psychoanalyse begründende Erziehung.

[20] Diese praktischen Anstrengungen wurden begleitet und unterstützt durch die Publikation von Texten zur proletarischen Erziehung aus der Weimarer Zeit, wie z. B. Edwin Hoernle: Grundfragen proletarischer Erziehung, Darmstadt 1969. – Otto Rühle: Zur Psychologie des proletarischen Kindes, Darmstadt 1969. – Otto Felix Kanitz: Kämpfer der Zukunft, Frankfurt 1970.

[21] Die Kommunistische Kinderbewegung in Deutschland 1920–1933, in: *RPK* Nr. 52, 1970, S. 13.

Mit der Wende der Studentenbewegung sollte sich diese Situation aber gründlich ändern. Die Entdeckung der Klassenstrukturen in der kapitalistischen Gesellschaft machte bürgerliche Beiträge zur schichtenspezifischen Erziehung[22] für uns interessant. Entwickelten sie doch ein anfängliches Verständnis von den Unterschieden zwischen bürgerlichem und Arbeiterkind. Sie machten außerdem deutlich, daß der klassenunspezifischen antiautoritären Erziehung mit der kompensatorischen Erziehung eine auf die Bedürfnisse der Arbeiterkinder zugeschnittene Erziehung gegenüberzustellen war. Ein Ereignis im Kinderladen Schöneberg II sollte dann aber die Kritik der antiautoritären Erziehung und die Diskussion über kompensatorische Erziehung weitgehend beeinflussen. Im Herbst 1968 las ein Mitglied des Kinderladens Schöneberg II in einem faschistischen Aufsatz die Sätze: »Ihre extremsten Vertreter fand eine psychoanalytische Pädagogik auf dem Boden des Sozialismus einiger jüdischer Kreise. Siegfried Bernfeld gab die theoretische Formulierung: die Kinderheime in Wien und Moskau bildeten zu dieser Theorie die lebendige Anschauung«[23] Bernfeld und die Tradition der marxistischen Erziehung war wieder entdeckt. Was 1937 geschrieben wurde, um eine revolutionäre Erziehung endgültig zu beerdigen, wurde 1968 zum Anlaß für eine Gruppe von Genossen, die Tradition marxistischer Erziehung in ihrem Kinderladenprojekt, das seit Anfang 1968 lief, wieder zum Leben zu erwecken.
Nachdem die Diskussion schichtenspezifischer bürgerlicher Sozialisationsforschung gezeigt hatte, daß die antiautoritäre Erziehung schichtenspezifische Unterschiede überhaupt nicht berücksichtigt hatte, bildete sich im Winter 1968/69 ein Arbeitskreis für sozialistische Erziehung im Kinderladen Schöneberg II.
In ihm wurde versucht, die wichtigsten Vertreter proletarischer Erziehung im Kapitalismus (Hoernle, Rühle, Kanitz, Adler, Bernfeld) zu studieren. Wir fragten nach den Unterschieden einer revolutionären Erziehung von Bürger- und Arbeiterkind. Uns wurde bald deutlich, daß die Theorien der proletarischen Erziehung nur auf dem Hintergrund ihrer Praxis verständlich werden konnten. Deshalb versuchte dieser Arbeitskreis die Entwicklung radikaler Kinderbewegungen zu untersuchen, zu denen die marxistischen Pädagogen gehörten. Bald entstand der Plan, eine kurze Geschichte der marxistischen Erziehung und ein Verzeichnis der marxistischen Erziehungsliteratur zu schaffen, um auf breiter Basis eine Diskussion über Theorie und Praxis sozialistischer Erziehung in der BRD und Westberlin zu beginnen.[24]

[22] Wir stießen bei unserer Aufarbeitung schichtenspezifischer bürgerlicher Sozialisationsforschung z. B. auf folgende Arbeiten: Basil Bernstein: Sozio-kulturelle Determinanten des Lernens / Charlotte Lütkens: Die Schule als Mittelklasseninstitution; beide in: Heintz, P., Soziologie der Schule, Köln 1959. – Hans-G. Rolff: Sozialisation und Auslese durch die Schule, Heidelberg 1967.
[23] M. Dorer: Der Irrweg der psychoanalytischen Pädagogik, in: *Die Erziehung*, 1937, S. 279 ff.; hier Seite 285.
[24] Einen kurzen Abriß der Geschichte des Kinderladens Schöneberg II gibt der Beitrag: Sozialistischer Kinderladen Kreuzberg, in: Erziehung zum Ungehorsam. Frankfurt: 1970. S. 62–72.

Die Frankfurter Wende

Vom 8.–12. April 1969 fand in Frankfurt im Rahmen der 22. Delegiertenkonferenz des Sozialistischen Deutschen Studentenbunds (SDS) eine Diskussion über die politische Bedeutung und Funktion der antiautoritären Kinderladenbewegung statt.[25] Dort entwickelte sich die erste scharfe Auseinandersetzung innerhalb der antiautoritären Erziehungsbewegung um ihre politische Bedeutung. Von Positionen her, die sich auf marxistische Pädagogik stützten und die Erziehung von Arbeiterkindern anstrebte, wurde die reine psychoanalytische Erziehung als individualistische und an die Bedingungen der mittelständischen Schicht und der besonderen ökonomischen und geistigen Situation der Intellektuellen gebundene kritisiert. Elf Kinderladen-Projektgruppen aus Augsburg, Bochum, Frankfurt, Erlangen, Nürnberg, Hannover, Freiburg, Heidelberg, München und Darmstadt diskutierten deshalb über die Notwendigkeit und die Bedingungen der Transformation »der antiautoritären in eine sozialistische Erziehung«. Es wurde festgestellt, die Ermöglichung freier Bedürfnisbefriedigung im Kinderkollektiv unterliege in starkem Maße den Gefahren einer mittelständischen Inselpädagogik (vgl. *Kinderladen-Info* Berlin, Nr. 7, 1969, S. 10). Das antiautoritäre Kinderladenmodell habe deshalb nur Bedeutung für Kindergruppen privilegierter Schichten, aber nicht für die Kindermassen des ausgebeuteten und unterprivilegierten Proletariats. Die antiautoritäre Erziehung sei nur möglich durch die Schaffung und Aufrechterhaltung eines triebtoleranten Freiraums gegenüber einer repressiven Gesellschaft. Möglich sei dies nur für eine beschränkte Anzahl von Kindern auf der Grundlage ökonomischer und kultureller Klassenprevilegien ihrer Eltern. In Frankfurt wurde festgestellt: »Freiheit zur Onanie bleibt ein bürgerliches Privileg« (*Kinderladen-Info*, Nr. 7, S. 14). Arbeiterkindern sei von ihrer Klassenlage her gar nicht gedient, wenn man ihnen für eine schöne Kinderzeit Triebfreiheit ermögliche und sie nicht darauf vorbereite, gegen die für sie bestimmten Ausbeutungs- und Unterdrückungspositionen im Produktionsprozeß vorzugehen. Mit der Einsicht, daß die bisherige Erziehung in den Kinderläden nur noch »fähigere Mitglieder der privilegierten bürgerlichen Klasse erzieht« (*Kinderladen-Info*, Nr. 7, S. 14) wurde deutlich, daß der antiautoritäre Kinderladen als linksbürgerliches Selbsthilfemodell keinen politischen Stellenwert für eine gesellschaftliche Phase besitzt, in der Teile der linken Intelligenz auch auf dem Erziehungssektor das Proletariat bei seiner Remobilisation und Reorganisation unterstützen müssen. Die Errichtung von antiautoritären Kinderläden für Arbeiterkinder würde lediglich kompensatorischen aber nicht revolutionären Charakter haben. Die Arbeiterkinder würden an die Befriedigungs- und Sublimierungsstrategien bürger-

[25] Einen umfassenden Bericht über die Arbeitskonferenz des SDS in: Berliner Kinderläden. Berlin/Köln 1970, S. 219–229.

licher Intellektueller angepaßt, die sie in noch größeren Widerspruch zu den triebfeindlichen Bedingungen ihres sozialen Ortes bringen müßten. Antiautoritär erzogene Bürgerkinder würden keine sublimierungsfähigen, realitätstüchtigen politischen Kämpfer werden. Beim bloßen Appell zum Beginn sozialistischer Erziehung mußte es am Ende der Diskussion in Frankfurt allerdings bleiben.

Kritik der antiautoritären Erziehung im Kinderladen Schöneberg II

Im Juni 1969 wurde die Broschüre ›Erziehung und Klassenkampf‹[26] vom Kinderladen Schöneberg II veröffentlicht, die, wie geplant, eine Geschichte und eine Bibliographie zur sozialistischen Erziehung enthielt. Im Vorwort zu dieser Broschüre wurde sowohl versucht, Aspekte sozialistischer Erziehung für die Kinderladenarbeit zu verdeutlichen, als auch die Kritik der mittelständischen Inselpädagogik der traditionellen Kinderläden fortgeführt. Es hieß dort: »Die Erziehung in den Kinderläden kann sich nicht als Vorbereitung für ein Leben in einer klassen- und repressionsfreien Gesellschaft verstehen, sondern als Vorbereitung auf eine Klassengesellschaft, die es radikal zu verändern gilt.«[27] Es wurde deshalb gefordert, die antiautoritäre Erziehungskonzeption der Kinderläden zu modifizieren. Die Erziehung sollte sich nicht mehr klassenneutral, sondern in ihrer Abhängigkeit vom Klassenkampf und der Klassenstruktur der Gesellschaft begreifen. Das hatte für die antiautoritäre Erziehungskonzeption folgende Konsequenzen. Die Theorie der »neutralen Bezugsperson« wurde revidiert. Der Erzieher mußte parteiisch sein. »Die Erziehung in den Kinderläden (muß) von Bezugspersonen geleistet werden, die auch am politischen Kampf teilnehmen.«[28] Den Kindern sollte schon im Vorschulalter die Identifikation mit politischen Normen und Verhaltensweisen durch die Erziehungsperson angeboten werden. Die Isolation des Kinderladens gegenüber der Gesellschaft war aufzuheben. Der Kinderladen Schöneberg II sollte nicht nur Bürgerkindern, sondern auch Arbeiterkindern offenstehen. »Die Erziehung in den Kinderläden«, wurde gefordert, »muß sobald als möglich von Kindern und Eltern aus der Arbeiterklasse und den intellektuellen Kadern der sozialistischen Avantgarde gemeinsam getragen werden.«[29] Die Inselpädagogik in nichtrepressiven Freiräumen sollte praktisch überwunden werden: »Kinderladenerziehung muß über den Bereich des Ladens hinaus erweitert werden durch eine Teilnahme der Kinder an den Kämpfen der sozialistischen Bewegung.«[30] Der Kinderladen Schöneberg II

[26] Erziehung und Klassenkampf, Berlin 1969 (Anleitung für eine revolutionäre Erziehung).
[27] Ebd., S. V.
[28] Ebd., S. VI.
[29] Ebd., S. VI.
[30] Ebd., S. V.

entwickelte zu diesem Zeitpunkt noch kein systematisches politisches Vorschulerziehungs-Programm. Vorschulisches Lernen wurde in Übertragung studentischer Erfahrungen von Kampferlebnissen erwartet. Die Politisierung der Kinder wurde nicht durch die verbale Verinnerlichung revolutionärer Dogmen begonnen, sondern von der »Verteidigung (der kindlichen Interessen) gegen eine lustfeindliche autoritäre Erwachsenenwelt« erwartet.[31]

Das Ende des Westberliner Zentralrats der Kinderläden

Diese Position des Kinderladens Schöneberg II hatte gegenüber der starken liberalen Fraktion im Zentralrat der sozialistischen Kinderläden in Westberlin progressive Tendenzen. Ein Versuch im Zentralrat, »die liberale Sabotage der Arbeit« zur liquidieren, scheiterte. Diejenige Fraktion war im Zentralrat in der Überzahl, die behauptete: »Erziehung hat mit Politik nichts zu tun«, oder politische Erziehung mit der These abwertete: »Für eine Klasse, die es, wie das Proletariat, nicht mehr gibt, kann man doch die eigenen Kinder nicht erziehen.«[32] Die fehlende Klassenanalyse der kapitalistischen Gesellschaft und ein ständischer Begriff von Politik, der die Bündnisfunktion progressiver Intellektueller fürs Proletariat nicht kannte, blockierten eine weiterführende fruchtbare Auseinandersetzung. Deshalb brach der Versuch zusammen, im Zentralrat endlich eine radikale ideologische Vereinheitlichung herbeizuführen und sich zu einer politischen Kampforganisation im proletarischen Bereich zu entwickeln.
Die Auflösung des Zentralrats im August 1969 zeigte schon deutlich die Grenzen einer möglichen Revolutionierung der bürgerlichen Familienerziehung durch antiautoritäre Kinderläden. Nicht ohne tiefere Bedeutung hatte sich der Zentralrat monatelang vor seiner Auflösung nur noch mit zwei Problemen herumgeschlagen: 1. dem finanziellen Unterstützungsangebot des Berliner Senats, 2. dem lukrativen Angebot von Massenmedien, Informationen aus den Kinderläden aufzukaufen. Gegenüber dem Versuch der bürgerlichen Gesellschaft, ›neue Erziehung‹ entweder zum Bestandteil herrschaftsstabilisierender Reform oder zur Ware der Kulturindustrie zu machen, war der Zentralrat ohnmächtig. Das liberale Lager im Zentralrat mußte, das Wohl ihrer Kinder vorschützend, diesen Angeboten auf den Leim gehen. Es begriff wohl sehr gut, daß die bürgerliche Gesellschaft einer Minorität die Chance gibt, sich als Herrschaftselite mit relativer Triebfreiheit zu etablieren. Deshalb sahen sie weder eine Gefahr in den finanziellen Angeboten des Senats noch der Massenmedien. Da die Liberalen im Grunde die bestehende Gesellschaft akzeptierten und ihre Privilegien gerne nutzten, war ihnen die Idee der Befreiung ihrer Kinder durch

[31] Ebd., S. VIII.
[32] Ebd., S. IV.

den Klassenkampf des Proletariats völlig fremd. Sie hegten eine Idee von Emanzipation, die einen Fortschritt schon darin sah, wenn die nächste Generation der kapitalistischen Intelligenz ihre gesellschaftlichen Funktionen ohne die sexuelle Verstümmelung ihrer Eltern erreichte. Die Teile des liberalen Lagers, die politische Vorbehalte gegenüber der bestehenden Gesellschaft hatten, waren noch nicht so weit radikalisiert, daß sie ihre Bündnisaufgabe dem Proletariat gegenüber erkannt hätten. Nach ihrer Erziehungskonzeption wollten sie ihre Kinder schon für eine andere Gesellschaft als die bestehende erziehen, aber nur unter der Bedingung, daß ihre Kinder dereinst die ihnen selbst vorenthaltene Führungsrolle in dieser neuen Gesellschaft einnehmen würden. Die Auseinandersetzung im Zentralrat drang nicht bis zur grundsätzlichen Aufklärung über die gesellschaftlichen Implikationen der vertretenen Erziehungskonzeptionen und ihrer Abhängigkeit von der eigenen gesellschaftlichen Position vor. Die Liberalen wurden in ihrer Erziehungskonzeption und ihrer gesellschaftspolitischen Konzeption nicht entlarvt. Die Auseinandersetzung mit Senat und Massenmedien dienten als Alibi für die offensichtliche Verdrängung einer intensiven Auseinandersetzung über alle Fragen der Erziehung.

Die Abneigung gegen ein tieferes Eindringen in die Probleme, die eine Überwindung der bürgerlichen Kleinfamilie mit sich bringt, rührte im Zentralrat auch von dem Umstand her, daß eine mittelständische gesellschaftliche Minorität höchstens in der Lage war, eine progressive Ideologie von neuer Erziehung zu entwickeln. Die eigene Ohnmacht der gesellschaftlichen Durchsetzung dieser Ideologie wollte man sich selbst nicht eingestehen. Die angeblichen ›revolutionären‹ Veränderungen der Erziehung in den Kinderläden waren im Grunde recht begrenzt. Die Eltern konnten sich zwar verbal die repressiven Sozialisationsprozesse ins Bewußtsein heben, aber sie praktisch kaum verändern. Die ›triebtolerante‹ Erziehungsinsel des Kinderladens war im Grunde hinter dem Rücken der Erwachsenen gar nicht aus den Zwängen der Gesellschaft entlassen worden. Wie wenig sich die Eltern überhaupt verändert hatten, zeigte sich in ihrer Unfähigkeit, die bürgerliche Kleinfamilie durch Kommunebildung praktisch zu transzendieren. Deshalb fiel auch eine von der Kommune II im Zentralrat propagierte kollektive Diskussion über die Notwendigkeit der Bildung von Kommunen als weiterer Voraussetzung einer antiautoritären Kindererziehung ins Wasser. Außer der Kommune II, die selbst den Schritt von der Kleinfamilie zur Kommune vollzogen und damit den tendenziellen Widerspruch zwischen Kinderkollektiv im Kinderladen und Kleinfamilie aufgehoben hatte, war kein Kinderladen in der Lage, sich auch nur zu einem theoretischen Beitrag zum Kommuneproblem aufzuraffen. Erziehungsreflexion im Zentralrat blieb im Rahmen der Reproduktion psychoanalytischer Theoreme. Kollektiv gelang keine Praxis und Kontrolle analytisch aufgeklärter Erziehungsverhältnisse. Kindererziehung blieb im Grunde für die meisten Kinderläden eine private Angelegenheit. Die Reintegration der neuen Erziehung unter bür-

gerliches Kommando war vor Auflösung des Zentralrats schon vollzogen.[33]
Die wenigen linken Gruppen im Zentralrat, die die Unmöglichkeit der Revolutionierung der bürgerlichen Erziehung durch eine bürgerliche Minorität selbst erfaßten, begriffen zugleich die Notwendigkeit, bürgerliche Erziehung und Gesellschaft durch die Unterstützung der Emanzipation des Proletariats wirklich zu verändern. Da die linken Gruppen im Zentralrat: die Kinderläden der K II, Schöneberg II und Charlottenburg II sich auf kein gemeinsames Vorgehen einigten, gingen sie mit dem Ende des Zentralrats jeder verschiedene Wege.

Der Umzug von Schöneberg II in einen Arbeiterbezirk

Der Kinderladen Schöneberg II, der sich für ein Konzept der gemeinsamen Erziehung der aus dem Bürgertum stammenden Studentenkinder und proletarischer Kinder entschlossen hatte, ging an die Realisierung dieses Vorhabens durch einen Umzug des Kinderladens aus einem bürgerlichen Wohnbezirk in einen Arbeiterbezirk heran. Man hatte im Auge, die bürgerlichen Kinder aus dem privilegierten Freiraum herauszulösen und ihnen auch die Möglichkeit des Kontakts mit proletarischen Kindern zu eröffnen. Nach einer Zeit längerer Suche und ideologischer Auseinandersetzungen in der Kinderladengruppe zog der Kinderladen Schöneberg II in den Arbeiterbezirk Kreuzberg in die Fichtestraße 15. Mit dem Umzug nach Kreuzberg entstand eine völlig neue Situation. Die bisher in der Kinderladengruppe und in der antiautoritären Erziehungsbewegung nicht gelösten Fragen brachen nun massiv auf. Derartige Fragen waren z. B.: 1. Welche Unterschiede und welche Gemeinsamkeiten hat eine revolutionäre Erziehung für Studentenkinder und für Arbeiterkinder? 2. Was ist der Unterschied zwischen einer bürgerlichen und einer proletarischen Erziehungsinstitution? 3. Welche Formen von Politisierung entstehen bei der Integration von Bürgerkindern einerseits, Arbeiterkindern andererseits in die Studentenrevolte? 4. Wie unterscheidet sich der Schulkampf von Bürger- und Arbeiterkindern?
Die Transformation der antiautoritären in eine sozialistische Erziehung geschah in der Fichtestraße mit einem Bruch. Als sich nach dem Umzug des Kinderladens in ihm nachmittags Arbeiterkindergruppen sammelten, spaltete sich das Betreuungskollektiv des Kinderladens in eine Gruppe, die sich weiter für die bürgerlichen Kinder verantwortlich fühlte, und eine andere Gruppe, die die Arbeiterkinder betreuen wollte. Die Klassenschranken der bestehenden bürgerlichen Gesellschaft reproduzierten sich in diesem Phänomen. Die Kooperation zwischen der Erziehergruppe, die die Studentenkinder, und der Erziehergruppe, die die Arbeiterkinder betreute, entwickelte sich in Zukunft schwierig.

[33] Vgl. Berliner Kinderläden, Köln, Berlin 1970, S. 205–218.

Beide Gruppen gingen daran, für unterschiedliche Adressaten ihr Konzept sozialistischer Erziehung getrennt weiterzuentwickeln.[34] Die Erziehergruppe, die die Studentenkinder betreute, begann an die Stelle der reinen psychoanalytischen Erziehung eine sozialistische Vorschulerziehung zu setzen, die die nicht-repressiven Erziehungsmethoden zu berücksichtigen versuchte. Die Erziehergruppe, die die Arbeiterkinder betreute, versuchte die Konzeption einer politischen Kampferziehung zu entwickeln. Aus dieser Gruppe sollte später das ›Rote Kollektiv Proletarischer Erziehung‹ (Rotkol) entstehen. Aus dem Versuch, sich immmer stärker auf die Arbeiterkinder einzustellen, verloren die Genossen, die sich im späteren Rotkol organisierten, mehr und mehr die Fähigkeit, die besonderen Bedürfnisse und Verhaltensweisen bürgerlicher Kinder zu verstehen und zu akzeptieren. Es war in Zukunft kaum möglich, die bei der Transformation der antiautoritären zur sozialistischen Erziehung aufgebrochenen Fragen gemeinsam mit den Studenteneltern zu diskutieren und zu lösen.

Proletarische Erziehung für Bürgerkinder?

Der gegenseitige Ärger und die täglichen Reibereien zwischen den beiden Betreuergruppen, wurde von der Gruppe, die die Arbeiterkinder betreute, anfangs als Ausdruck des Widerspruchs zwischen bürgerlicher und proletarischer Linie gedeutet.
Diese Interpretation legte uns die damals unserer gesellschaftlichen Orientierung zu Grunde liegende Analyse der gesellschaftlichen Lage der Intellektuellen nahe. Wir gingen mit den Thesen des damals weit verbreiteten Aufsatzes ›Zur Organisationsfrage der Intellektuellen‹ von George Lukács davon aus, daß breite Schichten von organisierten Intellektuellen in Perioden der kapitalistischen Krise sich zwar dem Sozialismus zuwenden können, daß sie aber im Gegensatz zu Arbeiterorganisationen objektiv reaktionäre Interessen vertreten. Intellektuellenorganisationen müssen, weil sie Standesinteressen vertreten, objektiv defensiv kämpfen, während die Organisationen der Industriearbeiter ihrer Klasseninteressen offensiv vertreten. »Diese greifen die bürgerliche Gesellschaft an. Jene verteidigen ihre eigenen gefährdeten Vorrechte innerhalb der bürgerlichen Gesellschaft. Wenn (die Intellektuellen, L. v. W.) sich sozialistisch nennen, so ist das bei ihnen ein Mangel an Bewußtsein.«[35] Wir nahmen von den Studenteneltern an, daß sie sich, im Kinderladen organisiert, notwendig früher oder später als bloße Verteidiger der Privilegien ihrer Kinder entlarven wür-

[34] Vgl. Bott, a. a. O., S. 65 ff.
[35] Georg Lukács: Zur Organisationsfrage der Intellektuellen, in: *Kommunismus*, 1. Febr. 1920, S. 17; vgl. Joscha Schmierer's Rezeption der Lukács'schen Thesen über den reaktionären Charakter von Intellektuellenorganisationen, in: Ders.: Zur Analyse der Studentenbewegung, in: *Rotes Forum* 5, Heidelberg 1969.

den. Von uns meinten wir dagegen, als Vertreter der Interessen der unterprivilegierten Arbeiterkinder zu handeln. Indem wir die Arbeiterkinder proletarisch erziehen wollten, glaubten wir die bürgerliche Klasse und unsere Privilegien hinter uns gelassen zu haben.

Von dieser Position aus verneinten wir auch entschieden, daß es eine proletarische Erziehung für Bürgerkinder geben könnte. Erziehung zum proletarischen Klassenbewußtsein für Kinder der Bürgerklasse schien uns absurd. »Für die große Menge der Zöglinge«, so dachten auch wir, »würden die späteren ökonomischen und politischen Zwänge ihrer Klassenlage jegliches wirkliche Resultat dieser Erziehung überwältigen oder ihren Zögling in einen tragischen Konflikt treiben, der nicht selten mit seinem moralischen Untergang enden müßte.«[36]

Weil wir glaubten, daß wir uns in einem antagonistischen Widerspruch zu den Interessen der Studenteneltern befinden mußten, kamen wir nicht dazu, Wesen und Erscheinungsform der Widersprüche zwischen beiden Erziehergruppen im Laden zu untersuchen. Wir begriffen uns so entschieden als Vertreter der Interessen des Proletariats, daß wir weder den Gegensatz zwischen einer Erziehung von zukünftigen Kopfarbeitern und Handarbeitern im Kapitalismus als nicht antagonistischen durchschauten[37], noch danach fragten, ob eine Quelle des Ärgers nicht auch in den unterschiedlichen Altersstufen der drei- bis fünfjährigen Studentenkinder und der acht- bis zwölfjährigen Arbeiterkinder seine Ursache hatte.

Erst zu einem viel späteren Zeitpunkt erkannten wir, daß wir »gegenüber der geschichtlichen Fortentwicklung des Proletariats«[38] an überholten Vorstellungen der Klassenstruktur der Gesellschaft festgehalten hatten. Als wir einsahen, daß im Spätkapitalismus die Klassenlage großer Teile der Intelligenz sich radikal verändert hat und daß die Proletarisierung auch weite Teile ehemals selbständiger Intelligenz erreicht hat, änderten wir auch unsere Einstellung gegenüber der Reichweite proletarischer Erziehung. »Die meisten Studenten«, erkannten wir, »sind heute zukünftige Lohnabhängige und Angestellte — abhängig Beschäftigte — die in ihren gesellschaftlichen Funktionen und ihrer Stellung im Produktionsprozeß der Arbeiterschaft näher stehen als dem Mittel- und Großbürgertum.«[39] Wir gelangten nun zur Feststellung, daß nach dem Scheitern der antiautoritären Erziehung proletarische Erziehung für alle Schichten des Gesamtarbeiters (eingeschlossen der zukünftig angestellten Intelligenz) klassenspezifisch

[36] Max Adler: Klassenkampf und Erziehung, in: Soll Erziehung politisch sein? Frankfurt 1970, S. 50.

[37] Schon Klara Zetkin stellte fest, daß der Gegensatz zwischen Kopf- und Handarbeitern doch nur sekundärer Art ist und in den Hintergrund tritt »vor dem bestimmenden Tatbestand, der in Wirklichkeit dem sozialen Gegensatz zwischen Hand- und Kopfarbeit zu Grunde liegt . . . der Gegensatz zwischen Kapital und Arbeit.« (Klara Zetkin: Zur Intellektuellenfrage, in: Dies., Ausgewählte Reden und Schriften, Bd. 3, Berlin 1960, S. 11.)

[38] MEW, Bd. 4, S. 491.

[39] Ernest Mandel: Die Rolle der Intelligenz im Klassenkampf, in: Ders., Die Radikalisierung der Jugend, Mannheim 1970, S. 22. Vgl. ebenso Helmut Steiner: Soziale Strukturveränderungen im modernen Kapitalismus, Berlin 1967, S. 117–128.

adäquat ist. Die durch die Lohnhierarchie, die Trennung von Kopf- und Handarbeit, die Aufrechterhaltung des Bildungsmonopols hervorgerufenen Spaltungen des Gesamtarbeiters lassen aber in der augenblicklichen Situation der fehlenden Vereinheitlichung der Arbeiterklasse keine gemeinsame von den sozialistischen Studenten und sozialistischen Arbeitern organisierte Erziehung ihrer Kinder zu. Trotz der für alle Schichten des Gesamtarbeiters gleichen Zielsetzung der proletarischen Erziehung müssen sich heute, gemäß der im Lohnverhältnis eingeschlossenen unterschiedlichen Verfügungsgewalt über ökonomische und kulturelle Ressourcen, unterschiedliche Mittel und Institutionen proletarischer Erziehung ergeben.

Die Kinderladenbewegung hat sich weitgehend auf der Basis ökonomisch und kultureller Privilegien von Intellektuellen und Studenten entwickelt in einem Augenblick, wo die Kleinfamilien-Erziehung immer anachronistischer und die Kleinkinder-Erziehung noch nicht entsprechend dem Stand der Produktivkräfte vergesellschaftet war. Nicht nur wir, sondern auch die Kinderladenbewegung deutete die vordergründigen Unterschiede zwischen den kopf- und handarbeitenden Schichten des Proletariats als antagonistische. Solange sie sich von der bürgerlich humanistischen Bildungsideologie nicht löste, konnte sie auch nicht erkennen, daß für ihre wie für die Kinder des ›Proletariats‹ die gleiche Zukunft als kopf- bzw. handarbeitende Lohnarbeiter bevorstand. Solange die Kinderladenbewegung die gemeinsame Klassenlage nicht sah, hat sie kein gemeinsames Ziel der Erziehung von Arbeiter- und Intellektuellenkindern entwickeln können.[40] Sie konstatierte nur weitgehende Unterschiede zwischen einer revolutionären Erziehung für Bürger- und für Arbeiterkinder. Wenn die den individualistischen Ideologien verhaftete Kinderladenbewegung auch mit Recht die Unübertragbarkeit der antiautoritären Laissez-faire-Erziehung auf Arbeiterkinder konstatierte, so muß heute angesichts der richtigen Einsicht in die Struktur des Proletariats von der gleichwertigen Bedeutung der proletarischen Erziehung für alle Schichten des Gesamtarbeiters ausgegangen werden. Die Möglichkeit, daß angesichts der ungleichzeitigen Revolutionierung der Schichten des Gesamtarbeiters heute schon Teile der sozialistischen Intelligenz bereit sind, ihre Kinder »zu disziplinierten kommunistischen Intellektuellen« zu erziehen[41], erfordert die Entwicklung der Theorie und Praxis proletarischer Erziehung, die den Besonderheiten der Intellektuellenkinder einerseits und dem Stand der sozialistischen Bewegung andererseits angemessen ist. Ansätze dafür wurden schon am Ende der antiautoritären Erziehung antizipiert. So wurde schon im April 1969 auf der 22. Delegiertenkonferenz des SDS in Frankfurt festgestellt: »Die proletarische Erziehung beginnt mit der Brechung der sexuellen und politischen Tabus frühkindlicher Sozialisation. Sie beginnt mit der frühest-

[40] Vgl. Berliner Kinderläden, Köln 1970, S. 242. – Kinderläden ..., Reinbek 1971, S. 125.

[41] Erziehung zum Ungehorsam, Frankfurt 1970, S. 65.

möglichen Aufklärung der Kinder über die gesellschaftlichen Ursachen der Unterdrückung und übt kindgemäße Ansätze des Angriffs gegen diese Grundlagen. Die Sozialisation realisiert sich nicht in der Familie, sondern im kämpfenden Kollektiv.«[42] Da die Sozialistische Bewegung eine derartige Erziehung im Vorschulalter und für spätere Altersstufen bisher kaum praktisch eingelöst hat, kann heute über die Form der Realisierung proletarischer Erziehung für sozialistische Intellektuellenkinder nur spekuliert werden.

Es könnten sich drei Möglichkeiten proletarischer Erziehung sozialistischer Intellektuellenkinder abzeichnen:

1. Die Entwicklung von sozialistischen Vorschulprogrammen, die auf der Basis der sozialistischen Kinderläden durchgeführt werden könnten.[43]
2. Die Integration von Kindern sozialistischer Intellektueller in das öffentliche Erziehungssystem (vom Kindergarten bis zur Hochschule), verbunden mit dem Versuch über Elternarbeit, Erziehungsarbeit, Schulkampf, Ansätze von sozialistischer Erziehung in den Institutionen zu verwirklichen. Ein wesentliches Mittel dieser Erziehung wäre mit der Entstehung sozialistischer Schülerorganisationen gegeben.
3. Der Aufbau von sozialistischen Gesamtschulinternaten in Industriegebieten für Kinder aus allen Schichten des Gesamtarbeiters. Diese Internate müßten als Arbeitseinheitsschulen organisiert sein.[44]

Alle drei Möglichkeiten werden angesichts der Unentfaltetheit der sozialistischen Bewegung auf unterschiedliche Schranken stoßen.

In der Etappe unentwickelter Klassenkämpfe wird im Spätkapitalismus höchstens die Entwicklung von sozialistischer Vorschulerziehung für Intellektuellenkinder im Kinderladen und später im Schülerladen möglich sein. Erst bei der Weiterentwicklung von sozialistischer Stadtteilarbeit und sozialistischen Lehrerorganisationen werden Ansätze von sozialistischer Erziehung auch im staatlichen Schulsystem möglich werden.[45] Der Aufbau sozialistischer Internate ist erst in einer entwickelteren Etappe der Klassenkämpfe möglich. Erst wenn von den Bedingungen der sozialistischen Bewegung her die Gefahren von Inselpädagogik vermeidbar sind, können sozialistische Internate versuchen, polytechnische Erziehung und Erziehung zum Klassenkampf zu realisieren.

[42] Zitiert nach: Berliner Kinderläden, a. a. O., S. 221. Die Agitation für proletarische Erziehung fand einen weiteren guten Ansatzpunkt auf dem 4. deutschen Jugendhilfetag 1970 in Nürnberg. Vgl. Berichte + Resolutionen, in: Walter Hornstein, Kindheit und Jugend in der Gesellschaft, München 1970, bes. S. 70 f., 74–88, 127–132, 148–153.

[43] Ansätze dazu: Kinderläden . . ., a. a. O., S. 140–145. – Erziehung zum Ungehorsam, a. a. O., S. 65–75. – Berliner Kinderläden, a. a. O., S. 219–229.

[44] Vgl. das Modell einer Arbeitseinheitsschule im Schulprogramm der Freien sozialistischen Jugend Deutschlands 1919, in: *Schulkampf* 1, Frankfurt 1970, S. 83–103. – Außerdem P. P. Blonskij: Die Arbeitsschule, Berlin 1921.

[45] Über historische Beispiele des Schulkampfes berichtet *Schulkampf* 1, Frankfurt 1970; über den sozialistischen Schulkampf der Gegenwart vgl. Karl Walter Beise u. a.: Voraussetzungen und Möglichkeiten antikapitalistischen Schulkampfs, in: *Erziehung und Klassenkampf*, Nr. 1, 1971, S. 51–66; Nr. 2, S. 6–36.

Solche Überlegungen greifen dem Stand der sozialistischen Erziehungsbewegung der studentischen Intelligenz vor. Auf jeden Fall ist aber die Weiterentwicklung sozialistischer Initiativen im Ausbildungssektor von allen Schichten des Gesamtarbeiters her notwendig. Da die von der progressiven Kapitalfraktion entwickelten Reformpläne für den Ausbildungssektor [46] nur versuchen, die Arbeitskraft an ihre vom Spätkapitalismus geforderten neuen Grund- und Spezialqualifikationen anzupassen, ohne ihre auf Grund der Maschinenproduktion mögliche Allseitigkeit auszubilden und ohne die finanziellen und personellen Mittel sichern zu können, die auch nur für eine teilweise Realisierung der notwendigen Umqualifizierung der Arbeitskraft notwendig sind, werden die Widersprüche im Ausbildungsbereich wachsen.
Auch im Vorschulbereich [47], in dem die Kindergartenplätze und die Zahl qualifizierter Lehrer »in den nächsten Jahren verdoppelt werden«[48] müssen, ohne daß auch nur die materiellen und personellen Voraussetzungen dafür gesichert sind, müssen sozialistische Interventionen vom Einflußbereich der sozialistischen Kinderladenbewegung her auf der Tagesordnung bleiben.[49]
Die proletarische Erziehung, die heute schon mit Studentenkindern und von Hauptschüler- und Lehrlingsgruppen aus begonnen wird, muß Erziehung zur Gesellschafts- und Naturbeherrschung sein. Erziehung zum Klassenkampf vermittelt die Überwindung gesellschaftlicher Unterdrückung; Naturbeherrschung wird durch die »Fähigkeit, Werkzeuge und Arbeitstechniken anzuwenden«[50], vermittelt.
Eine derartige Erziehung ist heute aufgrund der Entwicklung des Kapitalismus in der BRD möglich. Das Wiederauftreten von politischen Kämpfen des Proletariats und die heute in der BRD bestehende Notwendigkeit, Produktion und Unterricht mit Hilfe der Arbeitslehre wieder anzunähern [51], sind die Basis von proletarischer Klassenkampf- und Arbeitserziehung.
In der Arbeits- und Kampferziehung werden die Widersprüche zwischen Kopf- und Handarbeit, zwischen Führung und Geführten aufgehoben. Arbeit und Kampf sind grundsätzlich kollektivierende Prozesse. Die praktische Einführung an die Grundlagen der Technologie und die Beherrschung von Maschinen beseitigt jede Fixierung an eine

[46] Vgl. Bildungsbericht 1970, Bericht der Bundesregierung zur Bildungspolitik, Bonn 1970, bes. S. 9–14. – Außerdem Roth/Kanzow: Unwissen als Ohnmacht, Berlin 1970, bes. S. 311–343; Karl Birkhölzer: Globalsteuerung im Sozialisationsbereich, hg. v. der ESG Stuttgart, 1970.
[47] Vgl. Bildungsbericht, a. a. O., S. 36–41.
[48] Ebd., S. 39.
[49] Vgl. Gunnar Heinsohn: Vorschulerziehung im Kapitalismus, Frankfurt 1971.
[50] P. P. Blonskij: Die Arbeitsschule, Berlin 1921, S. 10.
[51] Henkel, Marianne: Die Einführung der Arbeitslehre in ausgewählten Bundesländern unter besonderer Berücksichtigung des Zusammenhangs von Bildungsreform und Wirtschaftswachstum, Berlin 1970. – Barbara Busch: Zur politischen Problematik der Arbeitslehre, in: Schulkritik als Kapitalismuskritik, Göttingen 1971, S. 141 ff. – Sabine Gensinger: Arbeitslehre, ein erneuter Versuch der ideologischen Integration der Arbeitskraft, Berlin 1971. – Zur Geschichte der Arbeitserziehung in Deutschland, Teil 1 u. 2, Berlin 1970–71 (Monumenta Pädagogica, Bd. 10 u. 11), hier bes. Bd. 2, S. 152–228.

Spezialtätigkeit und eröffnet die Perspektive der Egalität. Die Maschinenindustrie beseitigt potentiell »die Notwendigkeit fester Arbeitsteilung und hiermit auch die wirtschaftliche und folglich auch die soziale Hierarchie«[52]. Da aber die Durchführung einer egalisierenden Arbeitserziehung die sozialistische Organisation der Produktion voraussetzt und damit die Herrschaft des Proletariats, muß der Aspekt der Klassenkampferziehung unter den bestehenden Verhältnissen der BRD bei Versuchen proletarischer Erziehung im Vordergrund stehen.

Soweit aber unser Versuch proletarischer Erziehung Kenntnisse vermittelt über die Aufhebung der Lohnarbeit durch kollektives Handeln, antizipiert er auch eine Seite der Erziehung, die für Kinder studentischer Intelligenz, wenn entsprechende Voraussetzungen bestehen, möglich und notwendig ist. Diese Einsicht kam uns aber erst am Beginn unserer Praxis mit Arbeiterjugendlichen.[53] Sehen wir also erst einmal zu, wie wir die Arbeit mit Arbeiterkindern theoretisch und praktisch entwickelten.

[52] Blonskij: a. a. O., S. 17.
[53] Vgl. Schlußkapitel dieses Berichts: ›Für eine neue Offensive‹.

2. Schichtspezifische oder klassenspezifische Erziehung?

Unter dem Anspruch, eine revolutionäre Erziehung mit Arbeiterkindern im Arbeiterwohnbezirk zu entwickeln, hatte eine Gruppe im Kinderladen intensive Bemühungen begonnen, diesem Problem theoretisch beizukommen. Unsere Arbeit erstreckte sich in dieser Phase der Konzeptionsentwicklung auf drei Formen von Theorie, die uns die Lebensumstände und Erziehung des Arbeiterkindes begreifbar machen sollten. Schichtspezifische Sozialisationsforschung, Ansätze von klassenanalytischer Begrifflichkeit und proletarische Erziehungsvorstellungen, die aus der Geschichte der Erziehung der Arbeiterbewegung gewonnen waren, bildeten den Ausgangspunkt unserer theoretischen Bemühungen. Wir konnten mit diesen theoretischen Ansätzen noch kein geschlossenes Konzept klassenspezifischer Erziehung entwickeln. Diese Ansätze bildeten vielmehr den Rahmen, auf dem die Grundlagen der Erziehungskonzeptionen späterer Etappen unserer Arbeit aufbauen sollten.
Diese Grundlagen waren keineswegs allen Genossen, die in der Kinderladengruppe sich auf die Arbeit mit Arbeiterkindern vorbereiteten, in gleicher Weise zugänglich. Obwohl wir damals diesen Umstand noch nicht problematisch fanden, sollte er sich später als große Schwierigkeit erweisen.
Wie entwickelte sich nun unser Versuch, ein den Arbeiterkindern angemessenes Erziehungskonzept zu entwickeln?
Als erste Aufgabe sahen wir die Notwendigkeit, die Lebensumstände des proletarischen Kindes zu begreifen. Wir erarbeiteten deshalb einen Abriß zur Lage und Geschichte des Arbeiterkindes, den wir später in der nachfolgenden Form schriftlich ausformulierten.

Zur Geschichte des Arbeiterkindes

Mit der Entstehung des Kapitalismus und der Vereinfachung der Produktion durch Maschinenbenutzung schlug die Stunde der Kinderarbeit und Kinderausbeutung. Unter den Bedingungen der Kinderarbeit und Kinderausbeutung entstand das Arbeiterkind, das sich vom Land- und Stadtkind der feudalen Epoche grundsätzlich unterschied. »Vom Anfang der neuen Industrie an wurden Kinder in den Fabriken beschäftigt.«[1] Mit dem Rückgang der industriellen Kinderarbeit wurde

[1] Robert Alt: Kinderausbeutung und Fabrikschulen, Berlin 1958, S. 22.

das proletarische Kind Objekt der entstehenden allgemeinen Volksschule unter bürgerlichem Kommando. Der zentrale Unterrichtsgegenstand in den Volksschulen war damals Religion. Im Durchschnitt 6 bis 9 Stunden in der Woche. In den sächsischen Volksschulen z. B. mußten vor dem Ersten Weltkrieg »150 Bibelsprüche, 168 Gesangbuchstrophen, 140 biblische Geschichten, 35 Choralmelodien und die 5 Hauptstücke auswendig gelernt werden«.[2] Diese Anzahl, schrieb Otto Rühle, »reicht gerade hin, um den Geist der Kinder stumpf zu machen, ihre Intelligenz zu verblöden, ihre gesunde Vernunft zu verwüsten«.[3] Die Schulklassen waren überfüllt. In Preußen gab es z. B. damals 692 Volksschulklassen mit mehr als 120 Schülern.[4] In ungefähr 24 000 Orten des Deutschen Reiches gab es überhaupt keine Schulen.[5] Während im Gymnasium für Bürgerkinder z. B. in Preußen auf einen Lehrer im Durchschnitt 18 Schüler kamen, betrug in der Volksschule für Kinder des Proletariats die Zahl der durchschnittlich auf einen Lehrer entfallenden Schüler im ganzen Reich 58.[6]

Das proletarische Kind war anders als die Kinder früherer Epochen und die Kinder der herrschenden Klassen von Anfang an Gegenstand der Ausbeutung und Unterdrückung. Otto Rühle und Jürgen Kuczynski haben ein anschauliches Bild des psychologischen und ökonomischen Lage des Arbeiterkindes bis 1920 gezeichnet.[7] Otto Rühle kommt nach seiner Analyse der Lage des proletarischen Kindes in Familie, Schule, Fürsorge und Gefängnis zur Einsicht: »Es ist eine Wanderung durch Wüsten, Abgründe und Moräste, die in diesem Buch ihre Widerspiegelung finden: eine Welt des Schmerzes und der Qual, die sich vor entsetzten Blicken ausbreitet.«[8]

Hoernle berichtet in seinen ›Grundfragen der proletarischen Erziehung‹ 1929[9], daß z. B. 1925 unter »510 219 Schulkindern 93 936 gezählt wurden, die erwerbstätig waren«[10]. Er führt an, daß 1926 in Berlin-Pankow in 534 Fällen in Küche und einem Zimmer 4 Personen wohnten, in einem einzigen Zimmer in 1067 Fällen 4 Personen, in 1134 Fällen 3 Personen.[11] Kanitz erwähnt, daß um 1925 »in Berlin mehr als 600 000 Menschen so kleine Wohnungen haben, daß mehr als 5 Menschen in einem Raum hausen müssen«[12]. Aus dieser Wohnsituation vieler Arbeiterkinder resultiert eine repressive Erziehung mit ihren Konsequenzen für die Verstümmelung des Charakters. Rühle

[2] Geschichte der Erziehung, Berlin 1967[8], S. 412.
[3] Otto Rühle: Das Sächsische Volksschulwesen, Leipzig 1904, S. 14.
[4] Otto Rühle: Die Volksschule, wie sie ist, Berlin 1909, S. 39.
[5] Vgl. Heinrich Schulz: Die Schulreform der Sozialdemokratie, Dresden 1911, S. 21.
[6] Ebd., S. 22.
[7] Vgl. Otto Rühle: Das proletarische Kind, München 1922[2]. – Jürgen Kuczynski: Geschichte der Kinderarbeit in Deutschland, 1700 bis 1939, Band 1 u. 2, Berlin 1958. – Vgl. auch: Lothar Schneider: Der Arbeiterhaushalt im 18. und 19. Jahrhundert, Berlin 1968.
[8] Otto Rühle: Das proletarische Kind, a. a. O., Seite 19.
[9] Neuauflage, Darmstadt 1969.
[10] Ebd., S. 46 f.
[11] Ebd., S. 48 f.
[12] Otto Felix Kanitz: Kämpfer der Zukunft, Neuauflage, Frankfurt 1970, S. 28.

schreibt 1926, daß »50 % der Arbeiterkinder ständig Schläge bekamen, während von Bourgeois-Kindern nur 2 % geschlagen wurden«[13]. Angesichts dieser Situation ist es nicht verwunderlich, wenn Rühle in eigenen Untersuchungen 1926 feststellte, daß »30 % aller Träume von Proletarierkindern Verfolgungsträume sind, denen nur 2 % bei bürgerlichen Kindern gegenüberstehen«[14]. Der Zugang zum Gymnasium war in der Weimarer Republik dem proletarischen Kind allgemein versperrt. »Nur 6,5 % aller Kinder konnten höhere Schulen besuchen. Das waren vornehmlich die Kinder der herrschenden Klasse, denn nur 4 % dieser Kinder aller höheren Lehranstalten waren Arbeiterkinder.«[15] Wenig gegliederte Volksschulen waren unverändert die Regel. 1922 gab es in Preußen auf dem Lande 59 %, in den Städten noch 11 % ein- und zweiklassige Schulen, während die achtklassige Schule für alle Kinder die Regel sein sollte.[16] Anfang der zwanziger Jahre ging die Zahl der auf eine Lehrkraft kommenden Schüler etwas zurück, um Anfang 1930 wieder hochzuschnellen.[17] Die krassen Unterschiede in der materiellen Versorgung der Schulen waren gleich geblieben. Für einen Platz in der Volksschule wandte der Staat jährlich 500 Mark, für einen Gymnasialplatz 3000 Mark auf.[18]

Die Klassen in der BRD und ihre Kinder

Die Klassenstruktur der kapitalistischen Gesellschaft und ihre Auswirkungen auf das Leben des Arbeiterkindes als Mitglied der Arbeiterklasse sind stabiler als die kapitalistischen Apologeten wahrhaben wollen.[19]
An den Besitz- und Einkommensverhältnissen in der Bundesrepublik

[13] Otto Rühle: Zur Psychologie des proletarischen Kindes, Neuauflage, Darmstadt 1969, S. 48.
[14] Ebd., S. 80.
[15] Geschichte der Erziehung, a. a. O., S. 589.
[16] Ebd., S. 589.
[17] Vgl. Rosenberg: Offensive der Bourgeosie gegen die Schule, in: Das proletarische Kind, Berlin 1958, S. 241.
[18] Otto Rühle: Das proletarische Kind, a. a. O., S. 256.
[19] Was wir uns im Jahr 1969 unter einer Analyse der kapitalistischen Klassengesellschaft vorstellten, kam über die Benennung oberflächlicher Erscheinungsformen der Klassenunterschiede in der BRD kaum hinaus. Eine dem heutigen Stand der Entwicklung der Klassenanalyse angemessene Untersuchung hätte die Rekonstruktion der Kategorien der Klassenanalyse, wie sie etwa Michael Mauke (Die Klassentheorie von Marx und Engels, Frankfurt 1970) leistet, zu berücksichtigen. Andererseits sind heute kritisch die Beiträge von revisionistischen Autoren zu reflektieren; vgl. etwa: Spätkapitalismus ohne Perspektive, Frankfurt 1970; Der Imperialismus der BRD, Frankfurt 1971; Helmut Steiner: Soziale Strukturveränderungen im modernen Kapitalismus, Berlin 1967; Jürgen Kuczynski: Darstellung der Lage der Arbeiter in Westdeutschland seit 1945, Bd. 1 u. 2, Berlin 1963; Jürgen Kuczynski: Studien zur Geschichte der Lage des arbeitenden Kindes in Deutschland von 1700 bis zur Gegenwart, Bd. 1 u. 2, Berlin 1968; M. Tjaden-Steinhauer u. K. H. Tjaden: Sozialstruktur des deutschen Kapitalismus / Heinz Jung: Zur Diskussion um den Inhalt des Begriffs Arbeiterklasse, beide in: *Das Argument* 61, 1970. Ebenso sind bürgerliche Autoren zu berücksichtigen, z. B.: T. B. Bottomore: Die sozialen Klassen in der modernen Gesellschaft, München 1967; Erhard Wiehn: Theorien der sozialen Schichtung, eine kritische Diskussion, München 1968.

wurde uns 1969 deutlich, daß sich der Kapitalismus über die verschiedenen politischen Kulissen hinweg kaum verändert erhalten hat. Heute hat die objektive Klassenstruktur der westdeutschen Gesellschaft etwa folgende Gestalt: 40,5 Millionen = 75 % Arbeiter, sowie kleine Angestellte und Beamte. 7,1 Millionen = 13,6 % Mittelschichten. 3,5 Millionen = 6,3 % Intelligenz, 2,7 Millionen = 5,1 % Bourgeoisie (vgl. Imperialismus heute, Berlin 1968, S. 607 f.). Diese Klassenstruktur wirkt sich eklatant auf die Verdienst-, Eigentums- und Machtverhältnisse der westdeutschen Gesellschaft aus. 1969 wurde festgestellt: »Über 80 % des realen Vermögens in der Bundesrepublik konzentrierten sich 1965 bei Unternehmern und öffentlichen Haushalten, während die Masse derer, die durch Erwerbstätigkeit erst Vermögen schaffen, nämlich die mehr als 20 Millionen Arbeitnehmer sowie die früheren Erwerbstätigen, die Rentner, zusammen knapp 20 % des gesamten Realvermögens besaßen.«[20] Westdeutschland hatte zwar 1966 15 404 Millionäre, aber die eigentlichen Machthaber sind die Konzernherren und Manager, die Jahreseinkommen von mehr als 1 Million Mark haben. Das waren 1957 z. B. 459 Personen.[21] Zu dieser Gruppe gehören die Milliardäre Alfred Krupp, Friedrich Flick, Helmut Horten, die Geschwister Bosch, Quandt, die Röchlings, Stumm, Haniel, Nekkermann, Schickedanz, Wehrhahn, von Oppenheim, von Finck, die Söhne von Hugo Stinnes, Springer, Karg, von Opel, Wolff, Reemtsma, Glöckner, Henle, Henkel, Diering, van Delden, von Berghes, Sachs, Diehl, Ritter, Freudenberg, Rodenstock, Dyckerhoff, Mülhens, ter Meer, von Siemens usw.[22] Diese Kapitalistenelite rekrutiert sich weitgehend aus sich selbst. Der Faschismus mit seinem Führerprinzip war diesen Herren willkommen. »Die großen Arbeitsvorhaben und dann die Aufrüstung brachten eine ungeheure Belebung der Wirtschaft mit sich [...] Heute bestimmen die Großkonzerne das Bild der westdeutschen Wirtschaft wie eh und je. Elf der 15 größten gehörten bereits auch vor dem Krieg in diese oberste Spitzengruppe.«[23] Der Profithunger der Monopole bewirkt, daß die Vermögensbildung nur für die Selbständigen in den Himmel wächst und daß z. B. 1966 immer noch 47 000 Arbeiterkinder zwischen 13 bis 15 Jahren Kinderarbeit leisten müssen. »Die Pro-Kopf-Vermögensbildung 1950 bis 1963 betrug bei den Unselbständigen 3200 DM (Arbeiter 2100 DM, Angestellte 4800 DM, Beamte 6800 DM, Rentner 2900 DM) bei den Selbständigen 12 700 DM (Landwirte 3400 DM, übrige Selbständige 22 000 DM).«[24] Die Arbeiter, die vier Fünftel der 26,3 Millionen Erwerbstätigen in Westdeutschland und Westberlin ausmachen, können

20 Jörg Huffschmid: Die Politik des Kapitals, Frankfurt 1969, S. 29.
21 Vgl. Die Macht der Hundert, Berlin 1966, S. 64.
22 Vgl. Kurt Pritzkoleit: Auf einer Woge von Gold, München/Wien/Basel 1961, S. 463 f.
23 Wolfgang Zapf: Wandlungen der deutschen Elite. Ein Zirkulationsmodell deutscher Führungsgruppen, 1919–1961, München 1965, S. 98.
24 Wilhelm Krelle, Johann Schunck, Jürgen Siebke: Überbetriebliche Ertragbeteiligung der Arbeitnehmer, Tübingen 1968, S. 489.

im Kapitalismus nicht reich werden. Dafür ist gesorgt. Aber die Selbständigen, die nicht ihre Arbeitskraft verkaufen, können sich auch besser reproduzieren. Huffschmid stellte fest, daß »ein Selbständigenhaushalt unabhängig von der Zahl der Personen, die ihm angehören, über ziemlich genau das doppelte Haushaltseinkommen verfügt wie ein Arbeiterhaushalt ... (und) daß über die Hälfte aller Selbständigenhaushalte mehr als 1200 DM, über die Hälfte aller Arbeiterhaushalte aber weniger als 800 DM Nettoeinkommen im Monat bezogen.«[25] Diese ökonomischen Differenzen treffen besonders das Arbeiterkind. Das Arbeiterkind stellt unter den 6,3 Millionen 6—14jährigen Kindern (= 11 % aller Bürger der BRD) einen Anteil von 75 %; 1962 gab es 5,4 Millionen = 79,5 % Volksschüler, 407 364 = 5,9 % Mittelschüler und 846 709 = 12,4 % Gymnasiasten, die ziemlich schichtenhomogen sich rekrutieren.[26] Da die Lebensumstände der verschiedenen Klassen auch über das Schicksal ihrer Kinder entscheidet, sollen Bürger-, Kleinbürger- und Arbeiterkind im Folgenden unterschieden werden (so wie es einige von uns damals begriffen.)

Das Bourgeois-Kind

Für ein Kind ist es auch in Westdeutschland entscheidend, in welche Klasse es hineingeboren wird. Als Mitglied der Bourgeoisie und Teilen der Intelligenz erlangt es durch die Geburt Privilegien wie Namen, Besitz, Aktivierung von Beziehungen und die Möglichkeiten guter Ausbildung, die es gegenüber allen anderen Kindern der Gesellschaft favorisieren. Die Kinder dieser Klasse werden in der Zukunft die höchsten Positionen im Berufsbereich besetzen, sie erhalten zum Teil auf privaten Eliteinternaten die beste schulische Ausbildung, und sie werden die höchsten Einkommen beziehen und über große Mengen des gesellschaftlichen Reichtums verfügen können. »Von daher ist zu erwarten, daß sie es sich am meisten leisten können, etwa eigene Häuser, große Wohnungen und Ausstattung mit Komfort.«[27] Die Oberschichtenkultur, in die diese Kinder hineinwachsen, wird bei ihnen ein elitäres Selbstbewußtsein prägen mit stark konservativen und patriachalischen Zügen.

Das Kind aus den Mittelschichten

Die Familien der Mittelschichten in der Bundesrepublik sind zumeist stark aufstiegs- und anpassungsorientiert. Die Erziehung des Mittelschichtenkindes wird deshalb vor allem bestimmt von »außerordentlicher Gewissenhaftigkeit, präziser Genauigkeit, von Pünktlichkeit,

[25] Jörg Huffschmid, a. a. O., S. 17.
[26] Vgl. Statistisches Jahrbuch der BRD 1964, S. 93. – H. G. Rolff: Sozialisation und Auslese durch die Schule, Heidelberg 1969, S. 9–19.
[27] Karl Martin Bolte: Deutsche Gesellschaft im Wandel, Opladen 1967, S. 318.

Treue gegenüber der Organisation, Strebsamkeit, Ordnung, absoluter Zuverlässigkeit und Ehrlichkeit in fachlicher und persönlicher Hinsicht, von Ordnung auch im Zeitlichen, also von der Regelmäßigkeit in Abwicklung aller Tätigkeiten«[28]. Das Mittelschichtenkind wird das Bewußtsein der prinzipiellen Möglichkeit sozialen Aufstiegs entwickeln, das »als beruflicher Aufstieg, als Höherrücken in den hierarchisch gegliederten Positionsstufen verstanden wird«[29]. Autoritärer Charakter und intakte Außenlenkung sind die besten Voraussetzungen für den mittelständischen kleinen Streber. Schwärmt er als Schüler für die Schule und den Herrn Direktor, so später als Angestellter für die Firma und den Chef.

Das Arbeiterkind als Kind seiner Klasse

Als Arbeiterkind geboren, unterliegt es sogleich den Lebens- und Arbeitsumständen seiner Klasse: »Die frühere Eheschließung, die größere durchschnittliche Kinderzahl, die größere Säuglingssterblichkeit, die geringere Lebenserwartung im Vergleich zu anderen Schichten (kennzeichnen sein Geburtsmilieu) [...] Arbeiter reisen seltener ins Ausland, haben überhaupt weniger Ferien [...] Arbeiter haben einen anderen Zeitsinn. Ihnen fehlt das mittelständische Muster der aufgeschobenen Befriedigung als des Verzichts auf unmittelbaren Genuß zu Gunsten eines größeren späteren Genusses. Arbeiter haben andere Einstellungen zur Kindererziehung, ein anderes Verhältnis zum Erlebnis der Sicherheit, eine größere Distanz zu den herrschenden gesellschaftlichen Werten.«[30] Als Arbeiterkind geboren, wird es in Zukunft am wenigsten verdienen, den schlechtesten Ausbildungsstand erreichen, die unterste Berufsposition und die härtesten Arbeitsbedingungen vorfinden. Ihr gesellschaftliches Ansehen wird – obwohl sie Mitglieder der Klasse sind, die allen Reichtum produzieren – am niedrigsten stehen. Nicht aus angeborener Passivität, sondern aufgrund der Erfahrungen seiner Eltern im Betrieb wird es wahrscheinlich keine Aufstiegsmotivation entwickeln. »Die Aufstiegsmöglichkeiten im Betrieb sind so gering, daß von einer Aufstiegschance schlechterdings nicht die Rede sein kann.«[31] Die Eltern werden dem Arbeiterkind keine schulischen Sonderleistungen abverlangen, da sie der Förderwilligkeit der bürgerlichen Schule gegenüber Arbeiterkindern zu Recht mißtrauisch sind. Das hohe Maß von Frustration und Unterdrückung, das der Arbeiterfamilie und ihren Kindern zugemutet wird, wird auch bald die Sprache des Arbeiterkindes prägen. Es wird häufig Schimpfwörter

[28] Ebd., S. 330.
[29] Johannes Schwerdtfeger: Arbeit, Beruf, Betrieb, Heidelberg 1967, S. 207.
[30] Ralf Dahrendorf: Gesellschaft und Demokratie in Deutschland, München 1965, S. 112.
[31] S. Grimm: Die Bildungsabstinenz der Arbeiter, München 1966, S. 31.

verwenden und eine Sprache mit starker Affektladung benutzen. Es wird die Gesellschaft als geteilte sehen lernen, als »entzweigeschnitten in ein Oben und Unten«[32]. Es wird sich schon von klein auf zum Unten zählen. Das kann Resignation und einen »gewissen Fatalismus gegenüber den Dingen des eigenen gesellschaftlichen Lebens« zur Folge haben[33], besonders im Bereich des Privaten[34]. Aufgrund der Situation am Arbeitsplatz kann der Arbeiter allerdings ein anderes Bewußtsein entwickeln. Auch das Arbeiterkind kann, mit Abschluß der Schule in den Arbeitsprozeß integriert, dieses doppelseitige Bewußtsein ausbilden. Die Kollegenschaft am Arbeitsplatz kann als Kollektiv erfahren werden. Am Arbeitsplatz ist es stets der Arbeiter, der dem Kapital oder auch den Herren, ›denen da oben‹, gegenübergestellt wird, nicht aber der vereinzelte Facharbeiter, der Handwerker, der Schmelzer, der Drahtwalzer.[35] Resignation kann sich am Arbeitsplatz zum Arbeiterselbstbewußtsein wandeln. Jeder Streik gibt dafür ein Beispiel. Die Arbeit in der Produktion setzt besonders die Entwicklung körperlicher Kräfte voraus. Auf die körperlich schwere Industriearbeit wird das Arbeiterkind von den Mitgliedern seiner Klasse vorbereitet: »Die physische Kraft, typisches Erfordernis in den meisten Unterschichtsberufen, wird zu einem wesentlichen Kriterium der sozialen Einschätzung. Ein Mann muß Kräfte haben, hart sein, zupacken und eventuell auch zuschlagen können [...] (das schließt zugleich ein, daß in der Arbeiterschaft, L. v. W.) Kameradschaftlichkeit, Hilfsbereitschaft und Solidarität als besondere Tugenden gelten.«[36]

Die Lebensumstände des Arbeiterkindes

Erich Wolf untersuchte 1956–58 die Lage von 6000 Kindern im Arbeiterbezirk Kreuzberg in Berlin. Die Ergebnisse wurden 1960 in der Studie ›Lebensumstände großstädtischer Schuljugend in heutiger Zeit‹ publiziert. Er kommt zu folgendem Ergebnis: »Jeder 8. Schüler im Bezirk Kreuzberg hat kein eigenes Bett. Jeder 3. Schüler verfügt zu Hause weder über einen Arbeitsplatz, noch über eine Spielecke. Nur jeder 10. Schüler hat ein eigenes Zimmer. Fast 40 % der Schüler dieses Bezirkes leben in einer Wohnung, in der es keine Toilette und kein Bad gibt. ³/₄ aller Schüler leben in Kleinwohnungen mit ein bis 2 Wohnräumen. In Einraumwohnungen mit Küche wohnen in 39 % aller untersuchten Fälle 3 Personen. 25 % aller Fälle müssen mit 3 weiteren Familienangehörigen eine Einzimmerwohnung teilen. In 15 % aller Fälle leben 5,6 und mehr Personen in einer Einzimmerwohnung. 76,4 % aller Befragten gaben an, daß sie weder einen Balkon noch einen

32 Dahrendorf, a. a. O., S. 112.
33 Bolte: a. a. O., S. 337.
34 Bolte: a. a. O., S. 340.
35 Johannes Schwerdtfeger, a. a. O., S. 13.
36 Bolte, a. a. O., S. 341.

Garten besitzen. 41 % aller Kinder kamen aus lichtlosen Hinterhäusern. Jeder 3. Schüler litt unter Nervosität, jeder 6. unter Schlafstörungen. 34 % der Mütter sind berufstätig und bis zu 10 Std. nicht zu Hause. Fast die Hälfte der Kinder berufstätiger Mütter sind Schlüsselkinder, die weder von Nachbarn, noch von Großeltern, noch von einer Kindertagesstätte betreut werden.«[37] Das ist aber keine Kreuzberger Spezialität. Die Studie ›Schuljugend im Wedding‹ ergab 1962 daß »im 7. Schuljahr in etwa jedem 2. Fall die Mutter [...] berufstätig ist«[38].
In der BRD sieht die Lage des Arbeiterkindes in Hinblick auf seine wohnliche und familiäre Situation mit ihren pädagogischen Folgen nicht besser aus.[39] Wohnungsbauminister Lauritzen gab 1970 die Ergebnisse einer BRD Wohnungszählung bekannt, die über die Lage des Arbeiterkindes Bände spricht:

1. »800 000 Familien leben noch in Baracken, Nissenhütten oder sonstigen unzureichenden Wohngelegenheiten oder in Untermiete.«
2. »4,1 Mill. Wohnungen, also jede 5. sind in Gebäuden, die vor der Jahrhundertwende errichtet wurden.«
3. »Mehr als 600 000 kinderreiche Familien leben noch in überbelegten Wohnungen, die zum größten Teil mangelhaft ausgestattet sind.«[40]

Der Intern-Dienst der SPD mußte im September 1970 für die Bundesrepublik zugeben: »1 000 000 Wohnungen müssen, weil baufällig, abgerissen werden. 6,3 Mill. Wohnungen sind ohne Bad, 4,1 Mill. ohne eigene Toilette.«[41] Das Wirtschaftswunder ist ein Wunder nur für die Reichen und ihre Kinder, die eine kleine Minorität der Bevölkerung darstellen.
Nur zu gern wird übersehen, daß »das Nettoeinkommen von 27 % aller Haushalte oder 5,2 Mill., niedriger als 600 DM im Monat« liegt.[42] Insgesamt gibt es in der BRD 9 Mill. Personen, das sind 15 % der Bevölkerung oder jeder 7. Einwohner, die als arm einzustufen sind. Ihr Einkommen liegt unter dem amtlich festgelegten Existenzminimum. »Die Mehrzahl aller Armen ist in Arbeiterfamilien zu suchen. Angehörige von Arbeiterhaushalten machen insgesamt 5,9 Mill. oder mehr als 55 % aller Armen aus.«[43]
Wie weit sich diese ökonomische Situation auch auf die Erziehung der Arbeiterkinder selbst auswirkt, ist nicht schwer vorstellbar. Gerd Iben gibt in seinem Buch ›Kinder am Rande der Gesellschaft‹ ein Bild davon. Er zeigt, wie in den Hunderttausenden von Notunterkünften der

[37] Rainer Wagner: Kreuzberger Schuljugend, in: *Die Welt*, 14. 3. 1960.
[38] Schuljugend im Wedding, Berlin 1962, Masch. Manuskript, S. 10.
[39] Vgl. Eicke Brechtstein: Sozialisation des Arbeiterkindes in Familie und Schule, Freiburg 1971 – Hedwig Ortmann: Arbeiterfamilie und sozialer Aufstieg, München 1971, bes. S. 33–81.
[40] ›Jede dritte Wohnung ohne Bad‹, in: *Frankfurter Rundschau*, 7. 5. 1970, S. 26. – Vgl. auch Bundesfamilienbericht von 1968.
[41] *Berliner Extra-Dienst*, Nr. 72, 1970, S. 4.
[42] Harry Gräser: Gibt es Armut in der BRD? In: Marxistische Blätter, 8. Jg., H. 5, 1970, S. 65. – Heinz Roth: Armut in der BRD, Frankfurt 1971.
[43] Gräser, a. a. O., S. 66.

BRD erzogen wird: »Strafe und Belohnung sind maßlos und stehen in keiner Relation zum Anlaß [...] Die Eltern-Kind-Gespräche sind rudimentär und beschränken sich vielfach auf Befehle, Aufträge und Verweise ohne Begründung.«[44] Die Kinder werden »oft nur zur Schule geschickt, wenn sie zu Haus nicht gebraucht werden und im Wege sind«[45]. Diese Arbeiterkinder landen, verursacht durch ihre soziale Lage, zumeist in Sonderschulen. Damit steht ihrem Abstieg ins Lumpenproletariat kaum noch etwas im Wege. »Aus Schulunreife und Schulversagen folgen geradezu zwangsläufig Arbeitslosigkeit und wirtschaftliche Abhängigkeit von Sozialunterstützung.«[46] Aus diesen Schichten des Proletariats rekrutiert die kapitalistische Gesellschaft ihre Alkoholiker und ›Verbrecher‹, die dem Bürger das Recht vermitteln, sich als anständig zu bezeichnen. In diesen Arbeiterschichten, die Otto Rühle schon 1911 und 1922 eingehend analysierte, kommen wahrscheinlich auch die meisten Kindesmorde vor. Sie sind dem aus der gleichen Schicht stammenden Täter am wenigsten anzulasten. »Die Zahl der mißhandelten Kinder in der BRD steigt ständig an. Man schätzt, daß etwa 1000 Kinder jährlich im Bundesgebiet an erlittenen Mißhandlungen sterben. Doch nur 10 % davon werden bekannt.«[47] Die Arbeiterkinder gehören zu den unterdrücktesten Teilen aller Schichten des Proletariats. Aus diesem Bereich der Gesellschaft stammen nicht nur die Arbeitssklaven, sondern auch die meisten Geisteskranken. »Der Hinweis von Foris und Dunham auf das soziale Problem der Geisteskranken: ihre überwiegende Zugehörigkeit zu den unteren Schichten ist durch andere soziologische Untersuchungen bestätigt worden.«[48] Geisteskrankheiten, das hat schon die bürgerliche Soziologie erforscht, sind kein Problem der Vererbung, sondern der Erziehung. Heide Berndt stellte fest: »Für die Häufung schwerer psychiatrischer Erkrankungen in den Unterschichten waren an gesellschaftlich bedingten Störfaktoren in der Sozialisation im wesentlichen zwei Gründe zu nennen: der 1. Grund liegt in der unmittelbaren Frustration vitaler Lebensbedürfnisse von Kindern aufgrund des Ausschlusses der Eltern von materiellen Gütern [...] Der 2. Grund liegt in der fehlerhaften Anpassung der Eltern an Anforderungen der gesellschaftlichen Umwelt.«[49] Die »fehlerhafte Anpassung« beruht allerdings nicht auf individueller Schuld, sondern ist Ergebnis des Widerspruchs von Lohnarbeit und Kapital.

[44] Gerd Iben: Kinder am Rande der Gesellschaft, München 1968, S. 22.
[45] Ebd.
[46] Ebd., S. 39.
[47] Gerd Biermann: Kindeszüchtigung und Kindesmißhandlung, München 1969, S. 104.
[48] Heide Berndt: Zur Soziogenese psychiatrischer Erkrankungen, in: *Soziale Welt*, 19. Jg., 1968, S. 33.
[49] Heide Berndt: Zur Soziogenese psychiatrischer Erkrankungen. Familiendynamische Aspekte der Schizophrenieforschung, in: Der Kranke in der modernen Gesellschaft, Berlin, Köln 1967, S. 474.

Die Schulverhältnisse des Arbeiterkindes

Das Schulsystem hat sich in der BRD kaum zugunsten des Arbeiterkindes verändert. Im Gegenteil: »Die Zahl der einklassigen Schulen erhöhte sich in den Jahren von 1952–1960 von 5859 auf 8569.«[50] Nach einigen Versuchen, den Schulbau anzukurbeln, ist er seit 1966 wieder rückläufig. Die Zahl der Arbeiterkinder unter den Oberschülern beträgt gerade 5 %.[51] »Das Kind jedes 8. Beamten, 11. Angestellten, aber nur jedes 50. Arbeiters besucht in Westdeutschland eine höhere Schule.«[52] Es herrscht chronischer Lehrermangel: »Derzeit fehlen insgesamt 50 000 Lehrkräfte an den allgemeinbildenden Schulen in der BRD.«[53] Auf einen Lehrer kommen 33,3 Schüler.[54] Schulräume fehlen. »50 % aller Schulräume stammen aus der Zeit vor 1905.«[55] Ganz klar werden die bürgerlichen Schulkinder schon von der materiellen Ausstattung der höheren Schule her privilegiert. In der Grund- und Hauptschule kommen auf einen Lehrer 26,7 bis 35,3 Schüler, in Gymnasien 12,8 bis 23,2.[56] Es gibt in der BRD zwar regionale Unterschiede in den Schulverhältnissen, an der schulischen Situation des Arbeiterkindes ändert das aber wenig. In Westberlin, das einmal das fortschrittlichste Schulsystem der BRD besaß, verschlechtert sich die Lage des Arbeiterkindes in der Volksschule wieder erheblich. »Die Durchschnittsklassenfrequenzen aller Westberliner Anfängerklassen in den Grundschulen liegt bei 34,9 Schülern. In 323 der 698 Anfängerklassen sitzen 36 und mehr Schüler. 102 Anfängerklassen haben keinen eigenen Klassenraum [...] Der Abstand zwischen den Klassenfrequenzen der Grundschulen und der Gymnasien ist nicht kleiner, sondern größer geworden. (1954: Grundschule 38,4, Gymnasium 29,9; 1969: Grundschule 32,7, Gymnasium 23,3).«[57] Trotz dieser Situation geht in Berlin der Anteil des Westberliner Schuletats am Gesamthaushalt zurück.[58]

Zur schichtspezifischen Erziehung des Arbeiterkindes in der Bundesrepublik[59]

Nach der ersten kursorischen Analyse der Lebensumstände gingen wir an die Aufarbeitung der Erziehung des Arbeiterkindes. Aus dieser

[50] Geschichte der Erziehung, a. a. O., S. 680. – Vgl. auch Luc Jochimsen: Hinterhöfe der Nation. Die deutsche Grundschulmisere, Reinbek 1971.
[51] Geschichte der Erziehung, a. a. O., S. 681.
[52] Ebd.
[53] *Der Spiegel*, Nr. 37, 1970, S. 76.
[54] Ebd.
[55] Geschichte der Erziehung, a. a. O., S. 682.
[56] Bericht zur Bildungspolitik 1970. Bundestagsdrucksache IV, 925, S. 49.
[57] Bankrott der Lehrerausbildung, PH Berlin, Rote Zelle. 1970, S. 3. Vgl. auch Thomas Kran: Die Restauration der Klassenschule in Westberlin. In: *Erziehung u. Klassenkampf* 1971 Nr. 2, S. 98 ff.
[58] Bankrott der Lehrerausbildung, a. a. O., S. 6.
[59] Vgl. Gottschalch, Wilfried u. a.: Sozialisationsforschung, Frankfurt 1971, bes. S. 71–192.

Aufarbeitung lernten wir, daß bis in die Methoden, Inhalte und Ziele der Erziehung eine nach Maßgabe der Klassen der kapitalistischen Gesellschaft unterschiedliche Klassenerziehung stattfindet. Einige von uns erarbeiteten sich folgendes Bild der schichtspezifischen Erziehung des Arbeiterkindes im Kapitalismus der BRD. Die herrschende Erziehung des Arbeiterkindes in der bürgerlichen Gesellschaft ist die schlechtest mögliche. Sie erzieht die Arbeiterkinder bloß zu den Fähigkeiten einer durchschnittlich verwertbaren Arbeitskraft. Eine Erziehung, die das Arbeiterkind befreien will, muß es vom Kapitalismus befreien.
Viele wissenschaftliche Untersuchungen haben bewiesen, daß das Arbeiterkind unter kapitalistischen Bedingungen durch den Sozialisations- und Produktionsprozeß der Gesellschaft schwer benachteiligt, geschädigt, entmündigt und verkrüppelt wird. Die Kinder des Proletariats werden so gespalten in Kriminelle, apathische Kleinbürger und willige Aufsteiger. Sie werden betrogen um die Entfaltung des Klassenbewußtseins, um die Entfaltung klassenbewußten Denkens und Handelns. So werden diese Kinder zu willigen Objekten des Kapitals und seiner imperialistischen und ausbeuterischen Politik. Die proletarischen Kinder werden nicht nur ihrer Klasse entfremdet, sondern auch jedem internationalistischen proletarischen Zusammenhang.
Die These von der Aufstiegsmöglichkeit der Arbeiterkinder ist eine Lüge: die obere Mittelschicht in der BRD umfaßt zwar nur 4,6 % der Bevölkerung, stellt aber 47,2 % der Studenten. »Die beiden unteren Schichten [...] hingegen sind mit 51,9 % in der Gesamtbevölkerung vertreten, woraus sich lediglich 5 % der Studierenden rekrutieren.«[60]
Krasser gesagt: aus 1 Million Landarbeiterfamilien rekrutierten sich im Wintersemester 1958/59 80 Studenten, aus 1 Mill. Beamtenfamilien rekrutierten sich im gleichen Semester 52 199 Studenten.
Kinder aus Arbeiterfamilien werden systematisch am Aufstieg in höhere Schulen gehindert:
Neue Untersuchungen zeigten, daß »mindestens 5—25 % eines Schülerjahrgangs sehr wohl in der Lage sind, zusätzlich das Abitur zu machen, aber trotzdem auf der Volksschule verbleiben oder frühzeitig abgehen«[61].
Die klassenspezifische Reproduktion der herrschenden Klasse hat im Hinblick auf den Ausschluß des Arbeiterkindes von Wissenschaft und Bildung hauptsächlich ökonomische Gründe. Die Arbeitereltern können weder teuren Nachhilfeunterricht, die Benutzung teurer Verkehrsmittel bezahlen, noch dem Kind ein ruhiges Arbeitszimmer bieten. Die oft berufstätige Mutter kann dem Kind nicht bei den Schularbeiten helfen. Das Durchschnittseinkommen der Arbeiterfamilie in der BRD von 850 DM erzwingt die frühe Mitarbeit der Kinder: »Der Kapitalismus bedarf keiner besonderen Gesetze und Verordnungen, um die arbeitenden Massen von der Bildung auszuschließen, das besorgen die

[60] Rolff: Sozialisation und Auslese durch die Schule, Heidelberg 1969, S. 13.
[61] Rolff, a. a. O., S. 14.

ökonomischen Gesetze ganz von selbst.«[62] Die Arbeiter, die im Betrieb selbst über keine Aufstiegschancen verfügen, haben also gar keine Ursache, ihre Kinder zum Aufstieg zu motivieren. Der Arbeiter wird aber nicht nur vom Kapitalisten gezwungen, Mehrwert zu schaffen, er wird außerdem gezwungen, seine Kinder repressiver zu erziehen als die Eltern der Mittelschicht. Amerikanische Untersuchungen haben ergeben, daß »die Eltern der Arbeiterklasse mehr auf die beobachtbaren Konsequenzen von Handlungen achten, während für die Eltern der Mittelklasse die Intention des Verhaltens wichtiger ist. Die Mutter aus der Arbeiterklasse ist mehr damit beschäftigt, Ungehorsam zu verhindern und unerwünschtes Verhalten zu unterdrücken [...] Die Mutter aus der Mittelklasse versucht, das Kind durch verbale Beeinflussung seiner Gefühle zu kontrollieren.«[63] D. h. der Arbeiter wird durch die Enge seiner Wohnung, die abstumpfende Bandarbeit, die Abzahlungssorgen eher gezwungen, Konflikte mit seinem Kind durch physische Sanktionen zu lösen, als bürgerliche Eltern.

»Kinder aus der Mittelschicht werden angehalten, intensives Leistungsstreben zu verinnerlichen. Kinder aus der Unterschicht aber werden mehr durch äußerliche Verhaltensvorschriften und geringe Leistungskonfrontation aufgezogen.«[64] Die Erziehungspraktiken der Mittelschicht unterstützen die Entwicklung von Leistungsstreben im Kind. Die Eltern können noch die Kinder zur Selbstkontrolle anleiten, die durch häufige Belohnungen sich für das Kind auch auszahlt. Von der Intensität des Leistungsstrebens hängt später das Schulschicksal ab. »Schüler mit hohem Leistungsstreben zeigen bessere Schulleistungen, und Schüler mit hohem Wertindex haben häufiger vor, weiterführende Schulen zu besuchen.«[65] Schon im Vorschulalter begünstigen die mittelständischen Privilegien das bürgerliche Kind. Die Arbeiterkinder unterscheiden sich von den Bürgerkindern sowohl durch ihre Wertorientierung als auch durch ihre Lebensperspektive: »Der Sozialcharakter der Kinder aus der Unterschicht ist durch passivistische, gegenwart- und familistisch orientierte, der der Kinder aus der Mittelschicht durch ›aktivistische‹, zukunfts- und individualistisch orientierte Züge gekennzeichnet.«[66]

Von Anfang an sorgt das kapitalistische Warensystem dafür, daß im Proletariat eine große Masse konform verwertbarer Arbeitskraft produziert wird, die ein Optimum an Ausbeutung ermöglicht. Für den Kapitalismus ist es sehr gut, daß Schüler aus der Unterschicht sich häufig in Prügeleien verwickeln lassen, ihr Taschengeld leichtsinnig ausgeben, sich weniger für Schulleistungen und weiterführende Ausbildung interessieren, gute Manieren kaum beachten, eine frühe finanzielle Unabhängigkeit von ihren Eltern anstreben und den Sexual-

[62] E. Hoernle: Grundfragen proletarischer Erziehung, Darmstadt 1969, S. 67.
[63] H. Fend: Sozialisierung und Erziehung, 1969, S. 224.
[64] Rolff, a. a. O., S. 43.
[65] Ebd., S. 48.
[66] Ebd., S. 49.

trieb direkter zu befriedigen trachten. Die Bürgerkinder, für Unterdrücker- und Ausbeuterpositionen vorgesehen, verhalten sich konform ihren späteren Positionen, wenn sie Prügeleien umgehen, den Sexualtrieb unterdrücken, nach weiterführender Ausbildung streben, Taschengeld sparen, gute Manieren trainieren, sich von ihren Eltern lange finanzieren lassen. Der Kapitalismus spaltet das Proletariat schon in der Familie, wenn aufgrund der sozialen Lage »die Eltern in der Unterschicht ihren Kindern gegenüber häufiger feindlich und ablehnend eingestellt sind«[67]. Die Konsequenz dieser Situation ist, daß die Arbeiterkinder früh die Tendenz entwickeln, den Autoritäten zu entfliehen, die durch Eltern, Lehrer, Polizei und Bürger repräsentiert werden. Die bürgerliche Erziehung eröffnet diesen Fluchttendenzen der Arbeiterkinder zwei Möglichkeiten: Anpassung oder Verwahrlosung. Während für das Bürgerkind Anpassung ans kapitalistische System mit Erwerb von Privilegien verbunden ist, erreicht das Arbeiterkind durch Anpassung kaum mehr als kleinbürgerliche Isolation und Ohnmacht. Schon die Sprache, die Arbeiterkind und Bürgerkind lernen, unterscheidet sich zu Ungunsten des Arbeiterkindes. Das Bürgerkind kann komplexe Satzkonstruktionen bilden, häufig Nebensätze verwenden, mit hohem Abstraktionsgrad verbalisieren. Das Arbeiterkind verfügt nur über den Gebrauch kurzer, grammatisch einfacher, oft unfertiger Sätze von dürftiger Syntax, häufig verwendet es nur kurze Befehle und Fragen. Die analytische Fähigkeit des Sprachvermögens bleibt gering. Diese Sprachfähigkeit hat eine große Bedeutung für die Schule. Das Arbeiterkind wird erleben, daß es in der Schule »mit der Bildung elementarer Begriffe und Satzkonstruktionen kämpfen muß, Schwierigkeiten hat bei der Verwendung nicht expressiver [...] Symbole, oft die Formulierung einfacher Ansprüche nicht zustande bringt und vor allem beim Erlernen einer Fremdsprache in Bedrängnis kommt, wo es doch nicht einmal die differenzierte Muttersprache beherrscht«[68].

Das Arbeiterkind versteht den Lehrer nicht, der sich der Bürgersprache bedient, und der Lehrer hält den Schüler für dumm, der die Arbeitersprache spricht. Die Volksschule, die einzige ›allgemeinbildende‹ Schule der Masse der Arbeiterkinder, ist fest in der Hand des Bürgertums. Die Wertvorstellungen und Verhaltenserwartungen, die diese Schule beherrschen, begünstigen das Bürgerkind und unterwerfen das Arbeiterkind einer Institution, die gleichzeitig »Lehrinstitut und Verdummungsanstalt, ein Werkzeug der Bildung und ein Werkzeug der Barbarei ist«[69]. Die Arbeitereltern haben keinen Einfluß auf die Volksschule. Es wurde festgestellt, daß »diese Eltern selten oder überhaupt nicht zu Elternversammlungen erscheinen«[70]. Die Kontakte der Arbeitereltern zum Lehrer beschränken sich zumeist auf die Regelung

[67] Sozialisation und kompensatorische Erziehung, Berlin 1969, S. 110.
[68] Rolff, a. a. O., S. 59.
[69] Hoernle, Grundfragen, a. a. O., S. 68.
[70] Rolff, a. a. O., S. 70.

disziplinarischer Angelegenheiten. Eine inhaltliche Beeinflussung des Unterrichts können die Arbeitereltern heute nicht leisten. Jackson und Mardsen ermittelten: »Die Schwierigkeiten für die Eltern aus der Arbeiterschicht bestanden darin, daß sie zu wenig wußten, nicht über das Vokabular höherer Bildung [...], sondern gerade über die Grundlagen der Probleme, um genaue Fragen danach zu stellen.«[71]
Die Lehrer der Volksschule entstammen zumeist dem Mittelstand. An der PH Westberlin wurde 1963 ermittelt, daß »rund 31 % der Studierenden aus Angestelltenfamilien und 29 % aus Beamtenfamilien und nur etwas mehr als 7 % aus Arbeiterfamilien stammen«.[72] Aber auch diese 7 % Lehrer aus dem Proletariat ändern an der Funktion der Volksschule für die Arbeiterkinder nichts, da ihre Ausbildung, soll sie erfolgreich enden, sicherstellt, daß sie die Normen der Mittelschicht verinnerlicht haben. Innerhalb des Klassenzimmers sind die Bürgerkinder den Arbeiterkindern überlegen: »Den Kindern aus der Mittelschicht gelingt es eher, die Bindung mit dem Lehrer emotional zu bejahen und sich mit ihm zu identifizieren: Er gleicht ihren Eltern im Sprachgebrauch, er stellt ähnliche Anforderungen und belohnt und bestraft für deren Ausführung in vertrauter Weise.«[73] Die Arbeiterkinder sind weniger daran gewöhnt, Befriedigungen aufzuschieben, die Schularbeiten fallen ihnen schwerer. Ihr Leistungsinteresse — kaum entwickelt — wird auch von den Eltern selten gefördert. Arbeiterkinder reden im Unterricht weniger. Ihre Sprache ist nicht die Hochsprache der Bürgerkinder und des Lehrers. Untersuchungen lassen deshalb »deutlich ausgeprägte Ressentiments der Lehrer gegenüber den Unterschichtenkindern erkennen«[74]. Es ist ziemlich sicher, daß »der Lehrer Belohnungen gemäß der Zugehörigkeit nach sozialen Klassen, nicht nach Schulleistungen verteilt«[75]. Kein Wunder, daß sich in der Volksschule Schulversager vorwiegend aus der Unterschicht rekrutieren. Die Lehrer wissen nicht, was sie tun. »Nur knapp 30 % der befragten Volksschullehrer glauben, daß bei der gegenwärtigen Situation Kinder der unteren Sozialschichten bei ihrer schulischen Ausbildung benachteiligt sind.«[76] Die Hauptschule ist die Schule des Proletariats. Im Schuljahr 1962/63 besuchten von den 13jährigen in der BRD 73,5 % Hauptschulen, 12 % Realschulen, nur 14,5 % Gymnasien.[77] Der Übergang von der Haupt- und Realschule aufs Gymnasium ist für Arbeiterkinder in der BRD schwer. »1963 wechselten im ganzen Bundesgebiet 5033 Realschüler der Klasse 5—10 auf ein Gymnasium über, aber 13 124 Schüler wurden in die Hauptschule zurückgestuft.«[78] Das Gymnasium stellt sicher, daß Arbeiterkinder sich dort nicht lange hal-

71 Ebd., S. 71.
72 Ebd., S. 73.
73 Ebd., S. 87.
74 Sozialisation und kompensatorische Erziehung, a. a. O., S. 147.
75 Ebd.
76 Adam: Bildungsprivileg und Chancengleichheit, in: *Das Argument*, 1964, S. 203 f.
77 Rolff, a. a. O., S. 94.
78 Ebd., S. 95.

ten können. »In den Anfangsklassen stammen etwa 25–40 % aller Schüler aus der Unterschicht. Ihr Anteil an den Schülern der 13. Klasse beträgt aber nur 6–14 %. Die überwiegende Mehrheit scheidet zwischendurch aus.«[79] »Von den Sitzenbleibern aus der Unterschicht geht fast die Hälfte sofort von der Schule ab, während von den Sitzenbleibern aus der oberen Mittelschicht dreimal so viele Kinder das Schuljahr wiederholen als von der Schule abgehen.«[80] Auch in der Freizeit sind die Arbeiterkinder unter sich. »61 % der Jungen und Mädchen, die sich zum Rendezvous trafen oder gemeinsam offizielle Tanzveranstaltungen besuchten, kamen aus der gleichen Schicht, 35 % aus direkt angrenzenden Schichten und wiederum nur 4 % gehörten nicht der gleichen oder direkt angrenzenden Schicht an.«[81]

Die kapitalistische Klassengesellschaft ist stabil. Jugendliche, die ihren Berufsweg als Arbeiter beginnen, haben nur eine Chance von 1 : 10, »in höhere berufliche Positionen aufzurücken, wobei fast ausschließlich die Positionen des unteren und mittleren Angestellten einschließlich der des Werkmeisters in Frage kommen«[82].

Die Folgen dieser den Status quo fixierenden kapitalistischen Familien- und Schulerziehung zeigten uns die Sozialistischen Pädagogen der Weimarer Zeit auf. Die Rigidität der hier beschriebenen familiären und schulischen Unterdrückung produziert den Typ Arbeiterkind, dem Otto Rühle als vorherrschenden Zug das Deklassierungsbewußtsein zuschrieb. »Die Grundlagen der seelischen Entwicklung sind also gegeben in körperlich, sozial oder erziehlich bedingten Erschütterungen des Selbstbewußtseins und Selbstvertrauens, in Beschränkungen des natürlichen, allgemein menschlichen Geltungsstrebens ... und einer daraus abgeleiteten pessimistisch gefärbten Abschätzung seiner selbst und der bedrohlichen Umwelt.«[83] Neben dem Deklassierungsbewußtsein, tritt bei den Arbeiterkindern der Zug zur Verschlossenheit auf: »Das ausgebeutete, mißhandelte, systematisch vom Dienstherren, von Eltern, vom Lehrer gequälte Kind wehrt sich so gut es kann«, schreibt Hoernle. »Es sucht die Schule zu hintergehen, es ersinnt tausend kleine Tücken und Listen [...] Die besten Kinder werden trotzig, bockig, verschlossen.«[84]

Neben den vielen Arbeiterkindern, die deklassiert, stumpf und verschlossen sind und aus dieser Haltung nur in hilflose Aggressivität überwechseln können, gibt es die kleine Gruppe der angepaßten Kinder, der Aufsteiger. Die ständig erfahrene Unterdrückung wird in einem Wunsch kompensiert: herrschen zu wollen. Die Ohnmacht schlägt um in den Willen zur Macht auf Kosten der Mitglieder der Klasse. »Und je stärker, je ohnmächtiger der Druck, um so leidenschaftlicher die Sehnsucht nach Macht und Herrschaft, je kühner der Le-

79 Ebd., S. 100.
80 Ebd., S. 102.
81 Hollingshead, Elmtowns Youth, New York 1963 ³, S. 230.
82 Rolff, a. a. O., S. 99.
83 Rühle: Zur Psychologie des proletarischen Kindes, a. a. O., S. 51.
84 Hoernle, Grundfragen ..., a. a. O., S. 189.

bensplan, in dem der ehemalige rechtlose Sklave allgebietender Machthaber sein wird.«[85]
Diesen Arbeiterkindermassen ohne klassenspezifisches Selbstbewußtsein ist mit keiner bürgerlichen Schulreform zu helfen. Jede kompensatorische Anstrengung der Schule vergrößert doch nur die Distanz des Arbeiterkindes zur Familie und unterwirft das Arbeiterkind, angesichts knapper ökonomischer Mittel der Arbeiterfamilie für eine höhere Qualifikation, zusätzlichen Normenkonflikten. Alle Pläne zur Vorschulerziehung werden mit ihren Versprechungen an der vom Kapitalverwertungsprozeß produzierten proletarischen Familienstruktur scheitern, wenn sie nicht schon am Desinteresse des Kapitals, auf diesem Gebiet unproduktiv zu investieren, ihr Ende finden.
Hoernle schreibt: »Man kann eine Revolution auf dem Gebiete der Erziehung nicht herbeiführen, ohne gleichzeitig das soziale Milieu zu verändern.«[86] Eine Veränderung des sozialen Milieus geschieht aber erst, wenn die »Unterdrückten sich [...] zur Wehr setzen und im Zusammenhang mit ihrem Kampf um wirtschaftliche und politische Befreiung eine ihren Klasseninteressen entsprechende neue und revolutionäre Klassenerziehung hervorbringen«.[87]

Kompensatorische oder proletarische Erziehung?

Die bürgerliche Erziehungswissenschaft hat auf der Basis schichtspezifischer Sozialisationsforschung die sogenannte kompensatorische Erziehung entwickelt. Diese kompensatorische Erziehung erhebt den Anspruch, die von den Klassenverhältnissen verursachten schichtspezifischen Erziehungsstile und Ergebnisse aufzuheben. Sie behauptet, daß ökonomische Verhältnisse durch pädagogische Maßnahmen verändert werden können. Wir kamen zu einem anderen Urteil. Wir erkannten, daß die kompensatorische Erziehung ihr Ziel nur aufstellen kann, weil sie keinen Begriff des Zusammenhanges von Wirtschaftsform und Erziehungssystem hat. Mit der Unterschlagung der von den wirtschaftlichen Verhältnissen begründeten Klassenverhältnisse und klassenspezifischen Erziehungsverhältnisse vereitelt die kompensatorische Erziehung ihr Ziel selbst. Mit dieser Einsicht ergibt sich die Frage, ob klassenspezifische Erziehung, die von den wirtschaftlichen und pädagogischen Klassenverhältnissen ausgeht, einlösen kann, was die kompensatorische Erziehung inkompetent nur verspricht. Wir kamen, vor diese Frage gestellt, zu folgendem Ergebnis:
Die bürgerliche schichtspezifische Sozialisationstheorie geht nicht von der Theorie der marxistischen Klassengesellschaft aus. Während Marx vom Klassenkampf und der Möglichkeit ausgeht, daß mit dem Sieg

85 Kanitz, Kämpfer der Zukunft, a. a. O., S. 71.
86 Hoernle, Grundfragen, a. a. O., S. 17.
87 Ebd., S. 15.

der unterdrückten Klasse über die herrschende bessere und menschlichere Verhältnisse sich entwickeln können, schließt die der schichtspezifischen Sozialisationstheorie zugrundeliegende bürgerliche Schichtentheorie diese Vorstellung aus. Die bürgerliche Schichtentheorie nimmt ein statisches Verhältnis der gesellschaftlichen Schichten zueinander an. Die Schichtentheoretiker sehen nur die Möglichkeit der individuellen Mobilität zwischen den Schichten. Eine revolutionäre Umkehrung des Unterordnungsverhältnisses der Unterschicht unter die Oberschicht schließen sie aus. Sie haben keinen Begriff von der Erneuerung der sozialen Verhältnisse, die mit dem Sturz der feudalen Herrenschicht durch die bürgerliche Unterschicht sich historisch schon ereignet hat und die in der kapitalistischen Gesellschaft mit dem drohenden Sturz des Bürgertums durch das Proletariat schon angelegt ist.

Proletarische Erziehung und kompensatorische Erziehung unterscheiden sich grundsätzlich. Die proletarische Erziehung geschieht unter der Perspektive der grundsätzlichen Umwälzung der sozialen Verhältnisse durch den Klassenkampf des Proletariats. Diese Erziehung geschieht in Klassenkampf und Revolution. Kompensatorische Erziehung geschieht unter der Perspektive der Beibehaltung der dem Bürgertum nützenden wirtschaftlichen Verhältnisse. Sie gibt die von ihr angestrebte Verbürgerlichung der proletarischen Reproduktionsverhältnisse als Verbesserung der Verhältnisse aus. Die kompensatorische Erziehung geschieht unter der Annahme der Klassenharmonie und der Beibehaltung der politischen Ohnmacht des Proletariats.

Die kompensatorische Erziehung soll, indem sie die Spannungen zwischen den Klassen durch Schaffung von Aufstiegsventilen für wenige mildert, die Widersprüche im Kapitalismus abschwächen. Dabei glättet sie, da die Widersprüche zwischen Produktionsverhältnissen und Produktivkräften weiter bestehen, nur Nebenwidersprüche. Sie tastet den Hauptwiderspruch von Lohnarbeit und Kapital nicht an. Sie trägt zwar zur besseren Förderung von Begabungspotentialen aus der Unterschicht, nicht aber zur ökonomischen Befreiung der ganzen Arbeiterklasse bei.

Mit gutem Grund entwickelte sich in den USA die schichtspezifische Sozialisationsforschung und die kompensatorische Erziehung Mitte der fünfziger Jahre gerade in einer Phase, in der in der US-Gesellschaft sich die Widersprüche verschärften. Ihre gesellschaftliche Funktion zur Verhinderung des Umschlags von Widersprüchen in Klassenkampf wird damit deutlich. Die herrschende Klasse in der BRD ist wie die der USA seit dem Ende des ›Wirtschaftswunders‹ ebenso bereit, die schichtspezifische Sozialisationsforschung für die Bundesrepublik zu entwickeln. Sie schafft damit die Möglichkeit, sowohl kompensatorische Erziehung zu entwickeln als sie auch in ihr herrschaftsstabilisierendes Instrumentarium der Bildungsreform einzugliedern.

Die schichtspezifische Sozialisationstheorie mißt die Unterschichtkinder gegenüber den Mittelschichtkindern nicht daran, daß sie von der

Möglichkeit ausgeschlossen sind, Produktionsmittel zu erwerben, sondern daran, daß sie von der Aneignung der Verhaltensnormen der Mittelschicht ausgeschlossen sind. Die kompensatorische Erziehung versucht gegen die Konsequenzen ökonomischer Ungleichheit die »Anpassung unterprivilegierter Gruppen an die Leistungsnormen einer mittelklassenorientierten Schule und damit die Integration des Individuums in eine leistungsorientierte Mittelklassengesellschaft«[88]. Die kompensatorische Erziehung wird daran gemessen »ob und wie schnell es [...] (ihr) gelingt, die Kinder in das bestehende Schulsystem ein- oder zurückzuintegrieren. Das Schulsystem selbst, das auf Mittelschichtenkinder zugeschnitten ist und also Mittelschichtenwerte verkörpert, wird nicht in Frage gestellt.«[89] Weil das bürgerliche Schulsystem selbst nicht verändert werden soll, wird kompensatorische Erziehung schwerpunktmäßig im Vorschulbereich institutionalisiert.
Die kompensatorische Erziehung will das Arbeiterkind nicht zur praktischen Veränderung seiner Klassenlage befähigen. Sie stürzt sich deshalb mit Vorliebe auf kompensatorische Sprachförderung. Die Welt und die Gesellschaft sollen dem Arbeiterkind in einer Sprache sich erschließen, die die Phänomene klassenspezifischer Unterdrückung gar nicht mehr benennen kann. Entgegen der aus der Klassenlage sich ergebenden Notwendigkeit zum solidarischen Handeln soll das Arbeiderkind individualistisch denken und handeln lernen.
Die Individualisierung von Arbeiterkindern, die von ihrer Klassenlage her zum kollektiven Handeln disponiert sind, soll durch ein erfolgreicheres Absolvieren des deutschen Schulsystems gelingen, das sich durch folgende unverändert beizubehaltende Mittelstandswerte auszeichnet: »Leistungsrivalität statt Kooperation, Autoritätsrespekt, höflich-korrekte Umgangsformen, Sauberkeit, Ordentlichkeit, Bravheit, moralische Bewertung des Mißerfolges als eines Fehltritts [...] gepflegte Ausdrucksweise, fehlerfreie Rechtschreibung, penible Handschrift.«[90]
Das kompensatorische Erziehungsfeld, das für die Anforderungen eines derartigen Schulsystems erziehen soll, zeichnet sich durch folgende Unterschiede gegenüber dem bisher bestehenden bürgerlichen Erziehungsprozeß aus:

1. Gute libidinöse Einstellung des Lehrers auf die Schüler.
2. Kleine homogene Gruppen.
3. Schichtenspezifisches Curriculum, das die individuellen Erfahrungen des Schülers berücksichtigen soll.
4. Einbeziehung der Eltern in den Erziehungsprozeß, um die Bildung von individueller Aufstiegsmotivation zu unterstützen.

Dieses kompensatorische Erziehungsprogramm erweist sich in Hinblick auf die Kosten, die seine Entwicklung und Durchführung verlangen, nicht ausdehnbar auf die Masse der Arbeiterkinder. Kompen-

[88] Sozialisation und kompensatorische Erziehung, a. a. O., S. 171.
[89] Ebd., S. 183.
[90] Heinz Heckhausen: Förderung der Lernmotivierung und der intellektuellen Tüchtigkeiten, in: Begabung und Lernen, Stuttgart 1969, S. 211.

satorische Erziehung muß im Kapitalismus nicht nur an der Unabschaffbarkeit der Lohnarbeit mit Hilfe bürgerlicher Erziehung scheitern, es scheitert auch an der Unmöglichkeit der Aufbringung langfristiger unproduktiver Investitionen im Qualifikationsbereich durch eine privatkapitalistisch verfaßte Gesellschaftsordnung.

Die Grenzen für kompensatorische Erziehung im Kapitalismus werden schon deutlich. Die großen kompensatorischen Erziehungsprojekte in den USA: Das ›Demonstration Guidance Project‹ (1957-1962), das ›Higher Horizons Programm‹ (1959-1962) und das ›Head Start Program‹ (1965) ließen Erfolge vermissen, die das Bürgertum sich anfangs erhofft hatte. »Die Erfolge, die sich die Erziehungswissenschaftler vor allem von Head Start versprochen hatten [...], traten nicht voll ein.«[91] Auch beim Higher Horizons Program konnte von keinem »vollen Erfolg gesprochen werden«[92].

Auf der Basis dieser Einsichten war für uns entschieden, daß wir nach der Kritik der antiautoritären Erziehung auch auf die kompensatorische Erziehung, ihre Methoden und Inhalte nicht bauen konnten, wenn wir an die proletarische Erziehung des Arbeiterkindes gehen wollten.

Die heutigen Erziehungsprozesse ändern sich im Rahmen der Mittel der bürgerlichen Klasse nicht grundsätzlich. Nur eine sozialistische Bewegung kann mit einer grundsätzlichen Änderung der Erziehungsprozesse schon im Kapitalismus beginnen. Sie kann sie aber erst nach der Zerstörung des bürgerlichen Staates und der Aufhebung der Klassengesellschaft vollenden. Daß sich die von der kapitalistischen Gesellschaft bestimmten Erziehungsprozesse erst nach dem Sturz dieser Gesellschaftsordnung grundsätzlich ändern können, mußte selbst die bürgerliche Soziologie der USA zugeben. A. Inkeles untersuchte den Wandel des Erziehungsstils von russischen Eltern vor und nach der Oktoberrevolution. Er kam zu dem Schluß: »Ein Vergleich der erzieherischen Wertorientierung von Eltern in der vor- und der nachrevolutionären Zeit zeigt einen starken Rückgang traditioneller (besonders religiöser) Werte und eine zunehmende Beachtung von persönlichen Qualitäten, Intellektualität und politischen Gesichtspunkten unter dem Einfluß der Revolution [...] (Es läßt sich, L. v. W.) eine beträchtliche Effektivität der gegenüber der zaristischen Zeit geänderten Erziehungseinstellungen der revolutionären Elterngeneration nachweisen.«[93]

[91] Sozialisation und kompensatorische Erziehung, a. a. O., S. 179.
[92] Ebd., S. 178; vgl. Manuela du Bois-Reymond: Zur Strategie kompensatorischer Erziehung am Beispiel der USA, in: *Kursbuch* 24, 1971, S. 17 ff; vgl. auch den vernichtenden Report über das US-Bildungssystem in: *Der Spiegel*, Nr. 40, 1971, S. 120–131.
[93] Zit. n. Peter Fürstenau: Soziologie der Kindheit, Heidelberg 1967, S. 125.

Zur Geschichte der proletarischen Erziehung

Nach der Kritik der antiautoritären Erziehung und dieser ersten Sichtung und Durcharbeitung der Ergebnisse der bürgerlichen Wissenschaft zur Frage der Lebensumstände und Erziehung der Arbeiterkinder im Kapitalismus (die sich nicht so glatt entwickelte, wie sie sich im nachhinein darstellt), gingen wir mit Entschiedenheit daran, die Geschichte der proletarischen Erziehung zu erarbeiten.

Diese Entwicklung wurde durch verschiedene Momente unterstützt:

1. Die Wirkung der Marcuseschen Randgruppentheorie, der Freudschen Individualspychologie und die These von der Revolution in den Metropolen, hauptsächlich auf der Basis der Befreiungskriege in der Dritten Welt, begannen in der Studentenbewegung nachzulassen. Aufgrund der Mai-Ereignisse 1968 in Frankreich und der Kämpfe der italienischen Linken rückte die Perspektive des Wiederaufflammens von Klassenkämpfen in den Metropolen in den Bereich des Vorstellbaren. In der Studentenbewegung entwickelte sich daraufhin die Tendenz, die Marxsche Klassenanalyse wieder auf die Untersuchung der gesellschaftlichen Verhältnisse in den Metropolen anzuwenden. Die Geschichte des Marxismus rückte auf der Basis der Rezeption von Karl Korschs ›Philosophie und Marxismus‹ und Georg Lukács' ›Geschichte und Klassenbewußtsein‹ in den Blick. Die europäische und die nationale Arbeiterbewegung und die Geschichte der Kommunistischen Partei Deutschlands von 1918—1956 wurden wieder endeckt. Ahistorische und unmaterialistische Gesellschaftstheorien wurden ihres beschränkten Realitätsgehalts überführt.

2. Im Zuge der Wiederentdeckung der Geschichte der deutschen Arbeiterbewegung wurden die sozialistischen Pädagogen wie Hoernle, Rühle, Kanitz, Bernfeld wieder gelesen. Die Entfaltung ihrer sozialistischen Erziehungstheorie in Abhängigkeit von der Klassenkampfbewegung wurde bald erkannt. Revolutionäre Erziehung als Teil einer sozialen Bewegung wurde vorstellbar.

3. Die sozialistische Kritik der antiautoritären Erziehung in den Kinderläden hatte darauf hingewiesen, daß das egoistische Lustprimat und das Mittel des ›Freiraums‹ als ›pädagogischer Insel‹ keine Erziehung der Kinder für eine längere Perspektive gesellschaftlichen Kampfes erreichen würde. Die Frankfurter Wende (22. Delegiertenkonferenz des SDS) und die Auflösung des Zentralrats der Kinderläden waren die Anzeichen des Übergangs von der antiautoritären Individualerziehung zur sozialistischen kollektiven Kampferziehung.

4. Die Einsicht in die faschistische Vergangenheit der etablierten geisteswissenschaftlichen bürgerlichen Pädagogik[94] und die Kritik der

[94] Vgl. Herbert König: Imperialistische und militaristische Erziehung in den Hörsälen und Schulstuben Deutschlands 1870—1960, Berlin 1962. — H. J. Heydorn: Ungleichheit für alle, in: *Das Argument* 54, 1969. — D. Goldschmidt: Erziehungswissenschaft als Gesellschaftswissenschaft, Heidelberg 1969.

neueren kompensatorischen Erziehung machten außerdem deutlich, daß die bürgerliche Erziehungswissenschaft in allen Teilen ihrer Praxis das bestehende Erziehungssystem, das bestehende Ausbildungssystem der Erzieher und die Klassenverhältnisse voraussetzt und benutzt. In Alternative dazu war es nun möglich und nötig, einen Begriff davon zu gewinnen, wie die revolutionäre Arbeiterklasse bei der Erziehung ihrer Kinder auf das bestehende Erziehungssystem reagiert hat. Wir wollten wissen, welche Kampfmittel gegen die Einflüsse des bürgerlichen Erziehungssystems und welche Ziele und Mittel bei der Erziehung der Arbeiterkinder im Klasseninteresse in der Geschichte der Arbeiterbewegung gewonnen wurden. Wir entwickelten bei dieser Arbeit ein Bewußtsein der gesellschaftlichen Bedingtheit revolutionärer Erziehung als Klassenkampferziehung.
Diese Bedingtheit sahen wir einmal in der Abhängigkeit der Klassenkampferziehung von den politisch und ökonomisch begründeten Etappen der Klassenkämpfe, zum anderen darin, daß die Ausformung der Erziehung abhängig war von der Strategie der Arbeiterpartei zur praktischen Veränderung der Lebensumstände des Proletariats. Wir entwickelten deshalb folgendes Vier-Etappenmodell[95]:

Die Anfänge revolutionärer Erziehung (1800—1869)

Schon vor Marx und Engels fanden sich radikale Kritiker der bürgerlichen Erziehung. Zu ihnen gehörten Richard Owen und Charles Fourier, die jeweils Modelle von revolutionärer Anstaltserziehung entwarfen. Sie verlangten die Verbindung von Erziehung und Produktion. Sie forderten die öffentliche und gleiche Erziehung aller Menschen. Der Nachweis des Primats der Umwelt bei der Sozialisation wurde von ihnen erbracht. Allerdings fanden sie keine Methode, um ihre »neue Erziehung« zu vermassen. Sie versuchten die Umwelt und die Menschen zu verändern, »indem sie philanthropische Ideen propagierten, die Menschen umerziehen und einzelne kommunistische Gemeinden einrichten wollten«[96]. Mit dieser Strategie angesichts der Unentwickeltheit des Proletariats waren sie den herrschenden Klassen mit ihrem Produktionssystem einerseits und ihrem Schul- und Propagandasystem andererseits hoffnungslos unterlegen. Da nutzte es ihnen gar nichts, wenn sie statt der nicht bestehenden Macht des Proletariats die Allmacht der Verbindung von Unterricht und Produktion beschworen. Der Profit, die Kirche und die Gewehre der Herrschenden erzogen besser und nachhaltiger. Die Maschine und der Profit bestimmten das Bildungsniveau der städtischen Massen.
Daß sich utopistische Ideen vor den sozialen Schranken blamieren, war

[95] Eine umfassende Geschichte der Klassenkampferziehung, die wir weitgehend nicht berücksichtigten, findet sich in: Geschichte der Erziehung, Berlin 1969, 9. Aufl.
[96] Marx und Engels: Über Erziehung und Bildung, hg. von D. N. Grusdew, Berlin 1968, S. 17.

Wilhelm Weitling, »dem ersten Theoretiker des deutschen Proletariats«, klar. Er erlebte die Anfänge der Sammlung des städtischen Proletariats und erkannte deshalb, daß nicht mehr Aufklärung und Erziehung, sondern nur die soziale Revolution Geschichte macht. Er sagte es ganz deutlich: »Die Aufklärung hat gar nichts für uns errungen in politischer Beziehung [...] Alle Länder, alle ohne Ausnahme, verdanken ihre Freiheit der Revolution. Die Aufklärung auf friedlichem Wege ist eine Illusion, was erstrebt werden soll setzt sich nur im Kampf durch.«[97] So glaubte er, daß die Revolution »ein prächtiges Einigungs- und Aufklärungsmittel ist«, in welcher »die Herzen von einem Mitgefühl gegen ihre Mitbrüder, ihre Leidensgenossen ergriffen werden, von dessen Macht sie keine Ahnung hatten«[98]. Er nahm an, daß erst in einer kommunistisch, solidarisch organisierten Gesellschaft Wissenschaft und Arbeit zum Zentrum der Erziehung werden. »Die Jugend«, so forderte er, »soll in allen Wissenschaften und Künsten unterrichtet und an alle Arbeiten gewöhnt werden.«[99]
Die revolutionäre Erziehungstheorie von Marx und Engels bestand unter anderem in der vehementen Kritik der Trennung von Unterricht und Produktion. Sie kritisierte das Bildungsmonopol der Herrschenden und die gezielte Verdummung der Massen. Sie entlarvte die Erziehungsprozesse als Prozesse, in denen Herrschaft durchgesetzt wird. Schon Weitling erkannte den notwendigen Zusammenhang der Veränderung von Erziehung und Gesellschaft. Eine wissenschaftliche Vorstellung, wie der Prozeß der Aufhebung der repressiven Ordnung selbst emanzipative Erziehungsprozesse der Massen freisetzt, entwikkelt er nicht. Erst Marx und Engels entfalteten die Theorie von der »Revolution als Erzieherin der Massen« in ihren Schriften.
Sie stellten die Konsequenzen der Tatsache, daß Erziehung nicht die Entfaltung im Menschen angelegter ewiger Werte betreibt, sondern gesellschaftlich vermittelt ist, genauer dar. Sie fanden heraus, daß die Wirksamkeit der Erziehung einerseits durch die herrschenden Produktionsverhältnisse bestimmt und begrenzt wird, andererseits in hohem Maße auf die ökonomische Entwicklung zurückwirkt, »indem sie den Menschen als deren Träger heranbildet«[100].
Sie entdeckten den gesellschaftlichen Menschen als Geschöpf und als Schöpfer der Produktivkräfte und Produktionsverhältnisse. Die bürgerliche Erziehung, die von der angeborenen Zugehörigkeit eines Teils der Menschen zur besitzenden Klasse, eines anderen Teils zur arbeitenden Klasse ausgeht, wurde als herrschaftsstabilisierend enthüllt.
Der Zusammenhang zwischen dem Ändern der Umstände und der Entwicklung der Persönlichkeit wurde aufgedeckt.

[97] Zit. n. Geschichte der Erziehung, a. a. O., S. 322.
[98] Ebd.
[99] Wilhelm Weitling: Garantien der Harmonie und Freiheit, Berlin 1955, S. 202.
[100] Geschichte der Erziehung, a. a. O., S. 331.

»Wenn der Mensch von den Umständen gebildet wird, so muß man die Umstände menschlich bilden.«[101] Diese Einsicht wurde zum Angelpunkt ihrer Grundlegung der revolutionären Erziehung. Revolutionäre Erziehung geschieht als umwälzende Praxis. »Das Zusammenfallen des Änderns der Umstände und der menschlichen Tätigkeit kann nur als umwälzende Praxis gefaßt und rationell verstanden werden.«[102] Die gesellschaftlich revolutionäre Tätigkeit wirkt formend, entwikkelnd und erziehend auf den Menschen. Indem die Menschen für die grundlegende Umgestaltung der Gesellschaft kämpfen, verändern sie sich in hohem Maße selbst und erwerben die Fähigkeit, eine neue Gesellschaft zu schaffen. »Ihr habt«, sagt Marx, »15, 20, 50 Jahre Bürgerkriege und Völkerkämpfe durchzumachen, nicht nur um die Verhältnisse zu ändern, sondern um euch selbst zu ändern und zur politischen Herrschaft zu befähigen.«[103] Die Revolution ist die höchste Form der gesellschaftlich umgestaltenden Tätigkeit. Sie hat auch die größte erzieherische Bedeutung. Marx und Engels sahen, »daß sowohl zur massenhaften Erzeugung dieses kommunistischen Bewußtseins, wie zur Durchsetzung der Sache selbst eine massenhafte Veränderung der Menschen nötig ist, die nur in einer praktischen Bewegung, in einer Revolution vor sich gehen kann, daß also die Revolution nicht nur nötig ist, weil die herrschende Klasse auf keine andere Weise gestürzt werden kann, sondern auch, weil die stürzende Klasse nur in einer Revolution dahin kommen kann, sich den ganzen alten Dreck vom Hals zu schaffen und zu einer neuen Begründung der Gesellschaft befähigt zu werden«[104]. Mit dieser Erkenntnis konstituierten Marx und Engels das Grundprinzip revolutionärer Erziehung im Kapitalismus: die Einheit von Erziehung und Klassenkampf. Erziehung muß im Kapitalismus zu gesellschaftsverändernder Tätigkeit führen. In dieser Tätigkeit entfaltet sich der in den bestehenden ökonomischen Verhältnissen entfremdete Mensch. Der Mensch hebt die Entfremdung nur auf, wenn er an der Umgestaltung der Verhältnisse, die ihn bestimmen, selbst mitarbeitet.

Marx' und Engels' Analyse des Kapitalismus, ihre Ausarbeitung einer Revolutionsstrategie des Proletariats, ihre Entwicklung des Konzepts einer Partei als organisierender Kraft des proletarischen Klassenkampfes haben aber erst die Revolution als Erzieherin der Massen begreifbar und in den Krisen des Kapitalismus wirklich werden lassen. Die Oktoberrevolution, die vietnamesische, chinesische und kubanische Revolution legten Zeugnis ab, daß die arbeitenden Massen sich zu neuen Menschen emanzipieren und große Taten der Erneuerung der Verhältnisse begehen können. Die sozialistische Revolution ist nicht nur eine ökonomische, politische, sondern auch eine pädagogische Not-

[101] MEW, Bd. 2, S. 138.
[102] MEW, Bd. 3, S. 533 f.
[103] Karl Marx: Enthüllungen über den Kommunistenprozeß zu Köln, Berlin 1952, S. 39.
[104] MEW, Bd. 3, S. 70.

wendigkeit. Schon zu Marx' Zeiten zeigte 1871 die Pariser Kommune, daß eine siegreiche Revolution des Proletariats das Bildungsmonopol bricht, das minderwertige Wissen für die Massen abschafft und eine allseitige, Unterricht und Produktion verbindende Erziehung für die Massen anstrebt.

Die sozialistische Kritik der bürgerlichen Erziehung (1869—1906)

Die Entwicklung des Kapitalismus in Deutschland brachte einerseits die Bourgeoisie zur Macht, andererseits erweiterte sich die Akkumulation von Kapital und die Konzentration der Arbeit in den städtischen Industriezentren sprunghaft. Mit dem Auftreten von kapitalistischen Krisen und den Gegenaktionen des Proletariats gegen den Abbau seiner Rechte und die Senkung seines Lebensniveaus schlug sowohl die Stunde des Entstehens von Gewerkschaften als auch der Herausbildung der Partei des Proletariats.

Mit der Gründung der Sozialdemokratischen Arbeiterpartei Deutschlands 1869 begann eine Zeit, in der die Vorstellung von revolutionärer Erziehung nur zur Kritik der bürgerlichen Schule und zu Forderungen nach Verbesserung der Bildung der Arbeiterkinder führte. So erhob das Parteiprogramm von Eisenach folgende Ansprüche:

1. Trennung der Kirche vom Staat und Trennung der Schule von der Kirche;
2. obligatorischer Unterricht in Volksschulen und unentgeltlicher Unterricht in allen öffentlichen Bildungsanstalten.[105]

Mit seinem Vortrag ›Wissen ist Macht, Macht ist Wissen‹ (1872) leistete Liebknecht die erste umfassende Kritik der deutschen Schulverhältnisse vom Standpunkt der Arbeiterklasse. An seine Seite traten Autoren wie Josef Dietzgen (1828—1888), Adolf Douai (1819—1888) und Robert Seidel (1850—1933), die schul- und arbeitsschultheoretische Schriften verfaßten. Praktisches Einwirken der Arbeiterschaft auf ihre Kinder bestand nur im Verfassen proletarischer Kinderbücher.[106]

Das Verharren der Partei des Proletariats auf einem Standpunkt der bloß theoretischen Kritik des bürgerlichen Erziehungssystems ohne praktische Alternative hatte mehrere Gründe:

1. Die vom Kapitalismus betriebene Auflösung der bäuerlichen Familienerziehung und die Entwicklung eines städtischen öffentlichen Erziehungssystems ging in dieser Etappe noch sehr langsam voran. Die massive Ausnutzung der kapitalistisch vergesellschafteten Erziehung im politischen Interesse der herrschenden Klasse stand noch aus.
2. Der Prozeß der Konsolidierung des Proletariats als Klasse entwik-

105 Quellen zur Geschichte der Erziehung, Berlin 1962, S. 308.
106 Emma Adler: Buch der Jugend für die Kinder des Proletariats, 1895. – Hans Baake: Märchenbuch für die Kinder des Proletariats, 1894.

kelte sich sehr langsam. Dem Bürgertum gelang es mit Hilfe der Sozialistengesetze eine Illegalisierung der Arbeiterpartei. Nach der Aufhebung der Sozialistengesetze wurden die Klassenkonflikte weitgehend parlamentarisiert.

3. Der wissenschaftliche Sozialismus von Marx und Engels wurde durch den in der deutschen Arbeiterbewegung vorherrschenden Lassalleanismus revidiert und staatsfromm gemacht.

4. Die Linke in der SPD, die den Klassenkampf anstrebte, hatte sich noch nicht genügend herausgebildet.

Die revolutionäre Erziehung in ihrer praktischen Phase (1906–1933)

Die Weiterentwicklung des Kapitalismus führte zur größeren Akkumulation des Kapitals auf der einen Seite und zur höheren Konzentration der Arbeiterschaft, die nun in proletarischen Wohnbezirken sich zusammenballte, auf der anderen Seite. Mit zunehmender Frauenarbeit und wachsender Verelendung ging die Auflösung der proletarischen Familie einher. Sie wirkte sich sehr nachteilig auf die Erziehung der Arbeiterkinder aus. Der linke Flügel der SPD um Clara Zetkin, Käte Dunker, Otto Rühle und Heinrich Schulz wandte sich deshalb den Problemen einer revolutionären Erziehung in der proletarischen Familie zu. In dieser Phase glaubte man, den Verlust der Erziehungsfunktion der in Auflösung begriffenen Arbeiterfamilie durch den Appell an die Arbeitereltern, im sozialistischen Sinne zu erziehen, bekämpfen zu können. Clara Zetkin erklärte, »es sei die Pflicht der sozialistischen Eltern, ihre Kinder auf der Grundlage ihrer Weltanschauung allmählich in das sozialistische Denken und Fühlen einzuführen«[107]. Käte Dunker arbeitete 1914 in ihrer Schrift ›Sozialistische Erziehung im Hause‹ heraus, daß das Ziel der familiären Kindererziehung das Klassenbewußtsein sein soll. Die Widersprüche, die damit zwischen Schule und Familie auftraten, sollten von den Arbeitern ausgetragen werden. »Es ist nicht nur unser Recht, sondern unsere Pflicht, unsere sozialistische Weltanschauung der von der Schule verbreiteten entgegenzustellen.«[108] In dieser Etappe, in der die Kinder aus dem Produktionsprozeß ausschieden und ohne Aufsicht in den proletarischen Wohnbezirken zu verwahrlosen drohten, untersuchte Otto Rühle die Lebensumstände und Erziehung des proletarischen Kindes. Rühles Soziologie des proletarischen Kindes[109] ist nach Sombarts kurzer Studie ›Das Proletariat‹ (1906) und neben Otto Felix Kanitz' Buch ›Das proletarische Kind in der bürgerlichen Gesellschaft‹ (1925) die umfassendste Analyse des sozialen Ortes des Arbeiterkindes in dieser Etappe. Die Schlußsätze aus Rühles Studie »Das proletarische Kind‹ klingen wie eine Vorausschau auf die Periode außer-

[107] Kommunistische Erziehung I, hg. vom SDS, Kiel 1969, S. 22.
[108] Ebd., S. 34.
[109] Otto Rühle: Das proletarische Kind, a. a. O.

familiärer revolutionärer Erziehung, die seit 1910 verstärkt einsetzt: »Aus dem Bewußtsein der Erniedrigung erwachen (dem proletarischen Kind) im tiefsten Innersten tatkräftige Impulse der Aufrichtung und Erhebung. Es wird die Ketten zerbrechen! Sein Schicksal meistern! Eine bessere Zukunft erkämpfen! Und auf schnurgeradem Wege mündet seine Gefühls- und Gedankenwelt ein, in den Strom der großen proletarischen Bewegung.«[110] Bevor die Kinder allerdings in den praktischen Klassenkampf integriert werden konnten, mußte der Marxismus erst wieder praktisch werden. Die Spaltung der Arbeiterbewegung und die Gründung der KPD gingen damit einher. Damit wurde der vor dem Ersten Weltkrieg sich entwickelnden Arbeit in sozialdemokratischen Kindergruppen sowohl in Österreich als auch in Deutschland eine Erziehung im Klassenkampf gegenübergestellt.

Die ersten proletarischen Kindergruppen waren 1908 von dem Österreicher Anton Afritsch in Graz ins Leben gerufen worden. Ein Augenzeuge berichtet über Afritsch: »Er ging hinaus in die Natur, nahm Grüppchen und Gruppen von Kindern und dann kleine Gemeinschaften mit auf seine Wanderungen. Er warb Gleichgesinnte, die mit ihm die Kinder der Arbeiter der aufstrebenden Landeshauptstadt draußen in der schönen Natur betreuten und sie lehrten, im Freien zu spielen, durch Flur und Wald zu wandern, in der Natur zu leben und freie Menschen zu sein.«[111]

Diese sozialdemokratischen Bemühungen unterschieden sich kaum in Inhalt und Ziel von der bürgerlichen Jugendbewegung, die seit 1910 sich mächtig entfaltete. Das macht auch der Bericht deutlich, den Otto Rühle über die deutschen Arbeiterkindergruppen für die Zeit vor dem Ersten Weltkrieg gibt: »In den Jahren vor dem Kriege haben sich die sozialdemokratischen Frauen in vielen Gegenden des Reichs mit großem Eifer der verlassenen Straßenkinder angenommen und sie während der Sommerzeit, besonders in den Ferien, aus der dumpfen Enge der Stadt in hellen Scharen hinaus auf die Spielwiesen oder in den Wald geführt.«[112]

Diese unpolitische fürsorgerische Erziehung der Sozialdemokraten ging auch nach der Novemberrevolution 1918 weiter. Sie fand ihren Ausdruck in den von der SPD bzw. SPÖ gelenkten deutschen und österreichischen Kinderfreunden, die jeweils bis zum Einbruch des Faschismus um 200 000 Arbeiterkinder erfaßten.[113] Den weithin unpolitischen Charakter der sozialdemokratischen Erziehung in der Kinder- und Jugendbewegung, innerhalb derer nur Otto Felix Kanitz politische Kampferziehung forderte, brachte Max Adler auf folgende Formel: »Gewiß hat Politik mit Kindern nichts zu tun, und insofern sind die Kinderfreunde unpolitische Vereine, welche sich in keiner Weise in

[110] Ebd., S. 262.
[111] Anton Afritsch d. J.: Der Kinderfreund A. Afritsch, Graz 1958, S. 49.
[112] Otto Rühle: Kind und Umwelt, Berlin 1920, S. 23.
[113] Ihre Theoretiker waren: in Deutschland Kurt Kerlöw-Löwenstein, Siegfried Kawerau, Fritz Karsen, Richard Lohmann; in Österreich: Otto Felix Kanitz, Max Adler, Andreas Schrott, Therese Schlesinger, Anton Tesarek, Max Winter.

den politischen Parteienkampf einlassen wollen noch auch dazu irgend einen Anlaß haben. Wohl aber sind sie nicht in dem Sinne unpolitisch, daß sie nicht die große weltgeschichtliche Aufgabe des Proletariats [...] auch zu der ihrigen machen würden.«[114]
Ganz anders entstanden die Ansätze einer revolutionären kommunistischen Kinderorganisation, die die revolutionäre Aktion als wesentliches Erziehungsfeld der Kindermassen etablierte. Der kompensatorischen Naturerziehung der Sozialdemokraten wurde damit eine Alternative gegenübergestellt. Erich Wiesner, ein Mitbegründer der kommunistischen Kindergruppen, berichtet über den Ursprung der Kinderbewegung folgendes: »In jenen kampferfüllten Monaten (nach der Novemberrevolution 1918) konnten wir beobachten, daß an den Kampfaktionen und Demonstrationen der Arbeiterjugend, an ihren Veranstaltungen, Wanderungen, Zusammenkünften Kinder teilnahmen. Ihre Zahlen nahmen fortwährend zu und es wurde uns klar, daß wir diese Kinder — es waren ja unsere Kinder — in die Obhut der KPD und der Jugendorganisation nehmen mußten. Vor allem drängten die Kinder selbst darauf, eigene Kindergruppen zu entwickeln.«[115]
Das in der Novemberrevolution sich unter der Führung der KPD als Vorhut der Klasse sammelnde revolutionäre Proletariat war mittlerweile dazu fähig, in den Prozeß der Vergesellschaftung der Erziehung durch die herrschende Klasse einzugreifen, und zwar mit eigenen Forderungen zur proletarischen Erziehungspraxis. Der führende Theoretiker der revolutionären Pädagogik, Edwin Hoernle, beschrieb die Anstrengungen der KPD nach 1918: »Der Kampf zweier Erziehungssysteme ist stets eine Begleiterscheinung des Kampfes zweier Klassen um die Macht.«[116] Hoernle beschrieb auch die Ziele der Klassenkampferziehung: »Unser Zweck ist die Eingliederung des Kindes in den Kampf seiner Klasse. Wir wollen nicht nur erzählen von dem Kampf des Proletariats, wir wollen das Kind hineinstellen in den Kampf, nicht fertige Begriffe in den Kopf hämmern, sondern das Kind diese Begriffe praktisch erleben lassen.«[117] Die Klassenkampferziehung der KPD versuchte, der vom bürgerlichen Staat in der Etappe der wissenschaftlich-technischen Revolution expandierten öffentlichen Erziehung eine Erziehung entgegenzustellen, die besonders die Einflüsse der kapitalistischen Erziehung in der Schule zurückdrängen sollte. Es war das Ziel, in den Bereichen, in denen die Erziehung noch nicht vom bürgerlichen Staat organisiert war (nämlich auf der Straße des proletarischen Wohnbezirks), in der proletarischen Familie eine Erziehung im Interesse der Arbeiterklasse zu organisieren.[118]

114 Max Adler: Neue Menschen, Berlin 1926², S. 57.
115 Herbert König: Beiträge zur Bildungspolitik und Pädagogik der revolutionären deutschen Arbeiterbewegung, Teil 2, 1968, S. 54.
116 Hoernle, Grundfragen . . ., a. a. O., S. 15.
117 Zit. n. H. König, a. a. O., S. 57.
118 Ihre Theoretiker waren: Edwin Hoernle, Fritz Ausländer, Willi Münzenberg, Theodor Neubauer, Ernst Schneller, Erich Wiesner (vgl. Soll Erziehung politisch sein?, a. a. O.).

Sozialistische Erziehung nach 1945[119]

Der Faschismus zerstörte in Deutschland und Österreich die revolutionäre Erziehung im Klassenkampf. In der DDR entstand die Diktatur des Proletariats mit Hilfe der Roten Armee, nicht durch den realen Kampf der Arbeiterbewegung. Die FDJ und die Jungen Pioniere konnten angesichts fehlender Klassenkämpfe keine revolutionäre Klassenkampferziehung entwickeln. In Westdeutschland wurden die FDJ und die Jungen Pioniere schon 1951 verboten. Ihr Abrücken von einer klassenkämpferischen Position zugunsten reformistischer Ziele hatte verhindert, daß die revolutionäre Klassenkampferziehung der Weimarer Zeit nach 1945 fortgesetzt wurde. Die Neugründung einer revisionistischen Arbeiterjugendorganisation 1968, der SDAJ, hat keine Wende für eine Wiederaufnahme der Klassenkampferziehung gebracht.

Was lernten wir aus der Geschichte der proletarischen Erziehung?

Unsere Erkenntnisse aus der Geschichte der proletarischen Erziehung mußten begrenzt bleiben, weil wir auf dem Hintergrund der studentischen Offensivstrategie einen sehr voluntaristischen Begriff von Klassenkampf und Klassenkampferziehung entwickelten. Eine politische Ökonomie der Klassenkampferziehung konnten wir noch nicht erarbeiten.

Aus der Geschichte der proletarischen Erziehung lernten wir, daß das revolutionäre Proletariat, wenn es außerparlamentarische und außerökonomistische Praxis entwickelt, unter der eigenen Klassenkampfstrategie Ziele und Institutionen proletarischer Erziehung entfaltet. Wir sahen auch, daß beim Fortschreiten der Vergesellschaftung der Erziehung proletarische Erziehungsprozesse sich hauptsächlich nicht nur im Freizeitsbereich entwickelten, sondern im kapitalistischen Qualifikationsbereich selbst. Die Widersprüche der kapitalistischen Erziehung sollten im öffentlichen Erziehungsprozeß selbst angegriffen werden. Der Klassenkampf sollte durch die kommunistische Kinderbewegung im öffentlichen Erziehungssystem entfaltet werden.

119 Die Analyse der Entwicklung sozialistischer Erziehung nach 1945 in Deutschland wurde von uns nicht geleistet. Eine derartig umfassende Untersuchung liegt auch bis heute nicht vor. Zur Analyse der sozialistischen Erziehung in der DDR vgl. u. a. Karl-Heinz Günther u. Gottfried Uhlig: Geschichte der Schule in der DDR 1945–68, Berlin 1969. – Eberhard Mannschatz: Einführung in die sozialistische Familienerziehung, Berlin 1971. – Helmut Klein: Polytechnische Bildung und Erziehung in der DDR, Reinbek 1964. – Werner Lindner: Grundlagen der Arbeit der Pionierorganisation Ernst Thälmann, Berlin 1955. – Zur Geschichte der sozialistischen Erziehung in der BRD vgl. u. a. Lorenz Knorr: Gedanken zur sozialistischen Erziehung, Bonn 1954. – K. W. Beise u. a.: Voraussetzungen und Möglichkeiten antikapitalistischen Schulkampfes, in: *Erziehung und Klassenkampf*, Nr. 1 u. 2 1971. – Monika Hübner, u. a.: Beiträge zur Geschichte der Arbeiterjugendbewegung in der BRD 1967–1971, in: *Erziehung und Klassenkampf*, Nr. 3, 1971.

Das Scheitern kommunistischer Jugendorganisationen und kommunistischer Klassenkampferziehung nach 1945 vermittelte uns das Bewußtsein, mit der Vertretung der pädagogischen und ökonomischen Interessen des Arbeiterkindes ganz neu beginnen zu müssen. Wir glaubten, aufgrund des Standes der Klassenkämpfe erst am Anfang einer proletarischen Erziehungsbewegung zu stehen. Wir versuchten deshalb, ein Modell proletarischer Erziehung zu finden, das mit unseren schwachen Kräften im proletarischen Stadtteil in Westberlin aufzubauen war. Wir waren deshalb froh, bei unserer Geschichtsbetrachtung auf den ›Proletarischen Kinderclub‹ gestoßen zu sein, der in der kommunistischen Kinderbewegung der Weimarer Zeit eine gewisse Rolle gespielt hatte. Dieses Modell schien uns der für das Arbeiterkind geeignete Rahmen zur heutigen Realisierung von antikapitalistischer Erziehung zu sein.
Damit übertrugen wir unsere Einsicht in den Zusammenhang von Erziehung und Klassenkampf aus der Geschichte der proletarischen Erziehung auf die Gegenwart. Diese Übertragung produzierte eine Reihe von Mißverständnissen. Wir hielten die studentische Bewegung für den Beginn einer proletarischen Klassenkampfbewegung. Wir glaubten uns kompetent, einer proletarischen Erziehung der Arbeiterkinder Inhalte und Ziele geben zu können. Als Sozialisten wollten wir uns der Kinder der Klasse annehmen, deren Interesse der Sozialismus vertritt. Die Berechtigung dazu schienen uns die Erfolge der Studentenbewegung zu geben. Sie hatte erstmals seit 1945 wieder eine Perspektive jenseits der kapitalistischen Gesellschaft eröffnet. Diese Perspektive schien auf abstrakter Ebene mit den objektiven Interessen der Arbeiterkinder übereinzustimmen. Bevor wir unsere Praxis begannen, dachten wir an keinen Widerspruch zwischen Arbeiterkindern und sozialistischen Studenten. Wir kannten zwar die Unterschiede, die die klassenspezifische Sozialisation zwischen Arbeiterkind und Student gesetzt hatte. Wir glaubten aber, daß die Veränderung des Bewußtseins der Studenten die Barrieren, die mit der klassenspezifischen Sozialisation gesetzt waren, von seiten der Studenten aufgehoben hätte. Wir sahen damals die trotz unseres Bewußtseinswandels unverändert gebliebenen Unterschiede der materiellen Lebensumstände von Arbeiterkindern und Studenten nicht. Wir sahen nicht, daß die Fähigkeit zur Entwicklung von sozialistischem Bewußtsein eine gewisse Autonomie gegenüber den Institutionen voraussetzt, die die Entstehung eben dieses Bewußtseins direkt oder indirekt verhindern. Ohne gewisse Unabhängigkeit von der Familie, von der Schule, ohne ein gewisses Alter, das Voraussetzung für die Entstehung dieser Unabhängigkeit ist, gibt es in der Phase der Remobilisation des Proletariats bei Kindern keine Basis für die Entstehung von sozialistischem Bewußtsein.
Sozialistisches Bewußtsein hat die Ablehnung der repressiven Kleinfamilie, der autoritären Schule und den Widerstand gegen den entfremdeten Produktionsprozeß zum Inhalt. Wir wußten noch nicht,

wie weit Arbeiterkinder — von der Auflösung der proletarischen Familie und dem Terror der mittelständischen Schule betroffen — gezwungen waren, frühzeitig diese Autonomie zu entwickeln. Unsere Vorstellungen gingen dahin, daß die Studentenbewegung mit Hilfe der fortgeschrittensten Teile des Proletariats im proletarischen Wohnbezirk die soziale Basis für die Entwicklung von sozialistischem Bewußtsein, das identisch ist mit dem der sozialistischen Studenten, bei den Arbeiterkindern würde legen können.
Aber statt auf der Basis einer realen proletarischen Bewegung arbeiteten wir dann auf dem Boden von proletarischen Erziehungsmodellen und sozialistischen Erziehungsideen, die unseren Kräften angemessen schienen. Wir sahen es als einen Fortschritt an, daß unsere Arbeit im Proletariat nicht mit den in der Studentenbewegung entwickelten antiautoritären Erziehungsmodellen und Ideen begann, sondern mit Ideen und Modellen der Arbeiterbewegung. Wir begriffen allerdings noch nicht die Konsequenzen, die die Aneignung und praktische Nutzung von Modellen historischer proletarischer Erziehungsinstitutionen in der Gegenwart haben sollten.

Proletarische Erziehungsinstitutionen

Die proletarische Kinderbewegung in der Weimarer Zeit schuf sich ihre eigenen Erziehungsinstitutionen: das proletarische Kinderheim, das proletarische Kindertagesheim, den proletarischen Kinderclub. Es handelte sich hierbei nicht um pädagogische Inseln, sondern um Einrichtungen, die mit dem Kampf der Arbeiterklasse verbunden waren. Diese Institutionen gingen in der Frage, wie die Verbindung mit der Arbeiterklasse herzustellen sei, über Siegfried Bernfelds Kinderheim Baumgarten (Wien, 1919—20) hinaus. In Baumgarten wurden für 300 Arbeiterkinder sozialistische Lebensumstände geschaffen. Es ging darum, daß man die Kinder »in einem Gemeinwesen aufwachsen läßt, das aus den antiegoistischen Seelenkräften aufgebaut ist, indem sie mit Erwachsenen zusammenleben, die soziale Menschen sind, indem sie aufblühen in einer Luft, die jene Auslese der Affekte schafft, aus der die soziale Welt, aus der die Revolution gedacht wurde.«[120]
Nachdem dieses Kinderheim am Widerstand der Geldgeber und der fehlenden Unterstützung durch das jüdische Proletariat gescheitert war, schrieb Bernfeld selbstkritisch: »Es gibt keine Inseln der Seligen in unserer unseligen Welt, man wird (sozialistische) Erzieher nicht arbeiten lassen, wenn sie versuchen sollten, gemeinsam [...] (sozialistische Erziehung) zu schaffen, man wird sie zu hindern wissen, denn Vorwände gibt es genug.«[121] Die Erziehungsinstitutionen der KPD versuchten ihre drohende Liquidation und ihre Entpolitisierung

[120] Siegfried Bernfeld: Antiautoritäre Erziehung und Psychoanalyse, Bd. 1, Darmstadt 1969, S. 120.
[121] a. a. O.

durch eine enge Bindung an den politischen Kampf der Arbeiterschaft zu verhindern.
Im Mai 1923 wurde das erste proletarische Kinderheim in Deutschland in Tambach-Dietharz (Thüringen) eröffnet. Das Kinderheim lag in einem Dorf, das eine kommunistische Verwaltung hatte: die Mehrzahl der Bürger, der Bürgermeister und die Lehrer des Kinderheimes waren Kommunisten. Ein Kinderbrief aus diesem Kinderheim stellt den proletarischen Charakter dieses Heims heraus: »Unser Kinderheim war früher ein christliches Hotel. Draußen hängt ein großes Schild mit dem Psalm: Ich hebe meine Augen auf — darunter haben wir einen großen Kranz gehängt mit dem Sowjetstern. Hammer und Sichel sind aus gelben Blumen gebunden, die werden oft frisch gemacht [...] Es wäre schön, wenn in Deutschland noch viele proletarische Kinderheime wären, wo wir nicht beten müssen und bloß gehorchen. Wir besprechen immer alles mit unseren Genossen und bestimmen dann mit, was gemacht wird, wenn einer mal etwas Böses getan hat.«[122]
Ein zweites Kinderheim in Öhrenfeld (Harz) wurde ein Jahr später eröffnet. In ihm konnten 150 Kinder für jeweils sechs bis acht Wochen leben. Die ganze Arbeit im Kinderheim stand unter der Maxime der »Schaffung einer Umgebung für die Kinder, die ihrem proletarischen Charakter entspricht und ihnen die Sicherheit des Selbstbewußtseins als Mitglieder der Arbeiterklasse gibt«[123]. Während des Aufenthaltes im Heim wurden die Kinder in Gruppen organisiert, die an bestimmten praktischen Bereichen der Reproduktion beteiligt wurden. Die Kindergruppen arbeiteten in der Küche, in der Schuhmacherei und der Näherei.[124] Es wurde versucht, das Heim in ein großes Kollektiv zu verwandeln. »Von Zeit zu Zeit werden größere gemeinsame Ausflüge gemacht, proletarische Gedächtnisfeiern veranstaltet und so das Kollektivleben auf alle Kinder des Heims ausgedehnt [...] Sie zogen auch gemeinsam hinaus nach dem nächstgelegenen Städtchen Wernigerode und hielten dort eine Veranstaltung ab, an der die Arbeiterschaft und deren Kinder teilnahmen.«[125]
In den Jahren 1923—24 entstanden in Berlin fünf Kindertagesheime mit Namen wie: ›Arbeiter-Solidarität‹ (Reinickendorf) und ›Rosa Luxemburg‹ (Lichtenberg) etc. Diese Heime hatten die Aufgabe, die Notwendigkeit der Kinderspeisung zu verbinden mit der Erledigung der Schulaufgaben, der Ausbildung in Handfertigkeiten und der Vermittlung »des für jeden klassenbewußten Arbeiter notwendigen Wissens«[126]. Die Entwicklung des Klassenbewußtseins dokumentiert ein kollektiver Kinderbrief aus einem der Heime; die Kinder schreiben: »Bei immer 100 Kindern sind 90 unterernährt und tuberkulös. Aber

[122] Aus dem ersten proletarischen Kinderheim Deutschlands, in: *Das proletarische Kind*, 3. Jg., H. 6, 1923, S. 11 f.
[123] Die Kinderheime der IAH, Berlin 1924, S. 2.
[124] Ebd., S. 24.
[125] Ebd., S. 30.
[126] Ebd., S. 11.

eins wissen wir, daß für uns Kinder auch bessere Zeiten kommen werden. Die internationale Arbeiterschaft wird sich ihre Ausbeuter vom Halse schaffen, und wir Kinder hoffen bald in den Reihen der kämpfenden Arbeiter zu stehen.«[127] Diese Kindertagesheime, die in Zeiten von Inflation und Massenarbeitslosigkeit für die Arbeiterkinder dringend notwendig waren, wurden die Vorläufer der Arbeiterkinderclub-Bewegung, die ab 1931 von der kommunistischen Kinderbewegung aufgebaut wurde. Der erste Arbeiter-Kinderclub, mit dem Namen ›Lenin‹, wurde am 20. November 1930 in Berlin eröffnet. Er benutzte die Räume eines ehemaligen Kinos und umfaßte vier Zimmer. Diese wurden mit Tischen und Stühlen, mit Hobelbänken, einem Schleifstein, mit Büchern, Spielen und Werkzeugen ausgestattet, die die Arbeiterschaft gespendet hatte. Am ersten Tage der Eröffnung kamen bis zu 100 Kinder. Später pendelte sich die Zahl auf 50 Kinder täglich ein. Der Club wurde von erwerbslosen Arbeitern und Jungarbeitern geleitet. Er hatte täglich von 16 bis 19 Uhr geöffnet und gab den Kindern die Möglichkeit zum Lesen, Spielen und politischem Basteln. Im bestimmten Turnus gab es Abendveranstaltungen mit Lichtbildervorträgen über Themen wie: ›Reise durch Sowjetrußland‹, ›Gibt es einen Gott?‹. Nach einer gewissen Anlaufzeit wurden im Club einige Arbeitszirkel organisiert. Es gab dann z. B. einen Samariter-, einen Schieß- und einen Musikzirkel.[128] Da dieser Club »infolge der Isolierung von den Massen« einging, wurde später versucht, in fast allen Bezirken Deutschlands (mit Schwerpunkt Berlin) Arbeiter-Kinderclubs auf neuem Niveau einzurichten. In Berlin-Wedding z. B. begannen Pioniere für die Errichtung eines Arbeiter-Kinderclubs unter der Arbeiterklasse zu werben. Sie wußten ganz genau, daß »sie den Club nur halten können, wenn sie nicht alleine stehen, sondern die ganzen Arbeiterorganisationen und die Betriebsarbeiter und Erwerbslosen hinter ihnen stehen«[129]. Aufgrund der Analyse dieser Club-Bewegung wurden Bedingungen für die Errichtung von Kinderclubs erarbeitet:

1. Arbeiter-Kinderclubs entstehen vor allen Dingen während großer politischer Kämpfe und Streikbewegungen.
2. Die Entfaltung des Kinderclubs ist an die Ausdehnung der Pionier-Bewegung gebunden.
3. Der Kinderclub muß von der erwachsenen Arbeiterschaft gestützt werden, die möglichst in einem Komitee der Freunde des Kinderclubs zusammengefaßt wird.
4. Der Club selber muß eine kollektive Clubleitung aus Arbeiterkindern besitzen.
5. Die Finanzierung des Clubs muß durch Sammlungen und durch einen Stamm fester Geldgeber gesichert sein.[130]

[127] Ebd., S. 13.
[128] Fritz: Kinderclubs, in: Das proletarische Kind, 11. Jg., H. 1, 1931.
[129] Felix: Vom ersten Arbeiter-Kinderclub ›Lenin‹ zu einer breiten Kinderclub-Bewegung, in: *Das proletarische Kind,* 11. Jg., H. 4/5, 1931.
[130] Ebd.

Probleme der Entwicklung einer praxisbezogenen Theorie

Bei der theoretischen Vorbereitung unserer Arbeit mit Arbeiterkindern zeigten sich schon Schwierigkeiten, die sich mit dem Eintritt in die Praxis noch steigern sollten.
Die Theorien, die wir aufarbeiten, gaben zwar allgemeine Einschätzungen. Ihr Allgemeinheitsgrad sollte später in der konkreten Praxis sich als nicht hilfreich erweisen, die auftretenden Probleme zu lösen. Während wir die theoretischen Vorstellungen, die wir aus der Geschichte der Arbeiterbewegung gewannen, für unsere zukünftige Praxis als brauchbar ansahen, schienen uns die bürgerlichen Theorien ungeeignet zu sein, um das konkrete Erzieherhandeln zum einen und eine Strategie der Erziehungsprozesse im Proletariat zum anderen anzuleiten. Ohne ein Problembewußtsein in der Praxis mit Arbeiterkindern selbst entwickelt zu haben, waren wir kaum fähig, praxisrelevante Theoriestücke aus der Geschichte der Arbeiterbewegung von irrelevanten zu unterscheiden. Die Konsequenz war eine forcierte Theorieakkumulation, die zugleich Zeichen für die Angst vor der Aufnahme der Praxis selbst war.
Da diese Etappe der Theoriebildung außerdem auf keiner organisierten und kollektiv sich kontrollierenden sozialistischen Gruppe aufbaute, war es ungeheuer schwierig, die Theorieaufarbeitung effektiv zu koordinieren. Jedes Mitglied der Vorbereitungsgruppe arbeitete auf der Basis individuellen Interesses. Dieses Interesse war zwar aufgrund des Wandels der objektiven Perspektive der Studentenbewegung vom Hochschulkampf zur direkten Basisarbeit im Proletariat aktiviert worden, ohne allerdings schon genaue Handlungsanweisungen für den einzelnen zu enthalten. Es kam deshalb schon in dieser Phase zur Herrschaft einzelner Aktivisten über die Gruppe. Dieses Phänomen zeigt sich in allen arbeitenden Gruppen der Studentenbewegung. Erst später sollten wir Schulung und organisierte Kontrolle als Mittel entdekken, um Kenntnisunterschiede abzubauen und unkontrollierte Herrschaft einzuschränken.
Dabei zeigte sich, daß man nicht mit Theorie allein die Praxis vorbereiten kann. Wir hatten bei der theoretischen Vorbereitung unserer Arbeit mit Arbeiterkindern vergessen, daß wir auch systematisch die Zerstörung der Erziehungsvorstellungen hätten leisten müssen, die sich im Zuge der studentischen Erziehungsbewegung in unseren Köpfen gebildet hatten. Da wir aber noch nicht praktisch erfahren hatten, wie sehr die in der antiautoritären Kinderladenerziehung sich durchsetzende Laissez-faire-Erziehung uns selbst noch leitete, untersuchten wir nicht die Erziehungsvorstellungen der einzelnen Gruppenmitglieder. Wir stellten nicht fest, wie weit das Streben, proletarisch zu erziehen, nur ein modisches Lippenbekenntnis war. Leicht schien es zu sein, uns intellektuell eine neue Erziehungstheorie anzueignen, um sie in die Praxis umzusetzen. Die Widerstände, die sich in uns selbst gegen eine

Überwindung der Reproduktion in der Kindheit erfahrener Erziehungsmuster entwickelt hatten, bemerkten wir beim Theoretisieren natürlich nicht.

Mit dem Eintreten in die Praxis erhielten wir über die Bedeutung unserer Vorbereitungsarbeiten Aufschluß.

II. Teil: Die Geschichte des Arbeiterkinder-Clubs ›Rote Panther‹

»Der aufgeklärtere Teil der Arbeiterklasse begreift jedoch sehr gut, daß die Zukunft seiner Klasse und damit die Zukunft der Menschheit völlig von der Erziehung der heranwachsenden Arbeitergeneration abhängt. Er weiß, daß vor allem anderen die Kinder und jugendlichen Arbeiter vor den verderblichen Folgen des gegenwärtigen Systems bewahrt werden müssen.«

Karl Marx

Erste Phase

Probleme und Entwicklung der Arbeiterkinder

Der Umzug in den Arbeiterbezirk Kreuzberg und die Aufnahme unserer Arbeit mit Arbeiterkindern hatte unsere Situation verändert. Aus dem Problem der Überwindung mittelständischer Normen wurde nun die Frage nach der Vermittlung proletarisch-revolutionärer Normen. Aus dem Problem der Überwindung individualistischer Erziehungsmethoden wurden nun die Probleme klassenspezifischer Kollektiverziehung. Das Problem der Entwicklung einer adäquaten Erziehungstheorie auf der Basis eines beschränkten Praxisfeldes wurde nun zum Problem des richtigen Verhältnisses von Theorie und Praxis in einem Bereich des proletarischen Klassenkampfes. Außerdem trat an die Stelle des Verhältnisses des studentischen Elternkollektivs zum Kinderladen die Frage des Verhältnisses des Arbeiter-Kinderclubs zur Arbeiterklasse. Dabei trat das Problem des Verhältnisses der Arbeiterkinder im Kinderclub zum revolutionären Teil ihrer Klasse als Problem des Verhältnisses von proletarischer Kindergruppe und revolutionärer Betriebsgruppe, von Erziehungs- und Betriebsarbeit auf. Die Entwicklung von pädagogischer Theorie und Praxis wurde nun unter die Bedingungen der Rekonstruktion einer marxistischen Erziehung im Rahmen der Rekonstruktion des wissenschaftlichen Sozialismus überhaupt gestellt. Damit aber nicht genug, geriet nun das Erziehungsfeld für Arbeiterkinder in den damals schon deutlichen Widerspruch zwischen Studenten- und Arbeiterbewegung. Dieser Widerspruch reproduzierte sich im Verhältnis der Studenten zum Arbeiterkind.
Es ist nur gut gewesen, daß wir nicht wirklich wußten, was auf uns zukam, als wir unsere Arbeit mit Arbeiterkindern begannen. Wir wären sonst nie ans Werk gegangen. Mit dem Beginn unserer Praxis wurde die Erziehungsarbeit aus der bisherigen weitgehend pädagogischen Problematik des Kinderladens in die Problematik des politischen Kampfes in der damaligen Etappe transformiert. Deshalb reproduzierten sich in der Geschichte des Kinderclubs auch alle politischen Probleme der linken Bewegung.
Diese Bewegung war gerade der Führung durch den SDS entwachsen. Die DKP und die SEW begannen langsam ihre Entschärfung der linksradikalen Bewegung mit der Spaltung des antiautoritären Lagers. Diese revisionistische Führung lehnten wir ab. Wir waren deshalb von Anfang an überfordert angesichts der Notwendigkeit, aus dem Projekt heraus das Problem der Strategie und Organisation der linken Studenten und der mobilisierten Teile des Proletariats zu lösen.

Dazu reproduzierten sich im Projekt die Widersprüche, die die Linke damals kennzeichneten:
1. der Widerspruch zwischen Studenten- und Arbeiterbewegung;
2. der Widerspruch zwischen Theorie und Praxis;
3. der Widerspruch zwischen Stadtteil- und Betriebsarbeit;
4. der Widerspruch zwischen Projektarbeit und linker Bewegung;
5. der Widerspruch zwischen führenden und mitarbeitenden Genossen.

Alle diese Widersprüche kennzeichneten den Arbeiter-Kinderclub. Als verschiedene Teil-Lösungsmöglichkeiten dieser Widersprüche selbst gescheitert waren, scheitert auch das Projekt.

Die Geschichte des Kinderclubs ›Rote Panther‹ wird damit zur Geschichte des Versuchs, die Widersprüche der Studentenbewegung aufzuheben.

Die Arbeiterkinder kommen

Da das Arbeiterkind weitgehend seine Freizeit außerhalb der Familie auf der Straße verbringen muß und dazu häufig ›Schlüsselkind‹ ist, versammelten sich sehr bald 30 bis 40 Arbeiterkinder vor dem neu eröffneten Kinderladen in der Fichtestraße in Berlin-Kreuzberg. Sie begannen in kleinen Trupps in den Laden zu kommen. Sie nahmen das Spielzeug der Studentenkinder in Besitz, bestiegen die im Laden aufgebaute Seilbahn, schnappten sich herumliegendes Werkzeug und begannen die Zimmerwände zu bearbeiten. Ihr anfängliches Verhalten schwankte zwischen staunender Unsicherheit und der bald aufgehenden Erkenntnis, einen Freiraum entdeckt zu haben, in dem die Straf- und Disziplinierungsriten der kapitalistischen Gesellschaft nicht galten. In der Küche fanden sie genug Lebensmittel. Sie machten sich mit einiger Lust daran, Getränke und belegte Brote herzustellen. Die Folge war, daß immer mehr Kinder kamen: alle Altersstufen von 3 bis 15 Jahren. Oft schleppten die älteren Geschwister die jüngeren mit sich. Sie waren dann erfreut, sich im Kinderladen einmal von ihnen befreien zu können.

Die Studenteneltern, die die Arbeit mit ihren Kindern kontinuierlich fortsetzen wollten, sahen sich allerdings jeden Nachmittag um eine organisierte Arbeit mit ihren Kindern gebracht. Durch diese Umstände gezwungen, mußte die Vorbereitungsgruppe für die Arbeit mit Arbeiterkindern unmittelbar zur Praxis übergehen. Sie konnte das nur tun, indem sie einige Studenten und Studierende der Sozialarbeit, die sich noch nicht in proletarische Erziehung eingearbeitet hatten, um Hilfe bat. Die Genossen, die nun neu zum Projekt ›Arbeiter-Kinderclub‹ stießen, kamen aus Ausbildungsinstitutionen der Sozialarbeit. Dort hatte die Studentenrevolte eine heftige Kritik angepaßter prokapitalistischer Sozialarbeit initiiert. Die fortgeschrittensten Sozialarbeiter-Genossen hatten die Etappe der Kritik an Ausbildungsinhalten und Unterrichtsmethoden der Sozialarbeiterakademien sowie der In-

stitutionen der Sozialarbeit hinter sich gelassen. Sie wollten direkt im Proletariat präventive Sozialarbeit leisten. Sie wollten verhindern, daß Arbeiterkinder verwahrlosen. Sie wollten auf keinen Fall, daß die Arbeiterkinder später fürsorgerischer Reintegration der aus dem Produktionsprozeß ausgeschiedenen oder schwer integrierbaren Arbeitskraft anheimfielen. Dabei war allerdings problematisch, daß die meisten Betreuer sich den Arbeiterkindern gegenüber zuerst nicht anders als kompensatorisch verhielten. Was diese Kinder offenbar bisher entbehrt hatten: Platz, zusätzliche orale Befriedigung, Spiel ohne autoritären Eingriff, ohne Bedrohung durch Erwachsene, sollten sie nun erhalten. Da wir anfangs keinen Begriff hatten, mit welchen Mitteln wir den Arbeiter-Kinderclub initiieren sollten und weitgehend in eine Beobachterrolle gedrängt wurden, nahmen jeden Nachmittag von 14 Uhr an die Prügel- und Aggressionsszenen zu. Die Räumlichkeiten waren begrenzt, ebenso die Nahrungsmittel; die Gruppe der antiautoritären Kleinkinder hatte besondere Bedürfnisse; und so mußten die ersten Eingriffe getan werden. Am Anfang stand bei den meisten Betreuern die Ratlosigkeit. Was sollte man den Arbeiterkindern verbieten? Was erlauben? Den von der antiautoritären Revolte geprägten ›Erziehern‹ fiel der sich allenthalben scheinbar naturwüchsig aufdrängende autoritäre Ruf nach Ruhe und Ordnung schwer. Die Identität war in Gefahr.
So war es für viele studentische Betreuer erleichternd, wenn irgendeines ihrer Angebote, aus der eigenen Kindheit erinnert, über die Klassenschranken hinweg auf Gegenliebe bei den Arbeiterkindern stieß. Meist waren es Kinder von Facharbeitern, aus den besser gestellten Schichten des Proletariats, die auf diese Angebote eingehen konnten. Sie waren es auch, die in dieser Phase der offenen Arbeit den Ton angaben. Der Vorschlag, Kasperle-Theater und Verkleidungs-Theater zu spielen, kam öfters an. Von 20 bis 30 Kindern beteiligte sich dann die Hälfte an der Ausführung dieser Vorschläge.

Ansätze von Kinder-Massenarbeit

Auf dem Bürgersteig vor dem Kinderladen in der Fichtestraße 15 wurden Tische und Stühle aufgebaut. Eine provisorische Bühne entstand. Auf Blecheimern produzierten die Kinder Musik. Die Stücke, die gespielt wurden, entwickelten einige Kinder selbst. Viel Anklang fand die Geschichte einer Familie. Mit der drastisch dargestellten Erziehung der Kinder konnten sich viele Straßenkinder identifizieren. Nach einiger Zeit geriet allerdings das Spiel zu einer allgemeinen Toberei. Öfters kam ein Auto mit Bullen vorbei. Die durch den Lärm belästigten Anwohner hatten sie alarmiert. Die Kinder verwandelten sich dann oft sehr schnell in eine friedliche Gruppe.
Auf dem Bürgersteig, vor dem Laden, fand auch mehrmals ein Malspiel statt. Eine große Rolle unbedrucktes Zeitungspapier wurde 20

Meter lang ausgerollt, Pinsel und Farbe verteilt. Trauben von Kindern begannen nun ein kollektives Gemälde. Sie verliehen ihren kleinbürgerlichen Wunschträumen Ausdruck. Die Jungen malten zumeist Autos, die Mädchen Häuschen mit Garten.

Begeisterten Anklang fand auch ein großes Feuer auf einem Trümmergrundstück hinter dem Haus, in dem der Laden war. Das Herbeischaffen der Brennmaterialien, das Anzünden des Feuers, das Hineinschütten von Benzin, wenn das Holz feucht war, war Quelle allgemeinen Interesses. Als Kartoffeln im Feuer gebraten wurden und viele Kinder mit einer ergatterten Kartoffel herumliefen, kamen vom nahen Spielplatz weitere Kindergrüppchen.

Diese Arbeit, die Elemente der unpolitischen Betreuung der Arbeiterkinder durch die sozialdemokratischen Falken der Weimarer Zeit aufnahm, war offenbar sehr massenwirksam. Sie knüpfte direkt an die Freizeitinteressen der Kinder an. Sie veränderte das Milieu kaum. So unpolitisch sie war, so hat uns diese Form der Arbeit doch einiges Interesse der Bewohner der Fichtestraße eingebracht. Die Kinder hatten ihren Spaß, einige Eltern sahen oder hörten, daß sich ›kinderliebe junge Leute‹ um ihre Kinder kümmerten. Der Höhepunkt dieser Phase war das Auftauchen eines Fernsehteams des NDR unter Leitung von Gerhard Bott. Er wollte einen Film über die antiautoritäre Erziehung von Studentenkindern mit dem Titel ›Erziehung zum Ungehorsam‹ drehen.[1] Die Arbeiterkinder sahen sich im Mittelpunkt des Interesses. Sie führten sich besonders affektiert auf und posierten vor der Kamera. Als später die Arbeiterkinder sich im Fernsehen nicht wiedersahen, weil der ängstliche Bott fast alle Szenen mit Arbeiterkindern weggeschnitten hatte, gab es traurige Gesichter.

Im Laden fand aber auch Vorlesen seine Interessenten. In einer größeren Gruppe von tobenden und rennenden Studenten- und Arbeiterkindern bildeten sich Inseln, auf denen die aktivsten Kinder den Ton angaben. Etwas zurückgezogen agierten die ›Erzieher‹. Allerdings entwickelten die Erzieher, die jeden Nachmittag improvisierten, noch keine Initiative des gezielten Aufbaus eines Arbeiter-Kinderclubs. Im Verlauf der offenen Nachmittagsarbeit bildeten sich naturwüchsig sowohl alters- als auch geschlechtsspezifische Gruppen heraus. Es wurde selbstverständlich, daß die Gruppe der zehn- bis zwölfjährigen Jungen Führungsansprüche gegenüber den kleineren Arbeiterjungen und Mädchen stellten. Es entwickelte sich die Tendenz, Mädchen überhaupt aus dem Laden zu vertreiben.

Klassenspezifische Differenzen

Besondere Schwierigkeiten brachte der Umstand, daß der Kinderladen hauptsächlich für die sechsköpfige Studentenkindergruppe (im Alter

[1] Als Buch: Gerhard Bott (Hg.): Erziehung zum Ungehorsam, Frankfurt 1970.

von drei bis vier Jahren) eingerichtet worden war. Da die Arbeiterkinder keineswegs bestimmte Privilegien der Studentenkinder, wie freie Verfügung über Essen, Trinken und Spielzeug anerkannten und auch auf ihr Alter keine Rücksicht nahmen, ergaben sich Spannungen zwischen den Studenteneltern und den Betreuern der Arbeiterkinder. Gegenseitig warf man sich das Fehlen von Erziehungskonzepten vor oder behauptete, die gefaßten Konzeptionen nicht ausführen zu können. Der Hinweis auf die klassenspezifischen Schranken als Ursache der Konflikte zwischen der Gruppe der Studentenkinder und der Arbeiterkinder wurde von den Studenteneltern abgewiesen. Erst als Arbeiterkinder, die sich mit den Studentenkindern angefreundet hatten, mit diesen in die bürgerlichen Wohnungen kamen und dort übernachteten, zeigten sich die Differenzen in der Verfügungsfähigkeit über materielle Güter deutlich. Die Arbeiterkinder, die oft mit vier bis sechs Personen eine Zwei-Zimmerwohnung in Kreuzberg teilen müssen, staunten. Sie wunderten sich sowohl über die Größe als auch über die Einrichtungen der studentischen Wohnungen. Sie wunderten sich besonders, daß es Kinder gibt, die über ein eigenes Zimmer, eigene Spielsachen und eigene Möbel völlig selbständig verfügen konnten. Sie wußten nicht, daß es Menschen gibt, die große Zimmer allein für sich benutzen können. Sie hatten noch nicht erlebt, daß Menschen bis 11 Uhr im Bett lagen und schliefen. Daß Wohngemeinschaften mehrere Autos besaßen, war ihnen erstaunlich. Die Erfahrung, daß Kommunemitglieder über den kollektiven Besitz frei verfügten, war ihnen völlig ungewohnt. Kein Wunder, wenn die Arbeiterkinder versuchten, die schreienden Widersprüche durch ausgleichende Gerechtigkeit abzumildern. Sie steckten dann für sie besonders wichtige Dinge ein. Die Tantalus-Situation, in die die Kinder sich versetzt fanden, indem vor ihren Augen greifbar nahe war, was sie bisher ständig erträumt und nie erlangt hatten, lösten sie durch Aufhebung des Eigentumstabus. Diese Vorkommnisse verbesserten die Zusammenarbeit der beiden Erziehergruppen im Laden nicht. Mehrere Anläufe, gemeinsame Beratungen über Erziehungsprobleme aufzunehmen, scheiterten. Die Identifikation der jeweiligen Bezugsgruppe machte es beiden Gruppen unmöglich, die Interessen der einen Gruppe den Interessen der anderen Gruppe unterzuordnen. Dieser Widerspruch löste sich erst in der zweiten Etappe unserer Arbeit.

Arbeit mit den Arbeitereltern

Die Arbeit mit den Arbeitereltern beschränkte sich in dieser Phase auf punktuelle, unsystematische Kontakte. Zumeist erschien ein erregter Arbeitervater oder eine Mutter, stürzte in den Laden und nahm ihr Kind mit. Wie sich manchmal ermitteln ließ, lagen die Gründe dafür entweder an der Beschmutzung der Kinderkleidung oder daran, daß die Eltern schreckliche Angst vor der APO eingetrichtert bekommen hatten und Gefahren für ihre Kinder befürchteten. Diese Szenen schreckten sympathisierende Passanten von weiteren Besuchen und praktischer Unterstützung ab. Bei Elternbesuchen stellte sich heraus, daß die Arbeitereltern ihre Fähigkeit, sich mit Erziehung und politischen Problemen zu beschäftigen, mit ihrer Lohnarbeit abgekauft bekommen hatten. Überstunden und verschärfte Ausbeutung durch Intensivierung des Produktionsprozesses hatten bei diesen Arbeitereltern bewirkt, daß die Jagd nach dem Geldfetisch und der Wunsch nach Fernsehentspannung alle anderen Interessen nach Arbeitsschluß vernichtete. Die Eltern allerdings, bei denen die Sozialfürsorge die Familie finanziell unterstützte und kontrollierte, hatten große Angst, unangenehm aufzufallen. Sie sahen sich bei dem Kontakt mit Personen, die der APO anzugehören schienen, sehr vor. Die Elternkontakte gingen über oberflächliche Kommunikation nicht hinaus.

Zum Bewußtsein der Arbeiterkinder

In einer Situation, in der wir über die Beobachtung der Kinder und improvisierte Beschäftigung kaum hinauskamen, war es schon ein Fortschritt, als sich die Möglichkeit ergab, mit Hilfe eines VW-Busses, in dem 10 bis 15 Kinder Platz hatten, Exkursionen zu machen. Auf diesen Exkursionen lernten wir die Arbeiterkinder besser kennen. Die bewußte Konfrontation der Kinder mit der ihnen sonst vertrauten und ohnmächtig akzeptierten Realität führte manchmal zur kritischen Distanzierung von der eigenen bisherigen Geschichte der bloßen Anpassung. Diese Distanzierung war allerdings nur punktuell und konnte nicht stabilisiert werden. Bei dem Besuch einer Kirche brachen die meisten Kinder den Bann der sonst akzeptierten Sakralität. Nur bei einigen zeigten sich Spuren kirchlicher Indoktrination. Als die Arbeiterkinder sich schreiend und sich jagend in dem Kirchenschiff verteilten, kroch ein Junge im Spiel unter die Sitzbänke. Für einen Augenblick schlüpfte er in die Rolle einer göttlichen Gewalt und rief laut ins Kirchenschiff: »Ich bin der Geist.« Daraufhin sagte ein anderer Junge ganz ängstlich und eingeschüchtert: »Wir wollen gehen — ich bin katholisch.« Bei einem Gespräch mit den Kindern über den Himmel wurde deutlich, wie weit die Kirche in ihrer Ideologie der Konfrontation mit der Weiterentwicklung von Naturwissenschaft und Technik Rechnung getragen hatte. In der Auseinandersetzung zwischen atheistischer Naturwissenschaft und Theologie siegte die Theologie auf Kosten des Arbeiterkindes. Es wurde deutlich, wieweit die Arbeiterkinder ganz bewußt um naturwissenschaftliche Aufklärung betrogen werden. So wurde z. B. im Gespräch gefragt: »Kommen Raketen in den Himmel?« Die Kinder hatten zwei Antworten, die beide die himmlische Autorität noch nicht in Frage stellten. Sie sagten: «Ja — aber Jesus zerquetscht sie mit der Faust.« »Nein — es gibt einen zweiten Himmel, nur in den ersten kommen die Raketen.«

Auf sich allein gestellt, muß das Arbeiterkind Opfer der Verhältnisse werden. Die Ideen der Herrschenden erscheinen ihm dann als zu Recht herrschende Ideen. Das ganze Ausmaß der antikommunistischen Verhetzung der Arbeiterkinder wurde bei Fahrten an die Mauer deutlich. Ihre durch Unterdrückung produzierte Aggressivität luden sie gegen die ihnen als Feind aufgebauten DDR-Grenzwachen ab. Sie riefen über die Mauer: »Hau dem Ulbricht doch mal was aufs Maul!« Die herrschende Klasse hatte diesen Kindern weisgemacht, die DDR sei unheimlich arm. Als ein Hase im Grenzstreifen sichtbar wurde, rief ein Junge einem Grenzposten spontan zu: »Da läuft etwas lebend, was ihr tot noch nicht mal in euren Läden habt.« Man hat diesen Kindern einer Klassengesellschaft ein mythologisches Weltbild indoktriniert, in dem das Prinzip des Guten amerikanisch und das Prinzip des Bösen russisch ist. In Gesprächen machten sie sich zum Sprecher der Meinung, daß die Amerikaner als Befreier, die Sowjets als Unterdrücker zu bewerten sind. Wenn wir von diesen Spuren ihrer Bewußtseinshaltung ausgingen, konnten wir nur feststellen, daß sie so etwas, was wir als Klassenbewußtsein bezeichnen würden, nicht von sich aus entwickeln. Allerdings zeigte sich, daß sie, mit dem Gegensatz von arm und reich konfrontiert, doch nicht entschieden auf der Seite der Reichen gegen die Armen stehen wollten. Sie reagierten ambivalent. Neben dem Wunsch ebenso reich zu sein wie Springer und ebenso mächtig, steht doch der Wunsch als Robin Hood etwas gegen die materielle Ungerechtigkeit zu tun. Als wir am Springer-Hochhaus vorbeifuhren, ließen sie merken: der gehört nicht zu uns. Ein Junge sagte: »Wenn ich Robin Hood wäre, würde ich dem Springer ganz schön was klauen.«

Es zeigte sich, daß die Arbeiterkinder am meisten Angst vor den Regungen ihres Sexualtriebes haben. Sie wagen nicht davon zu sprechen, daß sie, wie es bei Kindern vom dritten Lebensjahr an üblich ist, onanieren. Sie wagen auch nicht davon zu reden, wie sehr man ihre eigenen sexuellen Strebungen verfolgt und unterdrückt. Wenn jedoch ihre Scheu nach längerem Zusammensein gelöst ist, dann erzählen sie meist von den sexuellen Lüsten anderer. Oder sie erfinden eigene sexuelle Abenteuer, denen man anhört, daß hier Sechs- bis Zwölfjährige nur träumen.

Wir erfuhren, daß Arbeiterkinder ein enormes Interesse an praktischem Handeln haben. Wenn diese Aktivität mit der Verbesserung der eigenen Situation verbunden ist, können die Arbeiterkinder Spuren des Interesses an der Verbesserung der Verhältnisse zeigen. Auf einem Trümmergrundstück hinter dem Haus, auf dem wir öfter Feuer gemacht hatten, hatten wir in der ersten Phase den Ansatz gemacht, einen Spielplatz anzulegen. Die Arbeiterkinder machten Vorschläge, wie der Spielplatz zu gestalten war. Er sollte nicht so öde und langweilig werden wie die öffentlichen Spielplätze, auf denen Betonröhren herumliegen, mit denen kein Kind etwas anfangen kann, und viele Bänke stehen — nur für die kontrollierenden und meckernden Alten. Ein Arbeiterjunge entwickelte den Plan eines Spielplatzes ohne Angst und Streit. Er sagte: »Hier auf dem Spielplatz soll es anders sein. Wer hier haut und schlägt, soll nicht dazu gehören. Wer haut und schlägt, soll von diesem Spielplatz verwiesen werden.« Die Kinder waren bereit für diesen Traum von verbesserten Verhältnissen Opfer zu bringen. Ein Junge sagte: »Wir wollen sparen für den Aufbau unseres Spielplatzes. Morgen wird eine Kasse angeschafft. Jedes Kind soll täglich 5 oder 10 Pfennige einzahlen.« Ein anderer Junge, dessen Eltern besser gestellt waren, ergänzte: »Ich sage meiner Mutter, ich brauche Geld für Schokolade, und dann stecke ich die 50 Pfennig in die Kasse.«

Die ersten Einsichten in das Bewußtsein der Arbeiterkinder zeigte uns, daß die Spuren ihrer Klassenlage auch durch permanente bürgerliche Indoktrination nicht ausgelöscht worden war. Ihr oft zur Schau gestellter Individualismus war jedoch nicht so manifest, daß bei gemeinsamen Exkursionen und Massenspielen sich nicht sehr bald Spuren kollektiven Verhaltens zeigten.

Der Versuch, ein proletarischer Erzieher zu werden

Die Konfrontation mit der Praxis zwang uns zu organisatorischen, die Theoriebildung betreffenden Konsequenzen. Die Erziehergruppe der Arbeiterkinder traf sich jeden Dienstagabend in einer Privatwohnung. Jede dieser Sitzungen hatte drei Aufgaben:

1. Bericht über die Praxis;
2. Planung der Praxis der kommenden Woche;
3. Schulung.

Die Praxisberichte beschränkten sich zumeist auf den Ablauf des Betreuungsprozesses. Dieser Prozeß wurde oft verzerrt dargestellt. Die häufige Ablehnung der Genossen durch die Arbeiterkinder verunsicherte die Erzieher tief. Die Verunsicherung wurde jedoch in den Protokollen nicht dargestellt. Erschwerend war außerdem, daß die meisten Erzieher selbst keine Arbeiterkinder gewesen waren. Durch den überstürzten, von den Arbeiterkindermassen erzwungenen Beginn mit der Praxis war es auch unmöglich gewesen, die meisten der nun mitarbeitenden Genossen theoretisch auf die Arbeit vorzubereiten. Die Lebenssituation des Arbeiterkindes in Familie, Schule und Straße war ihnen zumeist nicht recht vorstellbar. Die im studentischen Erzieher häufig ungebrochenen Mittelstandsformen, die sein Betreuungsgeschäft unbewußt noch anleiteten, ließ die Arbeiterkinder außerdem als nicht leistungswillig, unordentlich, verbalisierungsuntüchtig erscheinen. Der libidinöse Kontakt zu den Kindern, war für einige ein großes Problem. So kam es, daß sich einige Erzieher – gegenüber den Aggressionen der Kinder untereinander – völlig inadäquat verhielten. Sie standen handlungsunfähig in den Räumen herum und beklagten ihre Ohnmacht. Viel besser war die Situation jedes Studenten den Arbeiterkindern gegenüber, wenn eine zielgerichtete Exkursion oder ein Spiel, das den Interessen der Kinder entsprach, aufs Programm gesetzt wurde.

Die bei den Arbeitssitzungen meist von ihrer konkreten Situation abgelösten und ins Abstrakte gewendeten Probleme wurden von den Autoritäten aufgenommen. Diese diskutierten die Probleme dann nicht so sehr mit dem Ziel, eine Lösung zu ermitteln, sondern um die Rangfolge innerhalb der Erziehergruppe festzulegen. So kam es, daß die in dieser Phase auftretenden Probleme wie z. B. das Problem der Gruppenbildung, die Frage der Alters- und Geschlechtsabgrenzungen von Spielgruppen und die politischen Lerninhalte meist nicht praxisanleitend herausgearbeitet werden konnten. In dieser Phase stellte sich hauptsächlich bei der Planung der Praxis die Frage nach den Erziehungsinhalten. Die Schwierigkeit, die Inhalte der proletarischen Erziehung nicht aus einer aktuellen Arbeiterbewegung und Arbeiterkultur ableiten zu können, bereitete uns große Mühe. Zumeist wurde, wenn es um politische Inhalte ging, auf die Inhalte Bezug genommen, die die Studentenbewegung herausgearbeitet hatte. Damit ergab sich die Gefahr, daß die Kinder mit einer ihnen fremden Problematik konfrontiert wurden und bald kein Interesse mehr zeigten. Als Korrektiv zu dieser Gefahr wurde uns die Orientierung an der proletarischen Erziehungspraxis immer wichtiger. Wir erkannten, daß angesichts der heterogenen Zusammensetzung unserer Gruppe und des unterschiedlichen Wissensstandes die Erarbeitung gemeinsamer Grundlagen eine unabdingbare Notwendigkeit war. Um die Fixierung an die Studentenbewegung abzubauen und die Arbeiterkinder mit Problemen zu konfrontieren, die ihrer Klassensituation näherstanden, begannen wir Edwin Hoernles Beitrag von 1923, ›Die Arbeit in den kommunistischen Kindergruppen‹[2], zu diskutieren.

Als Ergänzung und zur besseren Durchdringung des Textes von Edwin Hoernle griffen wir auch auf einen Beitrag Wolfgang Mehnerts zurück, der Edwin Hoernles Gesamtwerk in die Klassenkämpfe der Weimarer Zeit einordnet.[3] Aus Mehnerts Beitrag lernten wir zwar, daß revolutionäre Erziehung mehr von der kindgemäßen Aktion lebt als von einer didaktisch und methodisch durchorganisierten Vorbereitung der Nachmittagsarbeit im Stil studentischen Nachhilfeunterrichts. Weil wir aber in dieser Etappe noch keine konkreten politischen Aktionen entwickeln konnten, verstummten die Klagen über die fehlenden Inhalte und Angebote im Betreuerkollektiv nicht. Wir beschlossen, uns bei unseren Problemen noch stärker als bisher auf die kommunistische Arbeiterbewegung der Weimarer Zeit zu stützen. Für das Wintersemester 1969/70 wurde deshalb ein Seminar an der Universi-

[2] Dieser Text ist neu aufgelegt in: Hoernle, Grundfragen proletarischer Erziehung, a. a. O., S. 167 ff.

[3] Wolfgang Mehnert: Der Beitrag Edwin Hoernles zum schulpolitischen und pädagogischen Kampf der KPD in der Zeit der Weimarer Republik (1919–29), Berlin 1958.

tät geplant. Von einer Arbeitsgruppe des Betreuerkollektivs vorbereitet, sollten die Erfahrungen und die praktische Erziehung der kommunistischen Kinderbewegung von 1920–33 aufgearbeitet und für die Praxis fruchtbar gemacht werden.

Ansätze eines Erziehungskonzepts

Unsere Theorieakkumulation in der Vorbereitungsphase der Kinderarbeit erwies sich für die Bewältigung der alltäglichen Praxis als wenig hilfreich. Die allgemeinsten Einschätzungen zur Lage und Erziehung des Arbeiterkindes gaben für die konkrete Anleitung pädagogischen Handelns wenig her. Außerdem waren diese Kenntnisse in der Betreuergruppe nur sehr ungleichmäßig verteilt. Es war deshalb eine große Hilfe, als einige Genossen von der Ebene allgemeiner Einschätzungen einen Weg zur Bewältigung der konkreten Probleme fanden. Ihnen nutzte dabei, daß sie die Entwicklungsschwierigkeiten der kommunistischen Kinderbewegung 1920–23 genauer studiert hatten. Sie schlugen deshalb vor, bei der Entwicklung eines Konzepts proletarischer Erziehungspraxis ein Untersuchungskonzept anzuwenden. Dieses Konzept hatte Edwin Hoernle für die Arbeit der kommunistischen Kindergruppen in einer Situation entwickelt, als diese darangingen, sich gleichfalls über Ziel und Inhalt proletarischer Erziehungsarheit zu verschaffen. Dieses Konzept basierte auf dem Grundsatz: »Man muß das proletarische Kind studieren, um proletarische Pädagogik zu lernen.«[4] Mit der Untersuchung der Lage des Arbeiterkindes sollten nun auch die pädagogischen Mittel erkannt werden, die eine aktuelle proletarische Erziehung auszeichnen sollten. Es bestand deshalb das Ziel, die Arbeiterkinder einmal in ihrem Verhalten zu studieren und zum anderen Antworten auf zwei Fragen zu finden:

1. »Wo und in welchen Formen erlebt das proletarische Kind die bestehenden Klassengegensätze?«[5]
2. »Mit welchen Mitteln und in welchem Grade können wir dem proletarischen Kinde helfen, sich seiner Klassenlage bewußt zu werden, die Widersprüche der heutigen Gesellschaftsordnung zu erkennen (und) dagegen anzukämpfen?«[6]

Auf diese Fragen glaubten die fortgeschrittensten Genossen eine Antwort finden zu können, wenn sie mit den Arbeiterkindern Aktionen entwickelten, in denen die Bewußtseinslage der Arbeiterkinder sich

[4] Edwin Hoernle: Das Kind im Klassenkampf, in: Soll Erziehung politisch sein? Hg. v. Rotkol, Frankfurt 1970, S. 108.
[5] Ebd., S. 109.
[6] Ebd. Es erwies sich als großer Fehler, daß wir uns nicht durch die Kritik der Methoden der bürgerlichen empirischen Sozialforschung der Methoden einer revolutionären Empirie im Erziehungs- und Ausbildungsbereich versicherten. Hier hätte das kritische Studium etwa folgender Bücher geholfen: Herrmann Röhrs: Forschungsmethoden in der Erziehungswissenschaft, Stuttgart 1968. – Werner Mangold: Empirische Sozialforschung, Heidelberg 1967. – Aber auch der revisionistische Beitrag: Walter Friedrich: Methoden der marxistisch-leninistischen Sozialforschung, Berlin 1970.

manifestieren würde. Auf die Veränderung dieses Bewußtseins sollten dann Aktionen, die auf dem erkannten Bewußtseinsstand der Kinder aufbauten, anschließen. »Wir müssen also«, schrieb Hoernle — für uns verbindlich —, »aufgrund unserer Wahrnehmungen und Beobachtungen die Mittel und Wege besprechen, um im Kinde das Klassenbewußtsein zu nähren, um seine natürliche Aktivität auf die Bahn proletarisch-revolutionären Handelns zu leiten. Wir müssen unsere Aktionen mit den Kindern sorgfältig vorbereiten unter bewußter Anpassung an die kindliche Natur und die besonderen zeitlichen und lokalen Umstände.«[7] Wir gingen davon aus, daß das Arbeiterkind aufgrund seiner Klassenlage ständig individuell Widerstand leistet gegen die ihm zugemutete Unterdrückung seiner Bedürfnisse in Schule und Familie. Die Freiheit des Arbeiterkindes auf der Straße erschien uns als der Raum, von dem aus der individuelle kindliche Widerstand zum kollektiven transformiert werden könnte. Diese Aktionen schienen uns eine doppelte Bedeutung zu haben. Einmal würden sie die Arbeiterbevölkerung im Stadtteil aufrütteln und zur Solidarisierung auffordern. Andererseits würden Arbeiterkinder im Widerstand kollektiven Widerstand lernen. Diese in der Kindheit erworbenen Fähigkeiten schienen uns eine wichtige Voraussetzung zu sein, daß die Arbeiterkinder später, als erwachsene Arbeiter, sich in ökonomischen Kämpfen bewähren würden. Ja, wir glaubten, die Aktionserziehung könnte einen Beitrag dazu leisten, Arbeiter heranzubilden, die bei späteren Lohnkämpfen vom ökonomischen zum politischen Kampf weitergehen würden.

Die ersten Untersuchungsergebnisse zum Bewußtsein der Arbeiterkinder hatten uns nicht überrascht. Wir wußten von Hoernle, »daß das Proletarierleben (Mietskasernen, Straßen, Ausbeutung, Hunger, Schulqual) nicht an sich schon revolutionierend wirkt. Es kann revolutionierend wirken, aber nur wenn eine bewußte, planmäßige Erziehung als Aufklärung über die Klassenlage und als praktische Anleitung zum Klassenkampf eingreift.«[8] Den Klassenkampf der Arbeiterkinder konnten wir in der Gegenwart, in der sich die Arbeiterklasse erst in ökonomischen Kämpfen als Klasse wieder zu formieren beginnt[9], nur als Kampf von Arbeiterkindergruppen gegen ihre Unterdrücker in Stadtteil, Schule und Gesellschaft verstehen. Wir gingen damit von Hoernle aus: »Man kann nicht zur Aktivität erziehen außer durch Aktivität. Politisch erziehen heißt nicht politisch reden, sondern in das politische Handeln einführen.«[10] Bei dieser Vorstellung hatten wir die Perspektive, daß der Arbeiter-Kinderclub (das hieß für uns: organisierte Kindergruppen) aus den Kinderaktionen entstehen müßten. Eine genaue Vorstellung des Zusammenhangs von Aktion und Organisation hatten wir aber nicht.

[7] Hoernle, a. a. O., S. 108.
[8] Hoernle: Grundfragen . . ., a. a. O., S. 181.
[9] Die Septemberstreiks 1969, Frankfurt 1969.
[10] Hoernle, a. a. O., S. 130 f.

Zur Entwicklung von Klassenbewußtsein bei Arbeiterkindern, als das Ziel der Klassenkampferziehung, entwickelten einige von uns aufgrund der bisherigen Untersuchungsergebnisse folgendes Konzept:
Wir glaubten, daß wir dem Arbeiterkind seine Klassenlage als Ursache seiner Unterdrückung klarmachen und es kollektives Handeln als Weg der Aufhebung dieser Unterdrückung in Aktionen lernen lassen könnten. Als Aktionen galten jedes gemeinsame Agieren der Arbeiterkinder, sei es in Form von sozialen Exkursionen, in der Teilnahme an Demonstrationen, im kollektiven Spiel.
Exkusionen im Stadtteil sollten dazu führen, die bürgerlichen von den proletarischen Stadtteilen unterscheiden zu lernen. Die Arbeiterkinder sollten die Unterschiede zwischen bürgerlichen und proletarischen Lebensumständen, sollten die Lebensumstände in einer Villa vom Leben in einer Mietskaserne unterscheiden und einschätzen lernen. Am Vergleich zwischen einer Boutique auf dem Kurfürstendamm und Woolworth in Kreuzberg sollte der Gegensatz zwischen den Konsummöglichkeiten der Herrschenden und der Arbeitenden verständlich werden. Die sinnliche Unterscheidung zwischen Fabriken, Handwerksbetrieben und dem Handwerkskasten in der eigenen Wohnung sollte die Besitzunterschiede an Produktionsmitteln zwischen verschiedenen Gesellschaftsgruppen verdeutlichen.
Die Teilnahme an Demonstrationen würde den Arbeiterkindern bewußt machen, daß Polizei und Teile des Bürgertums Vertreter der Interessen der Herrschenden und Reichen sind. Im Theater- und Rollenspiel sollte spielerisch die Überwindung der Mächtigen und die Ermächtigung der Unterdrückten vorweggenommen werden.
Einige von uns dachten auch daran, darauf hinzuwirken, daß die Arbeiterkinder sozialistische Symbole (Faust, Hammer und Sichel, den roten Stern) positiv besetzten. Wir gingen dabei von Otto Felix Kanitz' Einsicht aus: »Die sozialistische Erziehung der Kinder muß entsprechend der seelischen Struktur junger Menschen mit sozialistischer Gefühlsbildung einsetzen.«[11] Darum sollten die Ladenräume mit diesen Zeichen geschmückt werden. In Arbeiterliedern aus der Weimarer Zeit, wie z. B. ›Roter Wedding‹, sollten die Arbeiterkinder mit der Kampfkraft einer als mächtig antizipierten Arbeiterklasse und der Lust an gemeinsamem Singen bekannt gemacht werden. Das Nahebringen großer Führer der internationalen Arbeiterbewegung (wie z. B. Ho-Chi-Minh, Che, Mao usw.) sollte durch Erzählungen und Bilder geleistet werden. Sie sollten Vertreter ihrer Klasse kennenlernen, die sich vor der gewaltigen Macht des Kapitalismus nicht fürchteten, sondern mit den Massen verbunden ihn als Papiertiger entlarvten.
Das Lernen in der gemeinsamen Aktion, das durch entsprechende Gespräche nach der Aktion vertieft werden sollte, zielte darauf ab, die Lerninhalte und Lernmethoden der Volksschule durch — für die Arbeiterkinder — angemessenere zu unterlaufen. An die Stelle des will-

[11] Kanitz, Kämpfer der Zukunft, a. a. O., S. 134 ff.

kürlich systematisierten, lebensfernen Curriculums und der verbalistisch autoritären, ans Klassenzimmer gebundenen Lernmethode der bürgerlichen Volksschule wollten wir das Lernen ganzheitlicher Komplexe setzen; diese Komplexe waren direkt der Lebenssituation der Arbeiterkinder entnommen und konnten im praktischen Handeln erfahren und verarbeitet werden. Politische, technische und ökonomische Aspekte der kapitalistischen Gesellschaft sollten Exkursionen und Demonstrationen vermitteln. Sprachliche und erdkundliche Lerninhalte und zugleich proletarischer Internationalismus sollten z. B. bei der Vorbereitung und Durchführung der Unterstützung der Black Power-Bewegung in den USA den Arbeiterkindern sich erschließen.

Wir zielten auf eine Transformation ihres Bewußtseins ab. An die Stelle des individualistischen, egoistischen und fatalistischen Bewußtseins der Arbeiterkinder, wie es durch ihre Lebensumstände produziert wird, sollte schließlich ein kollektivistisches, altruistisches, aktivistisches Bewußtsein treten. Wenn dieses Bewußtsein seinen Träger einordnen würde an den sozialen Ort, der der Lohnarbeit im Kapitalismus vorbehalten ist, und wenn die Arbeiterkinder wissen würden, daß die Lohnarbeiterschaft die Kapitalisten: ihre Produktionsweise und ihren Staat, zu stürzen hätte und stürzen könnte, dann hätten wir dieses Bewußtsein Klassenbewußtsein genannt. Unser Ziel war also, das bestehende falsche Bewußtsein, das seinem sozialen Ort nicht adäquat war, durch ein ihrem sozialen Ort angemessenes Bewußtsein zu ersetzen.[12]

Otto Rühle hatte uns mit seinem Buch ›Die Seele des proletarischen Kindes‹[13] einen Begriff vom Entstehen des Klassenbewußtseins im proletarischen Kinde gegeben. Rühle hatte gezeigt, daß die Wurzel des Klassenbewußtseins des Arbeiterkindes in seinem von seiner Klassenlage produzierten dumpfen Deklassierungs- und sozialen Minderwertigkeitsgefühl liegen. Er hatte darauf hingewiesen, daß dieses Deklassierungsgefühl im Arbeiterkind beim Gewahrwerden seines Unterschiedes zum bürgerlichen Kind entsteht.[14] In der Konfrontation des Arbeiterkindes mit dem bürgerlichen Kind entsteht »das Gefühl des Ausgestoßenseins, der Minderwertigkeit in Folge einer anderen sozialen Zugehörigkeit«[15]. Aus dem Minderwertigkeitsgefühl kann für

[12] Die Vorstellung, daß Klassenbewußtsein bei den Arbeiterkindern unabhängig von der aktuellen Bewegung der Arbeiterklasse selbst entstehen kann, kennzeichnete unseren Ansatz. Dieser Fehler trat aber in viel stärkerem Maße im Schülerladen ›Rote Freiheit‹ auf. Vgl. Zum politischen Bewußtsein der Arbeiterkinder im Schülerladen. Versuch zur Analyse der Kategorie Klassenbewußtsein, in: Sozialistische Projektarbeit im Berliner Schülerladen ›Rote Freiheit‹, Frankfurt 1971, S. 104–148.

[13] Otto Rühle: Zur Psychologie des proletarischen Kindes, a. a. O. – Vgl. zur Kritik Rühles: Jan Raspe: Zur Analyse einiger wichtiger Aspekte der Sozialisationsbedingungen proletarischer Kinder. Unveröffentlichte Diplomarbeit. Soz. Inst. FU Berlin 1970.

[14] Rühle gibt viele Beispiele für den Zusammenhang von deklassierenden sozialen Minderwertigkeitserfahrungen und den Ansätzen der Ausbildung von Arbeiterbewußtsein mit dichotomischen Gesellschaftsvorstellungen. Vgl. Otto Rühle: Zur Psychologie des proletarischen Kindes, a. a. O., S. 24 ff., u. Kindheitserlebnisse und Klassengefühl, in: Soll Erziehung politisch sein? a. a. O., S. 87 ff.

[15] Rühle, Zur Psychologie . . ., a. a. O., S. 25.

Rühle unter entsprechenden Umständen die Erkenntnis der Zusammengehörigkeit aller Minderwertigen entstehen: »Die Unterdrückten lernen sich als Macht erkennen. Sie gehen zum Angriff gegen ihre Feinde über.«[16] Auf der Basis der Psychologie Otto Rühles sahen wir im Kampf von kollektiven Kindergruppen den Ort, an dem die Transformation von Deklassierungsbewußtsein in kollektives Selbstbewußtsein vor sich gehen kann. Durch systematische Festigung des kollektiven Selbstbewußtseins glaubten wir, zur Entwicklung des Klassenbewußtseins der Arbeiterkinder die besten Voraussetzungen bei den Arbeiterkindern selbst legen zu können.

Mit dieser Rezeption von Theoriestücken sozialistischer Pädagogik der Weimarer Zeit wußten wir abstrakt, welche Mittel und Ansätze einer Erziehung zum Klassenbewußtsein bei Arbeiterkindern möglich sind. Wir wußten, daß wir an das Ohnmachts- und Deklassierungsgefühl der Arbeiterkinder, an der Erfahrung der Nichterfüllung ihrer materiellen und geistigen Wünsche anknüpfen müßten. Diese Kenntnisse gingen aber in unsere Praxis in dieser Etappe noch gar nicht ein. Wir konnten ihre Bedeutung nur dadurch erkennen, daß unsere mangelhafte Praxis sich auch weitgehend durch das Fehlen derartiger Einsichten auszeichnete.

Mit der beginnenden Übernahme eines weitgehend psychologisch gefaßten Klassenbewußtsein-Begriffs, der keinen Zusammenhang mit bewußt geführten Kämpfen der Arbeiterklasse hatte, vernachlässigten wir, folgenden Fragen nachzugehen:

1. Welche Voraussetzungen ökonomischer und politischer Art müssen gegeben sein, damit die Arbeiterkinder Klassenbewußtsein entwickeln können?
2. Welcher Zusammenhang besteht zwischen der Entwicklung von Klassenbewußtsein des erwachsenen Proletariats und dem seiner Kinder? Können Arbeiterkinder tatsächlich eher Klassenbewußtsein entwickeln als das erwachsene Proletariat? Unter welchen Umständen ist ihnen das möglich?
3. Liegt der Ursprung von Klassenbewußtsein nur im Produktionsprozeß (d. h. Betrieb) oder auch außerhalb des Betriebs (d. h. Schule, Familie und Freizeit)? Welcher Zusammenhang besteht zwischen außer- und innerbetrieblich entstehendem Klassenbewußtsein?

Diese unbeantworteten Fragen sollten, von unserer weiteren Praxis erzwungen, bald auf Antworten drängen.

Unser Verhältnis zur linken Bewegung

Aus unserem Begriff der Aktionserziehung leitete sich ganz klar die Notwendigkeit ab, in engen Kontakt mit den Kämpfen der linken Bewegung überhaupt zu treten. In der ersten Phase entwickelten wir

[16] Ebd., S. 23.

noch kein Bewußtsein, daß dieser Kontakt auch die Kämpfe der Linken im Produktionsbereich mit Hilfe von Betriebsbasisgruppen würde einschließen müssen. Deshalb suchten wir nur Kontakt zu anderen Gruppen der studentischen Erziehungsbewegung. Wir luden die Genossin H. S. aus dem Schülerladen in der Witzlebenstraße ein, mit uns Erfahrungen auszutauschen. Anhand ihrer Vorstellungen von der Praxis der Schülerarbeit begannen wir zu begreifen, daß unser Arbeitsansatz trotz aller theoretischer Vorbereitung naturwüchsig aus der Situation des Straßenkindes sich entwickelt hatte. Während der Witzleben-Laden eine Perspektive des Schulkampfs entwickeln wollte, dachten wir an eine Perspektive des Straßenkampfes. Die im Hinblick auf die Schichten des Proletariats und im Hinblick auf die einzelnen Schulen nicht homogene Rekrutierung der Kinder von der Straße, also aus ihrer Freizeitsituation, wurde von uns mit dem Konzept der Kampferziehung im Freizeitbereich rationalisiert. Da das Arbeiterkind auf der Straße in größerem Maße als in der Schule allen Erscheinungsformen der kapitalistischen Herrschaft konfrontiert ist, schien uns die Vernachlässigung des Schulkampfes nicht so wichtig. Da wir damals das Verhältnis von linken Gruppen untereinander nicht unter der Perspektive der organisierten Vereinheitlichung und gegenseitigen verbindlichen Kontrolle begriffen, erwuchsen aus der Kritik des Witzleben-Ladens keine Konsequenzen.

Zweite Phase

Von der ›Massen‹- zur Gruppenarbeit

Die Transformation der Massenarbeit in eine strukturierte Gruppenarbeit, mit der die zweite Phase unserer Arbeit eröffnet wurde, hatte folgende Gründe: Die Anzahl der Kinder (manchmal 40 zur gleichen Zeit) machte es unmöglich, die Unsicherheit der meisten ›Erzieher‹ im Umgang mit den Kindern abzubauen. Die Mehrheit der Betreuer hielt sich vornehmlich nur am Rande des Geschehens auf oder stand mehr oder weniger funktionslos herum. Das Hin und Her der Kinder verhinderte, gezielt Daten über sie zu sammeln. Das wäre für das Strukturieren von Gruppen und für den Übergang zur konkreten Clubarbeit Voraussetzung gewesen. Das unverbindliche Kommen und Gehen der Kinder bewirkte ein ebenfalls relativ unverbindliches Engagement einiger Genossen im Laden. Einige Betreuer fühlten sich überhaupt nicht verantwortlich. Die meisten Genossen drängten darauf, so bald als möglich die Arbeit im Laden wenigstens von den äußeren Bedingungen her zu erleichtern. Sie erhofften sich auch eine inhaltliche Verbesserung der Arbeit, um damit der Aufhebung der Diskrepanz zwischen dem Anspruch nach proletarischer Erziehung und ihrer bisherigen Realisierung näher zu kommen. Wir beabsichtigten, vor diesem entscheidenden Schritt alle Gründe zu analysieren, die die Arbeit mit den Kindern so erschwert hatten. Dabei hätten sich uns drei Aufgaben gestellt:

1. die kritische Aufarbeitung der Erfahrung anderer Schülerläden;
2. die Entwicklung eines Aufbauplans der Arbeiter-Kinderclubs und die Bestimmung der Mittel und Etappen seiner Realisierung;
3. die Ausarbeitung von Arbeitsprogrammen für verschiedene Arbeitszirkel.

Diese für eine Umstrukturierung des Projekts notwendige Vorarbeit konnte von uns aber nicht mehr geleistet werden. Wir wurden nicht nur von den Wünschen der Betreuer, sondern auch vom Verhalten der Kinder gezwungen, eine kurzfristige Änderung der Arbeitsweise vorzunehmen. Wir hatten die Praxis unserer Arbeit noch nicht richtig im Griff. Der Inhalt der Nachmittage wurde meist weitgehend allein von den Massen der Kinder bestimmt. Sie gaben uns einen guten Eindruck davon, welches Ausmaß an Aggression die Verhältnisse in den Arbeiterkindern produzieren. In der Freiraum-Situation des Ladens, verstärkt durch weitgehend eingriffsunfähige Erzieher und durch die Überfüllung der Räume, wurde diese Aggressivität sowohl verstärkt als auch in naturwüchsige Bahnen der Entladung gelenkt. Die auf

Selbstbeherrschung hin sozialisierten Erzieher wurden von den Kindern eingeschüchtert, die ihre Aggressivität austobten. Auch die Studenteneltern fürchteten um das Wohl ihrer Kinder. Sie sahen sich durch das wilde Agieren der Arbeiterkinder weitgehend in ihrer Arbeit eingeschränkt. Sie forderten nun ebenso heftig wie die Betreuer der Arbeiterkinder eine Wende.

Die Organisierung der Kinder in festen Gruppen erschien uns nun der richtige Weg, die Entladung von Aggressionen in künstlichen Freiräumen, zu der der Laden bisher den Arbeiterkindern gedient hatte, zu überwinden. Eine nun angestrebte Gruppenaktivität sollte die Trieb- und Aktionsbedürfnisse der Kinder vereinheitlichen. Aus dem oft planlosen Agieren ohne Ziel sollte mit der Zeit sinnvolles Handeln werden. Auf der Basis der Organisation der Kinder in Gruppen sollte der erste Schritt getan werden, um mit Kinderkampfgruppen Aktionen zu beginnen, unter den Massen der Arbeiterkinder praktisch zu agitieren und den Arbeiterkinderclub in Aktionen entstehen zu lassen. Das Ausagieren politisch ungebundener Energien gegeneinander sollte beendet und die Transformation von diffuser Aggressivität in politisch gebundene Energie begonnen werden. Diese Wende hatte auch Edwin Hoernle als notwendige Entwicklung für die Arbeit mit Arbeiterkindern hervorgehoben. Er hatte auf die Bedeutung der Gruppe als politische Energiezentrale mit den Worten hingewiesen: »Je fester gefügt, je besser geleitet die Gruppe ist, desto besser der ›Corps‹-Geist der Kinder, desto stärker das neue proletarische Pflichtgefühl.«[17] Die kurze Vordiskussion, die die praktische Wende unserer Arbeit einleitete, verließ jedoch sehr schnell diese Fragestellung und drehte sich fast nur noch um die Frage, ob geschlechtsspezifische Gruppen gebildet werden sollten oder nicht. Dabei hätte dieser wesentliche Einschnitt unserer Arbeit viel intensiverer Diskussion bedurft. Der Übergang von der Massen- zur Gruppenarbeit bedeutete inhaltlich den Übergang von der nicht dezidiert politischen, offenen Kinder-Massenarbeit zur gezielten Arbeit in einheitlich politisierten Kindergruppen. Organisatorisch bedeutete diese Wende, daß nun eine privilegierte und politisierte Kindergruppe gegenüber den Kindermassen der Straße favorisiert und abgehoben wurde. Wir hätten von Anfang an bewußt ein Konzept der Verankerung der politisierten Kindergruppen in den Kindermassen entwickeln müssen. Die Notwendigkeit, Politisierungsprozesse der Kindermassen der Straße unter der Führung der ihre Interessen artikulierenden Kindergruppe zu beginnen war nun gegeben. Aber die Diskussion dieser Probleme fand nicht statt.

Bei der von einem Tag zum anderen erzwungenen Änderung der Nachmittagsarbeit verloren wir die meisten Arbeiterkinder. Hatte die offene Kinder-Massenarbeit 40 bis 50 Kinder in den Laden gelockt, so waren für die geschlossene Gruppenarbeit von einem Tag zum anderen nur noch sechs bis acht Kinder zu interessieren. Über den Verbleib der

[17] Hoernle, Grundfragen . . ., a. a. O., S. 193.

restlichen 30 bis 40 Kinder stellten wir keine Nachuntersuchung an, sondern äußerten nur folgende Vermutungen:

1. Für einige Kinder hatte die Ankündigung eines Arbeiter-Kinderclubs vielleicht die Vorstellung bedeutet, hier entstünden ein Kindergarten oder schulklassenähnliche Verhältnisse. Den damit erwarteten repressiven Umständen wollten sie sich nicht freiwillig in ihrer Freizeit aussetzen. Das mochte gerade für die Kinder zutreffen, die bisher im Laden vor allem eine Möglichkeit zu ungestraften Regressionen sahen.
2. Die aggressionslose Reaktion der Betreuer auf die Tobereien der Kinder muß diese in ihren Vorstellungen vom Verhalten Erwachsener zunächst verunsichert haben. Das plötzliche Einführen von Beschränkungen schien ihnen aber nur zu bestätigen, daß auch wir nicht anders waren als die anderen Erwachsenen. Sie blieben nun enttäuscht weg.

Der Arbeiterkinder-Club ›Rote Panther‹ entsteht

Da am Tag der Bildung des Arbeiter-Kinderclubs die sechs bis acht Kinder erschienen, die am häufigsten den Laden besucht hatten und auch an einer festen Gruppe interessiert waren, dachten wir im Augenblick nicht an die Rekrutierung weiterer Kinder. Die Konzentration auf eine feste Gruppe veränderte nun, da wir die neuen Verhältnisse vorher nicht eingehend diskutiert hatten, grundsätzlich unsere Perspektive. Wir ahnten, daß wir die mit der Gründung der Gruppe beginnende Distanzierung dieser Kinder von den anderen Kindern der Straße von Anfang an bekämpfen mußten. Der beste Weg dazu schien uns darin zu liegen, die Kindergruppe, die in der offenen Massenarbeit sich entwickelt hatte, zu festigen. Sie sollten dann als Gruppe unter den Kindermassen agieren. Damit setzten wir diese Gruppe als Keimzelle des Arbeiter-Kinderclubs ein, in der Hoffnung, die Aktivitäten der Kinder würde zur Gründung weiterer Gruppen führen, die dem Club dann bloß anzugliedern wären. Um die Gruppenidentität zu stabilisieren, begannen wir mit den Kindern eine Diskussion über den Namen des nun in seiner rudimentären Form angelegten Arbeiter-Kinderclub. Es flossen bei der Namenssuche sowohl Erinnerungen an den in der Arbeiterjugendbewegung massenwirksamen Namen ›Rote Falken‹, als auch das große Vorbild für radikalen Widerstand in den USA, die ›Schwarzen Panther‹, ein. Als Kompromiß dieser Überlegungen schlugen wir den Namen ›Rote Panther‹ vor. Dieser Name wurde, nachdem andere Tiernamen von den Arbeiterkindern durchprobiert worden waren, gewählt. Die Arbeiterkinder nahmen dann auch die von uns vorgeschlagenen und von ihnen formulierten Gesetze der Mitglieder des Arbeiter-Kinderclubs an. Folgende Gesetze sollten für alle Miglieder des Clubs gelten:

1. Mitglied der Roten Panther kann jeder Arbeiterjunge und jedes Arbeitermädchen im Alter von 8 bis 12 Jahren werden.

2. Rote Panther schlagen sich nicht untereinander.
3. Die Roten Panther bauen einen Spielplatz für die Kinder der Straße. Sie lesen Märchen, Abenteuer und Geschichten aus der Arbeiterkinderbewegung. Sie unterstützen die Armen und bekämpfen die Reichen.
4. Rote Panther haben 2 Chefs. Jeder Rote Panther kann Chef werden. Die Chefs werden alle Monate neu gewählt.
5. Rote Panther tragen ein Abzeichen: Roter Pantherkopf auf weißem Feld.
6. Neue Rote Panther müssen eine Mutprobe machen.

Bei der Erstellung der Normen des Arbeiterkinder-Clubs hatten die Erfahrungen der kommunistischen Kinderbewegung Anregungen gegeben. Die Jungen Pioniere der Weimarer Zeit trugen ein rotes Halstuch und eine Uniform, was ihre feste Gefühlsbindung an den Sozialismus dokumentierte; und sie benutzten auch in ihren einzelnen Institutionen und Formationen revolutionäre Namen. Sie besaßen feste Gesetze und die in der Kampfkultur des Proletariats tradierten Lieder und Spiele.

Gestützt auf diese Tradition und auch aus psychosozialen Erwägungen schien uns eine solche Gruppenbildung nötig. Eine feste Gruppenorganisation kommt den Tendenzen des Arbeiterkindes in der Freizeit entgegen, dort ›Peer-Groups‹ zu bilden.[18] Diese ›Peer-Groups‹ bieten den Arbeiterkindern die Möglichkeit, ihr beschädigtes Selbstbewußtsein unter klassenspezifisch adäquaten und altersspezifisch homogenen Freunden, außerhalb der repressiven Familie und Schule, zu rekonstruieren. »Die Jugend, die, von der Hand des Unbewußten geleitet, in kindlicher Abwehrstellung gegen die Gesellschaft zu einer Notgemeinschaft der Straßenjugend gelangte und damit zum erstenmal direkt an das Prinzip des Kollektivismus stieß, rechnete mit der Organisation als einer Selbstverständlichkeit.«[19] Mit der Gründung der ›Roten Panther‹ ergab sich nun die Möglichkeit, die Aggression der Kinder untereinander durch gegenseitige libidinöse Besetzung aufzuheben und den Aggressionsüberschuß der Arbeiterkinder auf die gesellschaftlichen Ursachen der Aggression zu lenken. Das egoistische Aneignungsstreben der Kinder sollte in kollektives Besitzstreben gewandelt werden, das sich auf die Aneignung der gesellschaftlichen Totalität richten sollte. Individuelle Schwäche würde sich in kollektiven Mut wandeln, wenn der Prozeß der Gruppenkonsolidierung fortschritt. In den Erfolgserlebnissen der Gruppe sollte die Freude über den zukünftigen Sieg der Klasse antizipierbar sein.

Zu den einzelnen Gesetzen, die diesen angestrebten Gruppenprozeß in gewisser Weise mitbestimmen sollten, konnten wir folgende Erfahrungen sammeln:
1. Die Forderung nach Klassenhomogenität wurde von den Kindern akzeptiert. Schwierigkeiten ergaben sich jedoch bei der Kooperation

[18] Vgl. Albert C. Cohen: Kriminelle Jugend, Reinbek 1967. – S. N. Eisenstadt: Von Generation zu Generation, München 1966.
[19] Rühle, Zur Psychologie . . ., a. a. O., S. 111.

von Arbeiterjungen und Mädchen. Die Mädchen verhielten sich trotz Interesse am Club ambivalent. Sie wollten sich nicht so recht in den Club eingliedern, weil sie die ablehnende Haltung der Jungen ihnen gegenüber spürten.

2. Die Aggressivität der Kinder untereinander konnte nur dann aus der Gruppe herausverlagert werden, wenn sie konkrete gemeinsame Aggressionsziele vor Augen hatten.

3. Der Kampf um den Aufbau eines Spielplatzes zog sich durch die zweite Phase hin. Durch unsere mangelnde Unterstützung wurden die vorhandenen Aktivitäten der Kinder nicht richtig stabilisiert.

4. Die Führerfrage ergab sich spontan aus dem Gruppenprozeß. Das demokratische Rotieren der Führer kam natürlich nicht zustande.

5. Eine im Symbol sich manifestierende Gruppenidentifikation konnte sich in dieser kurzen Zeit nur in einzelnen Fällen entwickeln. Die Herstellung eines Abzeichens wurde nicht durchgeführt.

6. Das Gesetz über die Neuaufnahme wurde mehrmals angewandt, bis es die Kinder vergaßen.

Die Rekrutierung weiterer Kinder war in dieser Phase aus zwei Gründen sehr eingeschränkt:

1. Wir mußten es erst leisten, diese Kinder systematisch zu politisieren und die Gruppe zu festigen. Wir konnten es personell nicht bewältigen, weitere Kinderclub-Ansätze herauszubilden.

2. Die Kinder selbst waren nur schwer bereit, andere Kinder in den Club aufzunehmen. Sie suchten starke emotionelle Zuwendungen der Betreuer. Sie wollten die Erziehungsperson nicht mit anderen Kindern teilen.

Entwicklung und Probleme der ›Roten Panther‹

Der Kinderclub hatte in dieser Phase einen festen Kern von etwa acht Kindern. Fünf weitere kamen, wenn sie Langeweile hatten, ein anderer sie überredet hatte oder es ihnen im Club gerade interessant vorkam. Zum festen Kern gehörten nur zwei Mädchen. Nur eines wurde von den Jungen richtig anerkannt. Das andere litt immer sehr unter der Aggressivität der Jungen und ihrem Versuch, es abzuschieben.

Die Jungen zwischen sechs und zwölf Jahren begriffen sich als ausgesprochene ›Weiberhasser‹. Sie nannten sich teilweise auch selbst so. Die Mädchen wurden von den Jungen, sofern sie nicht als Betreuerin auftraten, allenfalls geduldet. So sagten sie: »Frauen gehören eigentlich in gar keine Organisation.« — »Sie sind ja viel zu schwach, um zu kämpfen.« — »Sie können ja höchstens schmusen.« — »Sie weinen ja immer gleich.« Für die Mädchen hatten sie nur eine Aufgabe: »Die sollen auf die Kinder aufpassen.«

Wichtig für die Entwicklung des Clubs wurde es, daß alle Mitglieder

Arbeiterkinder waren. Bürgerkinder wurden von den Arbeiterkindern nicht zugelassen. Im Gegensatz zur ersten Phase entwickelten die Kinder eine ziemliche Aggressivität gegen Kinder aus höheren Schichten des Proletariats. Heftig umstritten war deshalb die Mitgliedschaft eines Jungen aus der ›Arbeiteraristokratie‹. Sein Vater machte einen Kurs zum technischen Zeichner, und der Junge selbst wollte aufs Gymnasium. Teilweise versuchten einige Jungen in den Laden zu kommen, die am oberen Ende der Fichtestraße wohnten. Dieses obere Ende wurde überwiegend von aufstiegsorientierten Arbeiterfamilien bewohnt. Durch bessere Schulbildung und höhere fachliche Qualifizierung waren sie Facharbeiter, Meister oder Angestellte mit Aufsichts- und Kontrollfunktionen im Produktionsprozeß geworden. Aufgrund ihrer Berufsposition sahen sie auf die Hilfsarbeiter herab. Ihre Kinder reproduzierten diese Einstellung.
Innerhalb der Fichtestraße, in der der Club lag, kam diese Spaltung des Proletariats dadurch zum Ausdruck, daß es zwei Kinderbanden gab, die sich bekämpften. Die eine rekrutierte sich aus der Facharbeiterschaft, die am Anfang der Fichtestraße in Neubauten wohnte. Die andere Bande bestand aus Kindern von Hilfsarbeitern, die in Altbauten aus der Jahrhundertwende am Ende der Fichtestraße wohnten. Während in der Phase der Massenarbeit die Facharbeiterkinder unangefochten die Führung hatten, wurde ihnen in der Phase der Gruppenarbeit von den Hilfsarbeiterkindern der Kampf angesagt. Je mehr die Kinder der Facharbeiter aus dem Club gedrängt wurden, desto mehr kamen dann Kinder in den Club, die Randgruppen zugehörten. Die Hilfsarbeiterkinder sagten über die Facharbeiterkinder: »Die sind ja keine Arbeiterkinder –, die wollen uns den Laden wegnehmen und alles kaputt machen –, die werden von den anderen geschickt, um hier zu stören.«
Die soziale Lage der Hilfsarbeiterfamilien reproduzierte sich permanent im Verhalten ihrer Kinder. Konzentration, Phantasie und Ausdauer dieser Kinder waren sichtbar hinter den Fähigkeiten der Kinder aus der Arbeiteraristokratie zurück. Kaum eine Tätigkeit konnte zehn Minuten durchgehalten werden. Eigene Beschäftigungsideen wiesen eine starke Einseitigkeit auf. Herumtoben, möglichst etwas kaputtschlagen, d. h. direkte Aggressionsentladung gegen alles, über das sie Macht ergreifen konnten, war ihnen am liebsten. Essen kaufen als Ausdruck tatsächlichen Hungers oder als orale Kompensation für Liebesentzug und Rauchen als Einverleibung des Männlichkeitssymbols kam an nächster Stelle. Hier zeigte sich die Auswirkung der Grunderfahrung der Arbeiterkinder, daß alles, wonach sie Bedürfnis haben, schwer für sie zu erreichen ist. Damit befinden sie sich in einem circulus vitiosus. Das ständige Unbefriedigtsein führt zur Entstehung einer Charakterstruktur, die nicht in der Lage ist auf der Basis ausgebildeter Ich-Identität und längerfristiger Planungsbereitschaft das Minumum dessen sich zu sichern, was die eigenen Bedürfnisse fordern. Die fehlende Ich-Stabilität der Hilfsarbeiterkinder zeigte sich

deutlich an mangelnder aktiver Teilnahme an den Tätigkeiten des Clubs. Meist konnten sie nur dem harten Kern des Clubs folgen. Im Verhalten in der Gruppe äußerte sich die Ich-Schwäche in der Inkonstanz der Personenbeziehungen. Positive Beziehungen zu anderen Kindern über den Laden hinaus entstanden sehr schwer. Die Raufbereitschaft auch untereinander war stets gegeben. Bestimmte Betreuer, die besonders engagiert auf die Bedürfnisse der Kinder eingingen, wurden von diesen Kindern bevorzugt, während die andern entschieden abgelehnt wurden.

Traten die Roten Panther nach außenhin auf, zeigten sie oft ein gutes Kollektivverhalten. Rivalitäten, die in der Gruppe bestanden, traten dann nahezu ganz zurück. Die Erfahrung in der Kinderstraßenbande, daß nämlich die größte Stärke und der beste Schutz das kollektive Auftreten ist, konnte bei der Clubarbeit benutzt werden. Allerdings erwiesen sich die Möglichkeiten der Kollektivierung in einem Freizeitclub schwach gegenüber der ständigen Individualisierung der Kinder in Familie und Schule. Das Vorbild der Eltern bei der individuellen Reproduktion und die Propaganda, daß individueller Fleiß sich auszahlt, zwingen die Kinder immer wieder zu individualistischem Verhalten.

Wichtig für die Festigung der Gruppe war der Kampf der Arbeiterkinder um die Führungsrolle. Dieser Kampf ließ den politisch gefestigtsten Jungen zum von allen anerkannten Führer der Gruppe werden. Dieses zwölfjährige Arbeiterkind wirkte ausgleichend und stabilisierend auf die Gruppe. Er war sehr kämpferisch. Er hatte begonnen, den Betrug der Kapitalisten am Proletariat und die Notwendigkeit kollektiven Widerstands zu erkennen. Er setzte sich keineswegs allein mit körperlicher Kraft in der Gruppe durch, sondern mit Energie, guten Arbeitsvorschlägen und solidarischem Verhalten. Vor seinem Eintritt in den Club hatte er sich naturwüchsig dem bürgerlichen Schul- und Konsumterror durch Schuleschwänzen und Klauen entzogen. Im November und Dezember 1969 besuchte er, durch seine Führungsrolle im Club gestärkt, wieder regelmäßiger die Schule. Sein Kampfbewußtsein und sein konsequenter Haß auf die herrschende Klasse der Reichen und Mächtigen förderten das politische Bewußtsein der anderen Gruppenmitglieder. Seine Solidarität mit den Unterdrückten hielt ihn davon ab, seine Führerrolle terroristisch auszunutzen. Führungsrivalitäten gab es nicht mehr, solange er seine Position innehatte.

Trotz unserer antiautoritären Grundvorstellung überzeugte uns dieses Arbeiterkind davon, daß die Überwindung des Autoritarismus, auf den Arbeiterkinder ausgerichtet werden, ein Prozeß ist. Der Autoritarismus kann nicht voluntaristisch abgeschafft werden. Der Prozeß der Abschaffung durchläuft durchaus autoritäre Etappen. Er beginnt zumeist mit der autoritären Fixierung der Arbeiterkinder an einen beliebten Betreuer. Wenn es gelingt, diese Fixierung abzubauen und die Gruppenführung auf einen den Kindern altershomogenen Führer zu über-

tragen, so sind gute Voraussetzungen der Egalisierung der Gruppenmitglieder gegeben. Die Entmachtung des altershomogenen Gruppenführers liegt im Bereich der Kräfte der meisten Grppenmitglieder und spornt die Kräfte eines jeden an. Wenn die Führung der Gruppe durch ein allgemein anerkanntes Arbeiterkind erreicht ist, kann die Konkurrenz um die Führung in den Grenzen der Gruppenstabilität ausgetragen werden. Da die Kindergruppe sich aber gleichzeitig im Widerstand gegen die kapitalistischen Autoritäten entfaltet, ist damit ein Korrektiv gegen den bürgerlichen, politisch nicht gerechtfertigten Autoritarismus gegeben. Nur soviel Autorität ist gerechtfertigt, wie zur Aufrechterhaltung der Kampffähigkeit der Kindergruppe nötig ist.
Außerhalb des Ladens trafen sich die Clubmitglieder nur selten gemeinsam. In Bezug auf die Schule hatten sie keine Berührungspunkte. Sie strebten von sich aus auch keine an. Die Schule hatte mit dem Club nichts zu tun. Im Laden verdrängten sie entsprechend konsequent, daß sie Schüler waren. Das Angebot von uns, im Laden Schularbeiten zu machen, wurde anfangs theoretisch begrüßt. »Rote Panther müssen auch rechnen können«, sagte ein Junge. Praktiziert wurde das Anfertigen von Hausarbeiten im Laden allerdings nicht. Die völlige Verdrängung des Schulkampfes war ein großer Mangel des Clubs. Er hatte allerdings mehrere Gründe:

1. Der Club war aus offener Straßenrekrutierung entstanden. Die Mitglieder des Clubs waren deshalb in der Schule vereinzelt.
2. Wie alle Arbeiterkinder lehnten die Roten Panther die bürgerliche Pauk- und Deklassierungsschule ab. Ihre Abneigung gegen die Schule konnte von uns nicht durchbrochen werden. Ihre Niederlagen in der Schule konnten von uns nicht in Siege verwandelt werden.
3. Der Schulkampf schien uns schwieriger zu entwickeln als der Straßenkampf. Beim Straßenkampf konnten wir die Kinder direkt betreuen und beraten. In der Schule nicht. In der Betreuergruppe waren kaum Lehrerstudenten. Es überwogen Sozialarbeiterstudenten, die der Schule selbst distanziert gegenüberstanden.
4. Der Straßenkampf schien damals, wenn er sich gegen die Vernachlässigung des Arbeiterkindes durch die bürgerliche Fürsorge und das Wohnungsamt, gegen Konsumterror und politische Indoktrination durch die bürgerliche Kinderkultur richtete, besser mit der Stadtteilarbeit, den Stadtteilkampagnen und dem antiimperialistischen Kampf der Linken vermittelbar zu sein als der Schulkampf.
5. Der Straßenkampf konnte zu direkten Konfrontationen mit den zentralen bürgerlichen Machtorganen des Staates und der Polizei führen. Er schien von Anfang an mehr Bewußtseinsveränderung zu bewirken als die antiautoritären Auseinandersetzungen mit einzelnen reaktionären Lehrkräften.

Der Straßenkampf schien uns in höherem Maße die durch Sonder-, Haupt- und Mittelschulen gespaltenen Arbeitermassen zu vereinigen.
Die Betreuer hatten in dieser Phase für die Kinder eine herabgesetzte Bedeutung. Sie konnten vorschlagen und initiieren. Welche praktische

Gestalt ihre Vorschläge annahmen, darauf hatten sie oft nur geringen Einfluß. Allerdings wuchs ihre Bedeutung bei Fragen, die über den Horizont der Kinder hinausgingen — wie z. B. die Vorbereitung der Vietnam-Demonstration. Bei derartigen Aktionen war die Intensität der Beteiligung der Kinder geringer. Besondere Schwierigkeiten ergaben sich, wenn es darum ging, Gebote und Verbote auszusprechen. Wir begannen langsam, in Konflikte einzugreifen, wir sprachen dort ein Verbot aus, wo ein Verbot weniger schadete als das Unterlassen eines Verbotes. Zur Durchsetzung von Geboten stützten wir uns auf die Androhung des Ausschlusses aus dem Club. Der Hinweis auf die Gefährdung des Clubs war ein weiteres Mittel der Disziplinierung. Wir versuchten nicht nach einer abstrakten Moral zu urteilen, sondern die Kinder selbst aus der konkreten Situation heraus über richtiges und falsches Verhalten entscheiden zu lassen.

Widersprüche zwischen Arbeiterkindern und Studenten

Bei der Abwehr der Aggressivität der Arbeiterkinder erfuhren wir in unserer Unfähigkeit, unter den speziellen Arbeitsbedingungen im Laden am aggressiven Verhalten der Kinder etwas zu ändern, den Widerspruch zwischen Studentenbewegung und politischem Stand der Arbeiterkindermassen. Dieser Widerspruch drückte sich sowohl in den unterschiedlichen Bewußtseins- als auch Verhaltensweisen von Studenten und Arbeiterkindern aus. Er konnte in den Situationen überhaupt nicht aufgehoben werden, in denen die Studenten zwar objektiv die Interessen der Arbeiterkinder gegenüber dem falschen Bewußtsein der Kinder vertraten, aber nur individualistische, pädagogische und damit untaugliche Mittel aufboten, um die Interessenidentität bewußt werden zu lassen. Dieser Gegensatz zwischen Studenten und Arbeiterkindern war aber von dem Gegensatz unterschieden, der im bürgerlichen Erziehungswesen institutionalisiert ist. Das öffentliche Erziehungssystem reproduziert im Kapitalismus ständig den Gegensatz zwischen dem mittelständisch normierten und verbalisierenden Lehrer und den unterschichtspezifisch sozialisierten Arbeiterkindern. Dieser Widerspruch im öffentlichen Erziehungssystem wird verschärft, weil die Lehrer bewußt über die von Bürgerkindern verschiedenen Lern- und Sprachfähigkeiten der Arbeiterkinder im unklaren gelassen werden. Wenn die bürgerlichen Lehrer etwas von diesem Widerspruch erfahren, dann nur, um sich an dessen kompensatorischer Aufhebung mit untauglichen Mitteln zu versuchen. Dieser Widerspruch zwischen bürgerlichem Lehrer und Arbeiterkind wird von den Herrschenden bewußt aufrechterhalten. Mit diesen Mitteln wird das bürgerliche Bildungsmonopol ohne offensichtliche physische Repression verteidigt. Wenn sozialistische Studenten dies trotz Identifikation mit den Interessen des Arbeiterkindes nicht zu dessen eigenem Nutzen verändern können, so hat das folgende Ursachen:

1. Der gute Wille zum Verständnis des Arbeiterkindes allein schafft noch nicht die ausreichenden Kenntnisse über die Ursachen des inadäquaten Verhaltens des Betreuers und die Mittel der Herstellung des adäquaten Verhaltens. Der gute Wille bewältigt allein auch nicht das Triebschicksal des Betreuers. Trotz sozialistischen Bewußtseins kann man von repressivem Verhalten geprägt sein.
2. Übereinstimmendes Verhalten von sozialistischem Erzieher und Arbeiterkind hängt darüber hinaus davon ab, daß in der proletarischen Familie zum Sozialismus erzogen wird, daß die Politisierung der Arbeiterklasse entwickelt ist, daß politisierte Kinder in den Arbeiterkindermassen zumindest wie Fische im Wasser schwimmen können.
3. Die Übereinstimmung wird erschwert, wenn das vorliegende Erziehungsprogramm nicht mit den von den ökonomischen Verhältnissen bestimmten Möglichkeiten übereinstimmt und kein Maßstab gegeben ist für die Kontrolle des Handelns des sozialistischen Lehrers und keine objektive Entscheidungsinstanz bei auftretenden Konflikten besteht.

Im Gegensatz aber zum Widerspruch zwischen Lehrer und Arbeiterkind in der Volksschule ist die Herstellung der Übereinstimmung zwischen sozialistischem Erzieher und Arbeiterkind beim Eintreten entsprechender Vorbedingungen möglich. Innerhalb des öffentlichen Erziehungssystems werden Lehrer und Arbeiterkind so lange nicht übereinstimmen, bis die bürgerlichen Lehrer Sozialisten werden und den Schein der Neutralität ihrer Staatsbeamtenstellung durchschauen.

Die Voraussetzungen zu einer Einschränkung des Widerspruchs zwischen sozialistischen Studenten und Arbeiterkind waren uns in der zweiten Phase unserer Arbeit noch nicht klar. Am Anfang rationalisierten wir unsere Hilflosigkeit, indem wir unsere Verunsicherung als ›anti-autoritäres Erziehungsprinzip‹ ausgaben. Bei vielen Betreuern bestand die Gefahr, statt die Kinder zu verändern, sich den Bedürfnissen der Kinder bloß anzupassen. Der derzeitige Zustand der Arbeiterkinder wurde als Richtlinie des Handelns genommen und jede entwickelte Perspektive sozialistischer Erziehung gegenüber den Bedürfnissen der Kinder abgewertet. Damit verloren diese Betreuer jede Möglichkeit des Einwirkens auf die Arbeiterkinder überhaupt. Wenn man an die Bedürfnisse der Arbeiterkinder anknüpft und sich mit ihren Interessen identifiziert, so darf das nicht zur Aufgabe des sozialistischen Erziehungszieles führen, das kaum mit den unter kapitalistischen Bedingungen naturwüchsig entstandenen, unmittelbaren Bedürfnissen der Arbeiterkinder identisch sein kann. Auch unter optimalen Bedingungen wird es Widersprüche zwischen den Subjekten des Erziehungsprozesses geben, wenn objektive Interessenidentität zwischen sozialistischem Erzieher und Arbeiterkind besteht. Aus der Unfähigkeit der Betreuer, sich subjektiv und objektiv mit den Interessen des Arbeiterkindes zu identifizieren, resultierte eine charakteristische Hilflosigkeit. Diese Hilflosigkeit bestand bei einigen Genossen darin, daß sie unfähig waren, die Arbeiterkinder gern zu mögen. Weil die Arbei-

terkinder zu sehr ihren Vorstellungen von revolutionären proletarischen Kindern widersprachen, begannen diese Genossen, die Arbeiterkinder wegen der Erscheinungsformen ihres falschen Bewußtseins zu hassen. Dieser Haß wurde von den Genossen kontrolliert zurückgenommen. Er äußerte sich dann als bloß zwanghafte oberflächliche Interessiertheit der Betreuer an den Arbeiterkindern. Da die Kinder diese Haltung sofort durchschauten, bestand auch hier eine Quelle der Widersprüche zwischen uns und den Kindern. Wir versuchten, diese Zustände dadurch zu ändern, daß wir gemeinsam darüber reflektierten, warum die Arbeiterkinder von uns überfordert oder auf blasierte Art und Weise unterschätzt wurden. Mit Hilfe der psychoanalytischen Theorie, die auch für die berufliche Qualifikation sozialistischer Erzieher eine gewisse Bedeutung hat, stießen wir auf die bürgerlichen Formen des Triebverzichts bei gleichzeitiger Verinnerlichung bestimmter bürgerlicher Leistungsziele. Die Einschätzung des Arbeiterkindes am Maßstab bürgerlicher Leistungsvorstellungen wurde durch die Bewußtmachung der Ursprünge und Konsequenzen bürgerlicher Leistungsideologie bekämpft.
Erst gegen Ende der zweiten Phase unserer Arbeit wurden uns die objektiven Bedingungen des Widerspruchs klar. Beim heutigen Stand der unentwickelten Klassenkämpfe und beim Überwiegen intellektueller Potentiale in der heutigen Avantgarde des Proletariats sind Widersprüche zwischen Arbeiterkindern und einem der sozialistischen Avantgarde angehörigen Erzieher beim Versuch, zum Klassenkampf zu erziehen, unvermeidlich. Unsere weitere Arbeit wird zeigen, mit welchen Mitteln wir diesen Widerspruch bekämpft haben und wie weit wir damit Erfolg haben konnten.

Über das Klauen und das Hantieren mit Feuer

Einige Probleme im Verhalten der Arbeiterkinder konnten wir jedoch nicht lösen. Da ist einmal das Stehlen zu nennen. Fast alles, was nicht niet- und nagelfest war, war vom Mitgehen bedroht. Das machte sich besonders beim Werkzeug bemerkbar. Die Club-Mitglieder halfen sich bei derartigen Diebstählen selbst, indem sie die verschwundenen Werkzeuge ›von irgendwo‹ ergänzten. Da wir die Berechtigung der Kinder einsahen, als Mitglieder einer Klasse, die vom Kapital täglich um die geleistete Mehrarbeit betrogen wird, sich individuell an diesem Betrug zu rächen, indem sie die Besitzenden wieder beklauten, wir aber andererseits wußten, daß die Kinder in Gefahr standen, sich zu kriminalisieren, wußten wir nicht, ob wir im Interesse des Privateigentums den Kindern das Klauen verbieten oder im Interesse der Kinder ihnen das Klauen erleichtern sollten. Aus diesem Dilemma suchte sich dann jeder individuell einen Ausweg.
Bei den Kindern war außerdem der Trieb, mit Feuer zu spielen, enorm ausgeprägt. Fast täglich wollten einige Kinder auf dem Grundstück

hinter dem Haus Feuer machen. Sie setzten oft selbstgebastelte Fackeln in Brand. Mit diesen liefen sie stolz auf der Straße herum und versuchten sich gegenseitig zu bedrohen. Im Umgang mit Feuer bot sich den Arbeiterkindern die faszinierende Möglichkeit, ihre Aggressionsentladung aus mangelnder Bedürfnisbefriedigung mit nicht-verbalen Mitteln fortzusetzen. Der Umgang mit Feuer gab dem Arbeiterkind die Chance, im Spiel zu tun, was in Wirklichkeit tabuisiert ist. Während die bürgerliche Jugend auf ihrer Gesellschaftsflucht das Lagerfeuer als Mittel der kollektiven Kontemplation und Innerlichkeit benutzt, wurde den Arbeiterkindern das Feuer zum Symbol der Zerstörung materialisierter Repression. Wir waren hier im Zweifel, wie weit und ob wir das Spiel der Kinder mit dem Feuer einschränken sollten. Ein Genosse, der gute Chemiekenntnisse hatte, knüpfte an das Interesse des Spiels mit dem Feuer für die Kinder sehr interessant an. Das Arbeiten mit chemischen Prozessen erfreute sich großer Beliebtheit. Es vermittelte Kenntnisse, die sowohl in der Schule, als auch beim Fortgang der Klassenkämpfe sich noch als sehr nützlich erweisen können.

Zur Sexualität der Arbeiterkinder (1)

Der Versuch der sexuellen Verhaltensänderung der Arbeiterkinder wurde in der zweiten Phase schon etwas bewußter angegangen als vorher. Öfters wurden Diskussionen über Sexualität mit dem Zeichnen nackter Menschen begonnen. Da die Arbeiterkinder nun mit uns etwas vertrauter waren, äußerten sie ihre sexuellen Ängste deutlicher. Das geschah besonders in Form von Witzen. Gegen die Brutalisierung ihrer sexuellen Vorstellungen fanden wir allerdings kein Mittel. Sexuelle Vorstellungen der Arbeiterkinder blieben eine Orgie von Sadismus, Kastrations- und Impotenzängsten.[20] In ihren Witzen springt der Mann von der Bettkante auf seine Frau, werden Schwänze und Brüste abgekniffen und anderen zum Essen gereicht. Die vordergründig ›gelassene‹ Reaktion der Studenten auf das sexuelle Interesse der Arbeiterkinder hatte Konsequenzen. Die Erfahrung, im Beisein der Studenten ungestraft von sexuellen Dingen reden zu können, ermunterte sie, ihre unbefriedigte sexuelle Neugier zu zeigen. Verschiedentlich forderten sie eine Genossin auf: »Zieh dich doch mal aus!« Versuchte dann die betroffene Genossin abzubiegen und die Jungen auf später zu vertrösten, reagierten die Jungen mit starken Aggressionen. Diese Aggressionen gingen so weit, daß hin und wieder ein weiterer Betreuer eingreifen mußte. Diese aggressive Sexualität der Arbeiterkinder ist kein natürliches, sondern ein gesellschaftliches Produkt. Die Arbeiterkinder werden durch ihre Wohn- und Lebensverhältnisse gezwungen, entweder ihre Sexualität völlig zu verdrängen oder bei

[20] Vgl. Schülerladen ›Rote Freiheit‹, a. a. O., S. 95 ff.

günstigen Gelegenheiten etwaigen Widerstand mit Gewalt zu brechen. Die gleichaltrigen Mädchen im Club schienen den Jungen allerdings als Sexualobjekte oder -partner tabu zu sein.
Gerade die Sexualerziehung machte uns die Notwendigkeit der Elternarbeit deutlich. Es erschien uns unmöglich, überhaupt etwas an der Sexualität der Arbeiterkinder ändern zu können, wenn nicht an der Sexualerziehung in der Familie etwas geändert würde. Da wir aber wußten, daß das Triebschicksal der Eltern von ihrer Stellung im Produktionsprozeß bestimmt wird, den wir und die Eltern allein nicht würden verändern können, wagten wir bei Elternbesuchen überhaupt nicht, das Thema Sexualität aufzugreifen. Daran hinderte uns auch die Angst vor dem leichtfertigen Vorwurf der Kinderverführung. Unsere Hoffnung, den Eltern die Notwendigkeit der sexuellen Manipulation ihrer Kinder klarmachen zu können, war sehr gering. Außerdem trauten wir uns in diesem Punkt nicht mehr zu als die kommunistische Kinderbewegung. Die Kinderbewegung war auch nicht für die völlige Befreiuung der Sexualität »jenseits von Monogamie, Familienidyll und Keuschheitsideal«[21] eingetreten, sondern machte die Veränderung der Sexualität abhängig vom Stand der Klassenkämpfe. Hoernle schrieb 1923: »Aus den Erfahrungen des Kampfes um die sozialistische Gesellschaft bildet das Proletariat heute schon die Keimformen neuer sexueller Sittlichkeit.«[22] In der Etappe der anfänglichen Rekonstruktion des Klassenkampfes schien uns also gar keine materialistische Grundlage für eine Veränderung der sexuellen Strebungen der Arbeiterkinder gegeben zu sein. Die meisten der Genossen wußten, daß über moralische Appelle, naturwissenschaftliche Aufklärung und das Beispiel eines nicht verkrampften Sexualverhaltens hinaus kein Ansatz gegeben war. Von der Anwendung dieser Mittel der bürgerlichen Sexualreform versprachen wir uns allerdings nicht sehr viel. Gerade an diesem Punkt zeigte sich, wie sehr allen revolutionären Erziehungsbestrebungen der Studenten über den Schonraum ihrer Kinder hinaus in der damaligen Etappe die soziale Basis und die erforderliche Macht fehlte. Die Versuche einiger Genossen, auf der Basis der Kenntnisse Wilhelm Reichs und der Sexpol-Bewegung die sexuelle Frage zum Ansatz der Entwicklung von klassenspezifischem Unterdrückungsbewußtsein zu machen, mußten scheitern. Dieser Ansatz hätte nur dann eine Perspektive im Sinne Reichs gehabt, wenn die Genossen über die radikale Aufklärung hinaus auch die materiellen Mittel zur Befriedigung der Sexualität zur Verfügung hätten stellen können[23]. Da diese Genossen aber keineswegs über

[21] Hoernle, a. a. O., S. 209.
[22] Hoernle, a. a. O., S. 208.
[23] Die Bedeutung der Psychoanalyse für den Klassenkampf und die Klassenkampferziehung kann hier nicht angemessen diskutiert werden. Vgl. dazu Wilhelm Reich: Der sexuelle Kampf der Jugend, Berlin 1932. – Reimut Reiche: Sexualität und Klassenkampf, Frankfurt 1968/1971. – Anni Reich: Für die Befreiung der kindlichen Sexualität, Berlin 1969 (Anleitung für eine revolutionäre Erziehung Nr. 4). – Günther Amendt: Sexfront, Frankfurt 1970. – Die bisherige grundsätzliche Auseinandersetzung zwischen Psychoanalyse und Marxismus wird dokumentiert: H. P. Gente (Hg.),

autonome Kinderkommunen, befreite Schulen und entsprechende Finanzen verfügten, mußten sie zu den Mitteln der bürgerlichen Sexualreform zurückkehren oder sich märtyrerhaft, aber gesellschaftlich wirkungslos kriminalisieren. Alle wählten bald den ersteren und kaum wirkungsvollen Weg.

Praxis zwischen Resignation und Aktion

Die Erfahrung der Ohnmacht, an den Erziehungs- und Lebensumständen der Arbeiterkinder etwas ändern zu können, die in der Isolation des Clubs von jeder realen sozialen Bewegung im Proletariat ihre Ursache hatte, ließ viele Genossen resignieren. Die strikte Planung und gezielte Durchführung der Nachmittagsarbeit im Club litt darunter. Meist waren die Betreuer froh, wenn sie ein politisches Thema für den Nachmittag vorbereiten konnten. Anfangs hatten die meisten noch ein schlechtes Gewissen, wenn sie durch die Kinder gezwungen wurden, mit ihnen bloß zu basteln und zu spielen. Aus diesem Dilemma halfen wir uns dann, indem wir einerseits eigenes sozialistisches Spielzeug und Spiele bastelten (so z. B. ein Memory-Spiel mit sozialistischen Symbolen) und andererseits Spiele umfunktionierten. So wurde Monopoly z. B. in Soziopoly verändert. Am Ende dieses Spiels durften ›die Ärmsten‹ die reichsten Monopolisten enteignen und damit das Spiel gewinnen. Großer Beliebtheit erfreuten sich in dieser Phase, wie schon in der ersten, die Exkursionen. Wir legten großen Wert darauf, Besuchsfahrten zu anderen Läden wie z. B. zum Schülerladen ›Rote Freiheit‹ am Oranienplatz[24] oder zu den ›Roten Fäusten‹ in der Karlsgartenstraße in Neukölln zu machen.
Angesichts der Anzeichen von Resignation über die Schwierigkeiten der Praxis stürzten wir uns mit besonderer Energie auf die Durchführung von Aktionen der Arbeiterkinder. Diese standen einmal im engen Zusammenhang mit dem antiimperialistischen Kampf der Linken, ein anderes Mal mit den unmittelbaren Interessen der Arbeiterkinder.
Wir hatten in dieser zweiten Phase in den Aktionen die bloße Beobachtung und Freizeitbeschäftigung überwunden. Wir versuchten, die Arbeiterkinder in der ihnen möglichen Weise einzuordnen in diejenige Bewegung, die auch ihre Interessen zu vertreten versuchte. Diese Einordnung der Arbeiterkinder in die radikale Jugendrevolte der Jahre 1967—69 erschloß erst die Erziehungsmittel, die im Rahmen des individuellen Erzieher-Zögling-Verhältnisses oder im Rahmen kritischer Gruppenpädagogik niemals wirksam werden konnten. Erst in

Marxismus, Psychoanalyse, Sexpol, Bd. 1 u. 2, Frankfurt 1970/1971. — Bernfeld u. a.: Psychoanalyse und Marxismus, Frankfurt 1970. — Reuben Osborn: Marxismus und Psychoanalyse, Frankfurt 1970. — Psychoanalyse als Sozialwissenschaft, Frankfurt 1971.

24 Vgl. die Berichte des Schülerladens ›Rote Freiheit‹ über die Besuche der Roten Panther in: Schülerladen Rote Freiheit, a. a. O., S. 132 f., S. 235 f., S. 323 ff.

diesen Aktionen konnten wir das bloße Reden über Politik durch das Einführen in politisches Handeln überwinden. Die Identifikation des Arbeiterkindes mit einer kollektiv handelnden Masse, in die die Eigenaktivität integriert ist, wirkt mehr als hundert Appelle zur Solidarität und zum sozialen Mut. Die Teilnahme des Kindes an der Massenaktion setzt die Masse zum Erzieher des Kindes ein. Die Massenaktion führt praktisch vor, was Aufklärung nur auf einen verbalistisch vermittelbaren Begriff bringen kann oder das Rollenspiel nur spielerisch antizipiert.
Weil uns die Aktion als wichtigstes Erziehungsmittel überhaupt möglich war, soll nun die detaillierte und systematische Darstellung der wichtigsten Aktionen des Arbeiterkinder-Clubs in dieser Etappe versucht werden.

Die wichtigsten Aktionen der ›Roten Panther‹

Go-in beim Kreuzberger Stadtrat Beck (14. November 1969)[25]

Vorbereitung: Das Beck-Go-in ergab sich aus der praktischen Notwendigkeit der Arbeit im Laden und aus den Bedürfnissen der Arbeiterkinder der Fichtestraße. In der Nähe des Ladens war ein Spielplatz, der allerdings nichts mehr war als eine Sandwüste mit zwei kaputten Wippen, einem verrosteten Klettergerüst und einem windschiefen Fußballtor. Die Arbeiterkinder entwickelten deshalb ein großes Interesse an einem kinderwürdigen Spielplatz. Deshalb wurde das Spielplatzprojekt in die Club-Gesetze aufgenommen und blieb bei den Kindern auch immer im Gespräch.
Der Kinderladen, in dem der Club untergebracht war, hatte hinter dem Haus ein Grundstück gemietet, auf dem gespielt werden konnte. Dazu mußte das Grundstück in einen Spielplatz verwandelt werden. Dieses Interesse wuchs, als der öffentliche Spielplatz durch Bauarbeiten unbenutzbar gemacht worden war. Einige Kinder reagierten darauf entrüstet: »Jetzt brauchen wir einen Zaun, sonst kommen die Bauarbeiter noch auf unsren Platz oder Große stören uns hier.« Ganz deutlich war der Wunsch der Kinder, selbst etwas zu bauen. Ihr praktisches Interesse war die Basis für ihre Beteiligung an der Vorbereitung und Durchführung des Beck-Go-ins. Die Betreuer brauchten wesentlich nur die formalen Dinge zu tun. Sie formulierten z. B. den Katalog der Forderungen an den Stadtrat und gaben Vorschläge zum Verlauf der Aktion. Für uns war wichtig, daß die Kinder in der Aktion lernen würden: man erreicht nur dann etwas, wenn man beginnt, es kollektiv zu fordern. Beim Go-in ins Kreuzberger Rathaus sollten die Arbeiterkin-

[25] Vgl. die Bemerkungen zur Beck-Aktion in: Schülerladen Rote Freiheit, a. a. O., S. 132 f., 229, 235 f.

der auch etwas über die SPD-Bürokratie im kommunalen Bereich lernen. Beck war dafür bekannt, daß er auf öffentlichen Kinderfesten die Kinder immer mit »meine lieben Kreuzberger Kinder« ansprach. Ihren »lieben Onkel Beck« sollten die Kinder mal persönlich kennenlernen.

Wir Studenten, von den Kindern ohnehin schon als privilegierte Autobesitzer betrachtet, hatten es für richtig gehalten, die notwendigen Mittel für einen derartigen Spielplatz nicht zu besorgen. Die Arbeiterkinder sollten direkt die Erfahrung machen, was ihre selbsternannten Interessenvertreter in Staat und Verwaltung für sie leisteten.

Der Kampf der Arbeiterkinder mit dem Kreuzberger Bezirksamt um einen neuen Spielplatz hatte ein Vorspiel. Die Arbeiterkinder hatten schon Wochen vor der Aktion begonnen, aus eigener Kraft und mit eigenen Mitteln das Trümmergrundstück hinter dem Club zu einem Spielplatz herzurichten. Sie bauten einen Sandkasten. Sie schafften Sand herbei. Sie errichteten eine Wippe. Sie malten Wippe und Sandkasten bunt an. Sie begannen Pläne für die Errichtung einer Hütte zu machen; in ihr wollten sie eine Werkstatt und einen Treffpunkt des Clubs einrichten. Sie dachten auch daran, alle Arbeiterkinder auf diesen neuen Spielplatz einzuladen, um mit ihnen gemeinsam zu spielen. Aber einen Tag, nachdem Sandkasten und Wippe errichtet waren, waren sie auch schon wieder zerstört. Andere Kinder, die von den Aktivitäten des Panther-Clubs verärgert waren, hatten über Nacht den Sandkasten und die Wippe zerschlagen. Bei den Arbeiterkindern entstand nun der Wunsch, ausreichende Mittel für einen Zaun um ihren Spielplatz und für eine Hütte vom Bezirksamt zu erkämpfen.

Beck hatte schon von sich aus mit dem Kinderladen und dem Arbeiter-Kinderclub einen Briefwechsel aufgenommen. Ihn quälte die Frage, ob wir seine »lieben Kreuzberger Kinder« über ihre Interessen aufklären dürften, die er ihnen bisher so glänzend ausgeredet hatte. Allgemeine und rechtliche Vorwürfe in Becks Briefen wechselten sich ab mit Versprechungen für Unterstützung. So ließ er mitteilen: »Nach den ersten Besichtigungen der Räumlichkeiten haben wir nicht den Eindruck gewonnen, daß Sie ausreichenden Anforderungen in gesundheitlicher, hygienischer und ausstattungsmäßiger Hinsicht entsprechen.« – »Die Aufsicht über die Kinder läßt erhebliche Wünsche offen«. – »Bei dem Spielen vor dem Haus wurden Passanten mehr als notwendig gestört.« – »Es dürfte Ihnen sicher nicht entgangen sein, daß die Räume nicht ausreichend mit Möbeln ausgestattet sind.« – »An Sauberkeit werden von den Benutzern des Ladens offensichtlich keine ausreichenden Anforderungen gestellt.« Auf unsere Gegendarstellung kam von ihm eine modifizierte Reaktion: »Wir wissen sehr wohl aus eigenen Einrichtungen, daß da, wo ein Kinderheim oder eine Tagesstätte echt vom Leben der Kinder erfüllt ist, verständlicherweise jene überzüchtete Ordnung nicht vorhanden sein kann und auch nicht sein sollte, wie sie bestehende Verordnungen rein nüchtern vorschreiben.« Beck erwies sich als ein Meister der doppelten Zunge.

Die Bereitschaft der Kinder, im Rathaus vorzusprechen, war aufgrund dieser Vorgeschichte groß. Die Aktion begann mit dem Herstellen und Verteilen von Flugblättern. Diese Flugblätter erzielten bei den Arbeiterkindern in der Fichtestraße und in anderen Schülerläden eine ganz gute Wirkung. Die Aktion war den Kindern angemessen. Was ein eigener Spielplatz bedeutet, wußte jedes Kind. Der Club bekam während der Vorbereitung und Durchführung der Aktion die Funktion einer politischen Energiezentrale Kreuzberger Arbeiterkinder.

Durchführung: Durch die Vorbereitung und die Flugblätter mobilisiert, erschienen zur Aktion knapp 50 Kinder zwischen drei und zwölf Jahren und rund 15 erwachsene Genossen aus verschiedenen Schülerläden vor dem Club. Viele hatten Schilder, Transparente und rote Fähnchen mitgebracht. Alle Teilnehmer der Aktion verteilten sich auf die bereitstehenden Autos, um die drei bis vier Kilometer zum Kreuzberger Rathaus zu fahren. Vor dem Start herrschte große Unruhe: »HaHoHe-Herta-BSC«, wurde gerufen. Die Kinder fühlten sich als Masse. Eine Frau schrie aus dem Wohnungsfenster: »Ihr dreckigen Kommunisten!« Die Kinder lachten. Im Rathaus Kreuzberg angekommen, zogen wir durch die Gänge zum Amtszimmer des Stadtrats. Sprechchöre wurden laut: »Wir wollen einen neuen Spielplatz!« Neugierige Beamte krochen aus ihren Zimmern, flankierten den Zug und lasen die Forderungen auf den Spruchbändern. Vor dem Amtszimmer von Beck wurde uns gesagt, er könne erst in 10 Minuten kommen. Alle Demonstranten setzten sich vor dem Amtszimmer auf den Fußboden. Sprechchöre wechselten sich ab: »Beck komm raus, sonst holen wir dich raus!« — »Beck komm raus, sonst ziehen wir dich aus!« — »Beck mach keinen Dreck!«
Als Beck kam, wollte er nur mit einer dreiköpfigen Delegation der Kinder sprechen. Er nahm einige Kinder mit sich in sein Amtszimmer. Die Zimmertür wurde aber von anderen Kindern offen gehalten. Die Forderung kam auf, es solle öffentlich verhandelt werden. Der Versuch einiger eilfertiger Beamter, die Zimmertür gewaltsam zu schließen, scheiterte. Die Kinder riefen die Delegation zurück. Beck meckerte über die »Frechheit der Kinder«. Er beklagte die schlechten »Vorbilder«. — »Man sieht ja, wohin so etwas führt.« — »Keine Erziehung.« Auf die Bemerkung Becks, mit einer kleinen Delegation könne er besser verhandeln, rief ein Arbeiterkind: »Wir sind doch nur eine kleine Delegation.« Ein Arbeiterkind erklärte: »In Kreuzberg warten noch viel mehr.« Beck versuchte, die Kinder zu belehren: »Wenn ihr mit einer Delegation gekommen wärt, so hätte ich euch gleich empfangen, aber so ist das unfreundlich von euch.« Der Panther-Club las dann seine Forderungen vor:
»Wir brauchen für den neuen Spielplatz:
1. 30 Meter Drahtzaun, 3 Meter hoch.
2. Ölfarbe: blau und gelb je einen Eimer.
3. Einen Bauwagen, als Hütte zu benutzen.

4. Holz für eine Wippe, für einen Sandkasten, für ein Klettergerüst.
5. Werkzeug: Hammer, Schaufel, Spaten, Säge, Nägel und Leim.«
Beck wich aus: »Ich habe keinen Einfluß auf den Haushaltsplan.« – »Die Mittel sind bereits langfristig verplant, an alle wird gedacht.« – »Ich bin auch ein alter Kreuzberger.« – »Wir wissen ja, daß vieles im argen liegt. Aber was hier vorgeht, ist ja wohl nicht im Sinne Bernfelds.«[26]

Ein Arbeiterkind erkannte klar, daß Beck nur Ausflüchte vorbrachte. Es rief: »Aber für die Polizei könnt ihr ganz schnell neue Helme und Wasserwerfer und so kaufen.« Als Beck versuchte, für seine Position im Rathaus Verständnis zu wecken, reagierten die Kinder empört. Zwischen ihm und den Kindern tat sich der Widerspruch: sozialdemokratische Arbeiterverräter – selbstbewußtes Proletariat, auf. Die Kinder übernahmen die Klassenposition ihrer Eltern und riefen: »Wir müssen für euch arbeiten.« – »Ihr lebt von unseren Steuern!« – »Ihr sitzt mit eurem Arsch nur hinter eurem Schreibtisch.« – »Du hast wohl keine Kinder.« – »Kein Geld, aber einen dicken Mercedes fahren.« Beck versuchte nun ein neues Ausweichmanöver. Er wies auf einen Musterspielplatz hin, der in Kreuzberg geplant sei. Aber die Kinder wehrten ab: »Ja, ja das kennen wir, erst versprechen und dann nicht halten.« – »Wir kriegen den Platz erst, wenn wir verheiratet sind.« Sie drängten Beck: »In zwei Wochen wollen wir den Spielplatz haben.« Andere betonten, daß sie unbedingt das Material brauchten, um ihren Spielplatz selbst zu bauen. Ein erwachsener Genosse bestätigte die Aussagen der Kinder: »Die Kinder sollen an allem, auch an der Planung beteiligt werden.« Am Rande standen diskutierende, verärgerte oder lachende Beamte. Ein Beamter fragte einen Jungen: »Wem gehört denn eigentlich das Grundstück?« Der Junge antwortete: »Niemand, uns allen!« Der Beamte: »Aber, es muß doch irgendeinem gehören.« Das Kind energisch: »Nein, wir brauchen keinen Einzelnen, dem es gehört. Es gehört allen.«

Beck war in die Ecke getrieben. Er erwies sich als unfähig, für die Arbeiterkinder irgend etwas zu tun. Um sich dem weiteren Verhör der Kinder zu entziehen, versprach Beck, am kommenden Dienstag im Club vorbeizukommen.

Den Hauptteil der etwa halbstündigen Diskussion bestritten sechs bis acht Kinder. Die Betreuer gingen hauptsächlich nur auf die pädagogischen Seitenbemerkungen ein, die Beck immer wieder von sich gab. Nach der Diskussion zogen alle mit dem Sprechchor: »Beck ist Dreck, Beck muß weg!«, lautstark durchs Rathaus ab. In den Gängen des Rathauses hatten sich inzwischen massenhaft Besucher und Beamte angesammelt.

[26] Beck wollte sich mit dem Hinweis auf den sozialistischen Pädagogen Siegfried Bernfeld, der am Ende der zwanziger Jahre der SPD und der sozialistischen Schülerbewegung nahestand, als dessen legitimer Erbe herausstreichen; Beck war ein Schüler Bernfelds. Bernfeld hätte sich für solche Schüler bedankt. Vgl. z. B. Bernfelds Stellungnahme zum Kommunismus und zur Klassenkampferziehung von Kindern. In: Bernfeld: Antiautoritäre Erziehung und Pyschoanalyse, Bd. 3, Frankfurt 1970, S. 948.

Im Club gab es noch eine anschließende Diskussion. Es wurde die Frage aufgeworfen: was machen wir, wenn Beck nächsten Dienstag in den Laden kommt? Die Kinder schlugen spontan vor: »Freundlich empfangen, und dann die Forderungen nochmal vortragen.« — »Gut behandeln, weil wir die Sachen haben wollen und sonst nichts gegen ihn haben.« Die Kinder einigten sich schließlich darüber, daß man Gewalt anwenden muß, wenn Beck am Ende die Forderungen nicht erfüllen sollte.
Diese Aktion war ein großer Erfolg der Roten Panther. Daß wir den Ansatz, der mit dieser Aktion begonnen hatte, nicht nutzen konnten, zeigte sich am folgenden Dienstag, als Beck nicht erschien. Die Kinder wurden unheimlich sauer. Wir standen ziemlich hilflos da, weil wir diese Möglichkeit nicht eingeplant hatten. Spätere Ansätze, einen Brief an Beck zu schreiben, blieben bei den Kindern stekken. Als dann ein Fernsehteam Aufnahmen im Laden machte und eine Diskussion über die Beck-Aktion filmte, hieß es darüber in einem Protokoll: »Die Diskussion vor dem Fernsehteam war lebendig. Die Aktion mit Beck hat sich ihnen tief eingeprägt. Der eigene, zur Selbsttätigkeit verhelfende Spielplatz ist ein zentraler von der Gesellschaft verweigerter Interessengegenstand. Der erneut vorgeschlagene Beck-Brief kam aber über die erste Zeile nicht hinaus. A. scheute sich, vor der Kamera weiterzuschreiben, die anderen tobten schließlich lieber.« Die Beck-Geschichte ist damit aber nicht zu Ende. Die Kinder hatten sich Beck gut gemerkt. Als er später einmal plötzlich im Club auftauchte, erkannten die Kinder ihn sofort wieder. Protokoll: »Plötzlich geht die Tür auf. Beck und noch so ein Kerl kommen rein. Schauen sich um. Die Kinder (besonders L.) stellen sofort wieder die Forderung. Wir wollen Farbe, einen Spielplatz usw. Beck wiegelt wieder ab. Er sagt: ›Ja, ja, der Club kriegt den Spielplatz.‹«
Latent blieb die Forderung nach dem Spielplatz immer vorhanden. In einen Papierkrieg setzen die Kinder keine Hoffnungen. In der Schule lernen sie zwar das Schreiben von Bitt-Briefen, aber nicht das Erstellen von Programmen. Nach der Aktion hatten sie richtig erkannt, daß nur massiver Druck das Bezirksamt in Bewegung bringt. Die Möglichkeit, weiteren Druck auf das Bezirksamt auszuüben, hätte die Verankerung des Kinderclubs im Stadtteil zur Voraussetzung gehabt. Diese Verankerung gab es nicht. Die Kinder warteten vergeblich auf die Erfüllung ihrer Wünsche. Die Genossen gaben vorerst auf. Das Projekt ›Spielplatz‹ wurde für den nächsten Sommer zurückgestellt. Der Winter kam.

Vietnam-Kampagne (12. November — 13. Dezember 1969)[27]

Terminplan:
12. 11. Vietnamfilm
3. 12. Tonbandgespräch
5. 12. Transparente, Fahnen
6. 12. Vorbereitung: Flugblätter
8. 12. Information: Black Power, Black Panther, Vietnambilder, Wandzeitung
9. 12. Flugblätter malen
10. 12. Transparente malen und Diskussion der Demonstration im Schülerladen ›Rote Freiheit‹
12. 12. Verteilung der Flugblätter (bes. Jugendfreizeitheim Naunynstr.)
13. 12. Vietnam-Demonstration.

Vorbereitung: Der imperialistische Krieg der Amerikaner in Vietnam erscheint aus bürgerlicher Sicht bedeutungslos für die Erziehung der Kinder in Westberlin. Betonten wir die Bedeutung dieses Krieges für die Arbeiterkinder, so antworteten liberale Bürger: ›Die um ihre Freiheit kämpfenden Vietnamesen sind vorwiegend Bauern. Vietnam ist nicht Kreuzberg, und es ist nicht die Bundesrepublik, die gegen den Vietcong kämpft, sondern die USA.‹ Wir geben zu, daß die Kampagne nicht dem weitgehend begrenzten Bewußtsein der Arbeiterkinder entspringen konnte. Aber weil vietnamesische Kinder von den USA in Vietnam getötet werden und vietnamesische Kinder mit der Waffe in der Hand gegen die US-Faschisten in Vietnam kämpfen, können sich auch Kreuzberger Arbeiterkinder für ihre leidenden und kämpfenden kleinen Genossen in Vietnam einsetzen. Der Kampf der vietnamesischen Kinder schien uns eine gute Möglichkeit, den Arbeiterkindern Ansätze von internationalistischem Bewußtsein zu vermitteln. Gleichzeitig konnte an ihre Kenntnisse des Kampfes der Schwaren Panther in den USA angeknüpft werden. Die Vorbereitungen für die Vietnam-Demonstration am 13. Dezember gab uns außerdem die Möglichkeit, einen längeren Abschnitt der Arbeit mit den Arbeiterkindern direkt mit einer Etappe des politischen Kampfes der Linken verbinden zu können. In der Vorbereitungskampagne schienen uns noch besser als bei der Beck-Aktion Erziehung und sozialistischer Kampf längerfristig vermittelbar zu sein. Die Vorbereitungskampagne für die Vietnam-Demonstration erstreckte sich mit Unterbrechungen auf einen Monat. Sie hatte zwei Teile. Der erste Teil bestand aus dem Besuch eines Films und häufigeren Informationsgesprächen. Der zweite Teil konzentrierte sich auf die letzten zwei Wochen vor der Demonstration und hatte seinen Schwerpunkt in politischen Bastelarbeiten der Kinder.

[27] Vgl. die Darstellung des Schülerladens ›Rote Freiheit‹ über diese Kampagne, in: Schülerladen Rote Freiheit, a. a. O., S. 128–132, S. 307.

Der Film zu Beginn der Aktion hieß ›Hanoi 13. Dezember‹. Er wurde von den Kindern mit Spannung erwartet. Sie freuten sich auf einen Kriegsfilm, wie sie ihn oft im Fernsehen gezeigt bekommen. Der Film enttäuschte die Kinder. Er war nicht synchronisiert. Einige Kinder identifizierten sich offen mit den Amerikanern. Der Abbau des Stereotyps, daß die Amerikaner Befreier sind und die Russen Unterdrücker, daß Kapitalismus Freiheit heißt und Kommunismus Diktatur, war nicht vollständig gelungen. Bei Gesprächen nach dem Film gelang es uns aber, eine Vorstellung zu erwecken, daß zwischen den Amerikanern, die in Vietnam morden und es ausbeuten, und den amerikanischen Firmen, die in Westberlin ihre Väter ausbeuteten, ein enger Zusammenhang bestand. Der weltweite Einfluß der amerikanischen Kapitalisten, der sich auch auf die Bundesrepublik erstreckt, wurde von den Kindern in folgender Weise entdeckt. Sie sahen sich viele westdeutsche Illustrierte an, um Bilder für eine Vietnam-Wandzeitung auszuschneiden und aufzukleben. Bei ihrer Bildersuche mußten sie feststellen, daß in den westdeutschen Illustrierten nur ganz wenige und für die USA günstige Bilder und Berichte zu finden waren. Anhand der zahlreichen und drastischen Bilder des nordvietnamesischen *Vietnam-Kurier* wurde den Arbeiterkindern dagegen das wahre Bild der US-Aggressoren deutlich. Die westdeutschen Illustrierten erschienen nun als Blätter, die über die Verhältnisse in Vietnam nur Märchen erzählten. Frühere Informationen über die Schwarzen Panther in den USA wurden von den Arbeiterkindern in die Informationen über Vietnam integriert. Ein Arbeiterkind zog sogar den Schluß, daß der Kampf der Schwarzen Panther und der Kampf der Vietcong den gleichen Gegner zum Ziel hätten. Die Kinder erkannten, daß jeder, der gegen die USA demonstrieren wolle, gleichzeitig für die Schwarzen Panther und für den Vietcong demonstrieren müsse.
Das politische Basteln verlief nicht so gut, wie wir es uns vorgestellt hatten. Zu oft und untereinander nicht abgesprochen, wurden die Kinder von uns aufgefordert, Transparente zu malen, Fahnen zu basteln und Flugblätter für die Agitation anderer Kinder zu entwerfen. Zu häufige Appelle erkannten die Kinder als Manipulation. Sie lehnten dann derartige Vorschläge ab. Aus dem Versuch, in der Vietnamkampagne politische Erziehung und sozialistischen Kampf der Linken zu verbinden, ergab sich die Gefahr, daß wir mit den Arbeiterkindern, statt Kinderpolitik zu betreiben, Erwachsenenpolitik versuchten. Wir waren weitgehend noch nicht in der Lage, die Inhalte des politischen Kampfes der Linken kindgerecht in das Denken und Handeln der Arbeiterkinder zu übersetzen.

Demonstration: Bei der Demonstration am 13. Dezember zeigten sich Mängel in der organisatorischen Vorbereitung. Die Transparent-Parolen, die den Kinder- und Jugendblock anführten, waren nicht direkt auf den Arbeiterkinder-Club bezogen. Deshalb wurde die Identifikation der Arbeiterkinder mit den Losungen des Kinder- und Ju-

gendblocks erschwert. Eine gute Möglichkeit demonstrativer Aktivität bot die Aufgabe, während des Zuges durch die Straßen politische Aufkleber an Häuserwänden und Schaufensterscheiben anzubringen. Die Kinder hatten großen Spaß, sich durch Polizeiketten hindurchzuwinden und hinter dem Rücken der Polizei Schaufensterscheiben und Türen zu bekleben. Während der ganzen Demonstration waren die Kinder auf den Beinen und wurden nicht müde, auch unter den Augen streng blickender Hausfrauen ihre Klebetätigkeit auszuüben. Als problematisch erwies sich, daß diese Demonstration kaum Arbeiter mobilisiert hatte. Dieser Umstand vermittelte den Kindern mehr den Eindruck, daß der Kampf gegen die USA Aufgabe der Studenten, statt der Arbeiter sei. Es bestand die Gefahr, daß die Kinder sich nicht mit der Arbeiterschaft, sondern mit der Studentenschaft identifizierten. Diese Gefahr wird aber erst behoben werden können, wenn das Proletariat selbst am anti-imperialistischen Kampf teilnimmt.
Als Ergebnis dieser Kampagne läßt sich festhalten, daß sie zu lang war und zu sehr von den Bedürfnissen der Studenten ausging. Trotz vorheriger Skepsis hatte sich aber gezeigt, daß eine Aktionserziehung bei entsprechender Berücksichtigung kindlicher Interessen durchaus in der Lage ist, einen Ansatz der Zerstörung kapitalistischer Ideologie zu leisten. An die Stelle pro-amerikanischer Einstellungen kann durchaus ein der Klassenlage der Arbeiterkinder entsprechend vermittelter anti-imperialistischer Internationalismus treten.

Die Entstehung des Roten Kollektivs proletarische Erziehung (Rotkol)

Der Versuch der Arbeit mit Arbeiterkindern hatte in der ersten Phase unserer Bemühungen deutliche Mängel aufgewiesen. Diese Mängel waren im einzelnen folgende:

1. Die Verallgemeinerung der Erfahrungen im Club konnte auf den wöchentlichen Sitzungen der Betreuergruppe nicht geleistet werden, da diese fast gänzlich von der Planung der konkreten Praxis der nächsten Woche ausgefüllt wurden.
2. Das Studium der historischen Texte zur sozialistischen Erziehung (Hoernle, Rühle, Kanitz, Bernfeld) und der Versuch, das von ihnen entwickelte Erziehungsmodell auf die Gegenwart zu übertragen, führte uns zur Einsicht in die historische Bedingtheit ihrer Theorie. Für uns stellten sich damit zwei Aufgaben: Einmal mußten wir die klassenspezifischen Bedingungen der kommunistischen Erziehungstheorie und Praxis der Weimarer Zeit noch genauer als bisher studieren, um im Vergleich mit der heutigen gesellschaftlichen Situation die Reichweite der Anwendbarkeit dieser Erziehung besser einschätzen zu können; zum anderen überforderte die alltägliche Arbeit mit den Arbeiterkindern unsere revolutionäre Phantasie, so daß wir prüfen woll-

ten, wie die konkrete tägliche Erziehungsarbeit in den kommunistischen Kindergruppen aussah.

3. Andere proletarische Erziehungsprojekte in der Form von Schülerläden und antiautoritären Kinderläden hatten uns kritisiert. Sie fragten nach unserer Position und den Grundlagen unserer Strategie. Wir konnten auf ihre Fragen noch keine Antwort geben, da die Entwicklung unserer Strategie und Praxis noch nicht energisch genug vorangetrieben war.

4. Personell zeigten sich Engpässe. Einige Mitglieder der Betreuergruppe, die noch aus dem Kinderladen stammten, und andere, die durch Mundpropaganda zu uns gestoßen waren, hatten wegen diverser Schwierigkeiten die Mitarbeit aufgegeben.

5. Die ideologische Vereinheitlichung der Gruppe stand noch in den Anfängen und behinderte eine zielgerichtete Arbeit ungeheuer.

Als Lösung dieser Schwierigkeiten griffen wir zuerst einen Vorschlag des Soziologischen Instituts der FU Berlin auf, dort im Rahmen studentischen Projektstudiums ein Seminar abzuhalten. Das Seminar wurde unter das Thema gestellt: ›Die kommunistische Kinderorganisation Deutschland 1918—33 als Modell einer revolutionären Kinderbewegung‹. Wir hofften, in diesem Seminar die historisch-materialistische Aufarbeitung kommunistischer Erziehung in der Weimarer Zeit mit unserer Arbeit mit Arbeiterkindern verbinden zu können. Diesem Ansinnen lag die Vorstellung zugrunde, daß Wissenschaft, wenn sie nur einen Praxisbezug aufweist und ausreichend kritisch ist, von der Hochschule aus die gesellschaftlichen Verhältnisse bewegen könne.[28] Dieser Glaube vergaß, daß eine Wissenschaft, die die Verhältnisse nicht nur interpretiert, sondern verändert, an mehr und andere Voraussetzungen gebunden ist, als wir damals dachten. Wir wußten noch nicht, daß die Rekonstruktion einer an gesellschaftlicher Veränderung beteiligten sozialistischen Erziehungswissenschaft eine reale antikapitalistische Bewegung im Proletariat ebenso voraussetzte wie die ihnen entsprechenden organisatorischen Konsequenzen und die Zuordnung der zu rekonstruierenden Theorie zu dieser Praxis. Wir dachten vielmehr, einen Beitrag zur sozialistischen Erziehung leisten zu können, wenn wir unsere Praxis als Intellektuelle im Proletariat systematisieren und mit unseren Kenntnissen von der Tradition der kommunistischen Arbeiterbewegung kontrollieren würden. Diese Konzeption entsprach etwa dem damaligen Stand der Vorstellung von der Entwicklung emanzipatorischer Wissenschaft an der FU.

Das Seminar war gut besucht. Es hatte zur Konsequenz, daß sich die Betreuergruppe des Arbeiterkinder-Clubs nun aus Seminarteilnehmern, die an Praxis interessiert waren, und dem alten Stamm der studentischen Betreuer zusammensetzte. — Das Seminar bildete drei

[28] Diesen Ansatz der Entwicklung einer marxistischen Wissenschaft vertrat, wie alle sozialistischen Projekte, auch der Schülerladen ›Rote Freiheit‹. Er hat diesen Ansatz der Organisation gesellschaftsverändernder Praxis von der Hochschule aus nicht überwunden. Vgl. dazu bes. Schülerladen ›Rote Freiheit‹, a. a. O., S. 18—20.

Untergruppen. Sie sollten zu folgenden Themen arbeiten:

1. Gruppe: Analyse der Klassenkämpfe der Weimarer Zeit.
2. Gruppe: Der kommunistische Kinderverband in der Weimarer Zeit und seine Theorie des Verhältnisses von Erziehung und Klassenkampf.
3. Gruppe: Methodik und Didaktik kommunistischer Klassenkampferziehung.

Während in den ersten beiden Gruppen die theoretisch interessierten Studenten arbeiteten, sammelte sich in der dritten Gruppe die ganze Club-Besatzung, die unter Rezeption des historischen Beispiels gleichzeitig ihre eigene Praxis theoretisch aufarbeiten wollte. Es wurde in der Betreuergruppe des Clubs beschlossen, daß jeder studentische Betreuer an einer Seminargruppe und am alle drei Wochen einmal stattfindenden Plenum aller Mitarbeiter des Clubs teilzunehmen hatte.

Als das Seminar seinen erwarteten Anforderungen nicht genügte und sich aus der Verbindung von alltäglicher Handwerkelei und historischem Modell im Rahmen des Seminars keine verbindliche Perspektive der Arbeit entwickelte, löste sich dieses Problem von selber. Es bildete sich die Arbeitsgruppe ›Revolutionäre Erziehung‹, der die führenden studentischen Mitglieder des Arbeiter-Kinderclubs angehörten. Sie erhob den Anspruch, eine verbindliche Perspektive der Praxis — auf der Grundlage der bisherigen Praxiserfahrung und der Erfahrung der Arbeiterbewegung — entwickeln zu können. Diese Instanz war völlig selbst ernannt. Sie war von den meisten Mitgliedern des Projekts nicht zu kontrollieren und besaß damit eine unangreifbare und autoritär wirkende Avantgardefunktion. Naturwüchsig hatte sich damit auf der Basis unserer Praxisprobleme der Ansatz eines organisierten Leitungsprozesses ergeben. Auf einer späteren Stufe der Entwicklung sollte an die Stelle der naturwüchsigen Organisierung die Theorie der Kaderorganisation, des demokratischen Zentralismus, der Führung der Massen durch die Kader als scheinbare Lösungsmöglichkeiten der organisatorischen Probleme treten. Damals war uns davon noch nichts bewußt.

Der selbsternannte Führungskreis legte zur Legitimation seiner Existenz im Dezember 1969 ein Papier zur ›Proletarischen Erziehung heute‹ vor.

Paper 1: Proletarische Erziehung heute oder Auf dem Weg zu einer proletarischen Kinder- und Jugendbewegung

I. Proletarisches Kind und politischer Kampf

»Der Kampf der Kinder darf sich nicht länger bewegen im Dunkel des Unterbewußtseins, in der Vereinzelung, in der ungeleiteten, regellosen, verzweifelten und deshalb demoralisierenden Art tierischer Selbsthilfe. Nein, der Kampf unserer ausgebeuteten, unterdrückten, mißhandelten Kinder soll ans Licht gezogen, soll bewußt organisiert und solidarisch geführt werden.« (Hoernle)

Statt über den Kampf der proletarischen Kinder zu lächeln, sollte man ihn unterstützen und organisieren. Wer die Aktionen der sozialistischen Bewegung beobachtet hat, wird gesehen haben, daß auch Arbeiterkinder sich an ihnen beteiligten. Das Arbeiterkind von heute kann und will ›kämpfen‹. Wer die kommenden Klassenauseinandersetzungen sieht, wird sich auch die Frage vorlegen, welchen Stellenwert innerhalb der allgemeinen Klassenauseinandersetzungen ein Kampf gegen die und in den Erziehungsinstitutionen des Kapitalismus hat. Er wird fragen, wieweit dieser Kampf im engen Zusammenhang mit den Klassenkämpfen in der Gesellschaft stehen muß, nicht nur um Klassenkämpfer von morgen, revolutionäre Jungarbeiter, rote Jungkader entstehen zu lassen, sondern auch, um die Erziehungsinstitutionen grundsätzlich zu erschüttern und in ihrem Einfluß zurückzudrängen.
Der Kampf um die proletarische Jugend muß ein wichtiger Bestandteil in der Phase der Mobilisation des Proletariats werden.
Der Kampf gegen die und in den Erziehungsinstitutionen bekommt im fortgeschrittenen Kapitalismus eine immer größere Bedeutung. So wird z. B. die Spaltung der Arbeiterklasse durch das Verlangen des Kapitalismus nach z. T. immer qualifizierteren Arbeitern schon lange vor dem Industriebetrieb in der Schule vollzogen. Wenn an erster Stelle der Klassenmobilisation die Arbeit unter den erwachsenen Arbeitern im Betrieb stehen muß, so muß an zweiter Stelle die Arbeit unter den proletarischen Kinder- und Jugendmassen stehen. Das 13-jährige proletarische Kind heute ist morgen das 15jährige Mitglied des Industriebetriebs. Und da der Sozialismus des erwachsenen Arbeiters bisher stets an der Wohnungstür ein Ende hatte, muß die Erziehung zum Sozialismus schon beim Kind beginnen.
Die bisherige Erziehungsarbeit der sozialistischen Bewegung unter den lumpenproletarischen Randgruppen einerseits und unter Kindern der mittelständischen Intellektuellengruppen (Kinderläden) andererseits, mußte auch deshalb wenig erfolgreich sein, weil von diesen für die Klassenfrage marginalen Gruppen aus der Zusammenhang zwischen Klassenkampf und proletarischer Erziehung nicht genauer bestimmt, ein Angriff auf die Erziehungsinstitutionen kaum praktiziert und Eingriffe in den Produktionsprozeß gar nicht erst geplant werden konnten. Statt der Agitation marginaler Gruppen, muß die Arbeit unter den proletarischen Kinder- und Jugendmassen begonnen werden.
Die heute mögliche Form der Klassenkampferziehung erschließt sich jedoch erst, wenn man sowohl die aus der heutigen Klassenlage des proletarischen Kindes sich ergebenden Kampfperspektiven erkennen kann, als sie auch mit der heute praktizierten Klassenkampfstrategie vermitteln und organisatorisch entfalten kann.

II. Kapitalistische Gesellschaft und proletarische Erziehung heute

Die proletarischen Kinder sind in der Bundesrepublik und West-Berlin Kinder ihrer Klasse. An ihrer Unterdrückung und Verstümmelung hat sich im Grunde wenig geändert. Die weiter bestehenden Widersprüche der kapitalistischen Gesellschaft erfährt nicht nur der erwachsene Arbeiter und der arbeitende Jugendliche, sondern in doppelter Weise das proletarische Kind: benachteiligt durch seinen sozialen Ort und sein Kindsein dazu.
Der Hauptwiderspruch ist für das proletarische Kind allerdings nicht wie für den Arbeiter der des Produktionsprozesses (gesellschaftliche Produktion – private Aneignung), sondern der zentrale Widerspruch ist für das proletarische Kind der des kapitalistischen Erziehungsprozesses: statt allseitiger Entfaltung – Anpassung an die Maschine. Für viele Arbeiterkinder endet diese verstümmelnde Erziehung in Verwahrlosung, Kriminalität und geistiger Verelendung. Dieser zentrale

Widerspruch des kapitalistischen Erziehungsprozesses ist nur in einer sozialistischen Gesellschaft aufzuheben, deshalb muß proletarische Erziehung eine sein, die die Aufhebung des zentralen Widerspruchs im Erziehungsprozeß durch eine Gegenerziehung im und zum Klassenkampf intendiert.
Da das proletarische Kind in verschiedenen Erziehungsinstitutionen diesem zentralen Widerspruch unterworfen ist, ist Gegenerziehung als Kampf gegen diese Institutionen und als Antizipation einer kommunistischen Erziehung nötig.
Die sozialistische Bewegung beginnt heute eine praktische Klassenkampfstrategie auch organisatorisch umzusetzen. Einerseits müssen die sozialistischen Erzieher an den politischen Diskussionen der beginnenden Organisierung ständig teilnehmen, andererseits muß sich proletarische Kampferziehung in folgenden Sozialisationsbereichen (Schule – Straße – Wirtschaft – Familie – Kindergarten – Heime) schon heute in experimentellen und exemplarisch mobilisierenden Ansätzen realisieren und ihre Erfahrungen in die politische Debatte einbringen.
Die Bedingungen von Kampferziehung ergeben sich aus der Analyse, inwieweit der zentrale Widerspruch der kapitalistischen Erziehung sich in diesen Bereichen für das proletarische Kind artikuliert, und welche Formen von praktischen Kampfaktionen gegen ihn seitens proletarischer Kinder möglich sind.

a) Schulkampf heute
Die heutige Volksschule betrügt die proletarischen Kinder um wissenschaftliche Erkenntnisse. Sozialwissenschaftliches und psychoanalytisches Wissen wird unterschlagen. Erziehungsmethoden sind autoritär, die Klassen überfüllt, die gesellschaftliche und politische Realität bleibt ausgesperrt. In der Schulklasse unterdrücken die ökonomisch bessergestellten Leistungsidioten das proletarische Kind. Zensuren, Klassensystem und mittelständische Lehrer benachteiligen proletarische Kinder.
Eine proletarische Erziehung, die als kämpferische gegen den zentralen Widerspruch im Erziehungsbereich erzieht, gewinnt folgende Schwerpunkte im Schulkampf:
- Für eine Erweiterung des Volksschul-Curriculums um sozialwissenschaftliche, psychoanalytische Inhalte;
- gegen autoritäre, mittelständische und lustfeindliche Lehrer;
- gegen die Trennung von Schule und Klassenkampf.

Damit kann sich proletarische Erziehung in folgenden Aktionen entfalten:
- Gegenunterricht, kollektive Unterrichtsvorbereitung, kritische Unterrichtsfragen;
- Lehrerkampagnen, kollektive Verweigerungen, Schulgemeinde;
- Solidaritätsaktionen in der Schule für gesellschaftliche Ereignisse: wie Streik, Demonstrationen etc.;
- Bildung von revolutionären Elternräten in der Volksschule.

b) Straßenkampf heute
Die Straße in der kapitalistischen Stadt verweigert den proletarischen Kindern Spielräume, die sie selbst gestalten könnten. Das Kind ist auf der Straße entweder isoliert oder sieht sich in Bandenkämpfe verwickelt, die Ansätze von Klassensolidarität zerstören. Auf der Straße ist das proletarische Kind ununterbrochen dem Konsumterror und der Scheinbefriedigung (Surrogatpropaganda) ausgesetzt. Es wird gezwungen, eine kapitalistische Lebensperspektive auszubilden. Eine proletarische Klassenkampferziehung auf der Straße gewinnt damit folgende Schwerpunkte:
- Kampf um eigene Spielplätze;

– Kampf um Kindermassenaktionen;
– Kampf gegen Konsumterror mit seinen kriminalisierenden Folgen;
– Kampf um Beteiligung der Kinder an Arbeiteraktionen.

Diese Schwerpunkte ermöglichen folgende Aktionen:
– Besuch und Besetzung von Bezirksämtern, Besetzung von Bauland;
– Umfunktionierung städtischer Spielplätze;
– Organisation von Massenspielen, Massenkinderfesten, Kinderkino;
– Blockierung von Kaufhäusern;
– Solidarisierung der Arbeiter mit den kämpfenden Kindern;
– Kampf in außerschulischen Sozialisationsinstitutionen: Heime, Horte, Tagesstätten.

c) Wirtschaftskampf

Die kapitalistische Wirtschaft produziert teures Kinderspielzeug und ideologisches Kriegsspielzeug. Kapitalistische Industrie enthält den Kindern Schulspeisung vor, bestimmt weitgehend die Ziele von Volks- und Berufsschule, stellt die Kinder für geringes Taschengeld ein und zwingt proletarische Eltern zum Streik.

Klassenkampferziehung hat folgende Schwerpunkte im Wirtschaftskampf der Kinder:
– Für billiges Kinderspielzeug;
– für freie Schulspeisung;
– gegen Kinderausbeutung, für staatliches Kindertaschengeld;
– für eine Solidarität mit streikenden Eltern.

d) Familienkampf

Das proletarische Kind ist zu einem hohen Prozentsatz Schlüsselkind. Die Kinder erfüllen machtkompensatorische Funktionen für die unterdrückten Eltern. Die Eltern vermitteln den Kindern reaktionäre Ideologie (z. B. Einübung der traditionell geschlechtsspezifisch gesellschaftlichen Rollen). Die Kinder werden mit Haushaltsarbeiten und Kinderhüten gequält. Sie kennen kein eigenes Zimmer.

Klassenkampferziehung hat folgende Schwerpunkte im Familienkampf:
– Für eine Organisation der Eltern;
– gegen Prügelstrafe in der Familie, gegen eine patriarchalische Erziehung;
– für ein progressives Kinderrecht;
– gegen Kinderausnutzung;
– für repressionsfreie Kindergärten;
– für kollektives Wohnen;
– gegen die Unterdrückung der kindlichen Sexualität;
– Kampf in gegnerischen Kinderverbänden.

III. Proletarische Erziehung und revolutionäre Erziehungsinstitutionen heute

Die Institution, die die proletarische Erziehung organisiert, ist die proletarische Kindergruppe. Sie muß organisatorisch eng mit anderen Kindergruppen verbunden sein. Alle Kindergruppen zusammen müssen fester Bestandteil der sozialistischen Bewegung sein. Die proletarische Klassenkampferziehung hängt von der organisierten Klassenkampfstrategie ab. Die proletarische Kindergruppe kämpft auf den vier Kampffeldern nicht nur unter den jeweils spezifisch lokalen Bedingungen, sondern leistet auch die allgemeine Verarbeitung der Kampferfahrung der Kinder. In der Gruppe wird die soziale, politische, moralische und wissenschaftliche Erziehung vertieft, die praktisch im Kampf sonst schon geübt wird. Die proletarische Kindergruppe ist die revolutionäre Erziehungsinstitution in der Phase vor der Errichtung der Diktatur des Proletariats. Sie muß organisierte Stützpunkte in den Institutionen Schule und Straße entwickeln.

IV. Wie ist eine derartige Klassenkampferziehung in den bürgerlichen Erziehungsinstitutionen zu organisieren?
Eine Organisation proletarischer Kinder, die sowohl erzieht als zum Kampf anleitet, muß an der schwächsten Stelle der kapitalistischen Sozialisation in offener Form zu rekrutieren beginnen. Es muß dort rekrutiert werden, wo heute schon naturwüchsig autonome Gruppenbildung möglich ist: auf der Straße. Eine Organisation proletarischer Kinder hat mit der Bildung von proletarischen Kinderclubs zu beginnen. Von diesen Stützpunkten aus wären zuerst Momente von Straßenkampf und dann Momente von Schulkampf zu entfalten. Schulkampf setzt allerdings den Bestand roter Schulvorposten in der Schule einerseits und die außerschulische Unterstützung kämpfender Schulkinder andererseits voraus. Damit ist es unmöglich, an weitreichende Kinderaktionen zu denken, bevor nicht eine Erwachsenenorganisation den Kinderkampf mitträgt. Die Diskussion um revolutionäre Berufspraxis ist heute um die Diskussion über Formen außerinstitutioneller Berufsperspektiven zu erweitern und auch von daher zu kritisieren. Die Ansätze einer proletarischen Kinderbewegung sollten sozialistische Lehrergruppen unterstützen, um außerhalb der Schule den Schulkampf vorzubereiten. Die Sozialarbeiter unterstützen proletarische Kinderarbeit unter der Perspektive, ein Anwachsen der Verwahrlosung unmöglich zu machen und die Politisierung potentieller Klienten andererseits unterstützen zu können. Proletarische Jugendliche könnten als zusätzliche Erzieher und Helfer proletarischer Kinderprojekte gewonnen werden.

V. Was ist das Fernziel, was sind die heutigen Nahziele?
Das Fernziel ist die Reorganisation der ganzen Arbeiterklasse: Erwachsene, Jugendliche und Kinder. Solange aber die sozialistische Bewegung noch keine organisierte Massenbewegung geworden ist, ist die Arbeit in den proletarischen Kinderprojekten ständig von unpolitischer Handwerkelei bedroht. Ein Überschreiten der Klassenschranken im Erziehungsprozeß mittelständischer Intellektueller und proletarischer Kinder baut auf Kritik und Selbstkritik der Erzieher auf und verlangt, daß »der Erzieher selbst erzogen werden muß«.
Die wachsende organisatorische Festigung der sozialistischen Bewegung vorausgesetzt, müssen deshalb folgende Nahziele rasch und energisch verwirklicht werden:
1. Schaffung von Klassenkampfkinderclubs mit Tendenzen zum experimentellen Schulkampf;
2. Schaffung einer proletarischen Erziehungszeitschrift;
3. Vorantreibung von Organisationen revolutionärer Erziehung, die die lokale Perspektive von proletarischer Kampferziehung entwickeln.

Kritik am Konzept ›Proletarische Erziehung heute‹

Dieses Papier dokumentiert deutlich den Fortschritt der Erziehungskonzeption gegenüber der ersten Phase. An die Stelle des Zusammenhangs von Untersuchung und Erziehung ist der Zusammenhang von politischem Kampf und politischer Erziehung getreten. Proletarische Erziehung wird nicht mehr als Mobilisation der proletarischen Straßenkinder im Freizeitbereich mit dem Ziel ihrer Bewußtseinsveränderung gesehen, proletarische Erziehung erscheint nun als Bestandteil des Klassenkampfes der proletarischen Jugend und Kinder im Bereich der Schule, der Straße, der Wirtschaft und der Familie. Damit war das Ziel definiert: die Trennung der Kindererziehung vom Kampf der Arbeiterschaft sollte aufgehoben werden. Weiterhin wird in dieser Phase begriffen: Die pädagogische Intelligenz kann einen Beitrag zur Remobilisation der Arbeiterkinder und Jugendlichen leisten; es besteht ein Zusammenhang zwischen dem Kampf der Bündnispartner des Proletariats und dem Proletariat selbst; die Arbeit mit Arbeiterkindern hat eine wichtige Funktion für die als wichtigste Aufgabe der Linken begriffene Betriebsarbeit. Damit geschieht gleichzeitig eine Abgenzung gegenüber der klassenunspezifischen Randgruppenarbeit der damaligen Linken mit Heimzöglingen, Rockern und Kindern aus Obdachlosenasylen. Die Gefahr, die Entwicklung von Klassenbewußtsein im Arbeiterkind nicht materialistisch und klassenspezifisch, sondern psychologistisch und individualistisch zu begreifen wie Otto Rühle [29], der wir beinahe auch erlegen waren, war damit erstmals gebannt.

Der Erziehungsbegriff selbst wird in dem Papier allerdings um die Momente, die die Qualifikation der Arbeitskraft voraussetzt, verkürzt auf einen reinen Begriff der Kampferziehung. Auch der Zusammenhang zwischen Kampf und Schulung wird nicht entwickelt. Die Analyse der einzelnen Bereiche der Klassenkampferziehung stützt sich nicht auf eine historisch-materialistische Untersuchung der Volksschule, der Kinderarbeit, der proletarischen Familie usw. Die Ableitung der Forderungen, als Verbindung von Erziehung und politischer Kampfpraxis gedacht, berücksichtigt noch nicht die gegenwärtig konkreten politischen Kämpfe in diesen Institutionen. Sie sind deshalb abstrakt und idealistisch.

Das Papier weist in den Punkten, wo es gilt, Anweisungen für die unmittelbare Praxis im Kinderclub zu geben, bedeutungsvolle weiße Flecken auf. Es ist ein exemplarisches Produkt des Auseinanderfallens von Theorie und Praxis in unserem Projekt. Während die Theorie schon bei der Antizipation einer entwickelten Kinder- und Jugendbewegung als Bestandteil der remobilisierten Arbeiterbewegung ist, war unsere Praxis bei der Arbeit mit acht bis zwölf Kindern stehengeblieben. Die Bildung einer relativ gefestigten Kindergruppe legitimiert unter der Hand die Antizipation einer ganzen Kinderorganisation. Zwischen der Gegenwart der Kindergruppe und der beschworenen Zukunft der Kinderorganisation klafft ein im Papier nicht geschlossener Widerspruch. Das Papier mußte deshalb an dem Punkt versagen, wo es die aktuelle Praxis im Laden in seinen Problemen begreifen und auf ein höheres Niveau heben sollte. Das Papier verbreitete mit seinem Globalgemälde wachsende Frustration unter den Genossen. Jeder Genosse entwickelte, mit noch größeren Ansprüchen als bisher konfrontiert, eine mehr oder minder große Abneigung gegen die ›Handwerkelei‹ in der Praxis. Auch die selbsternannte Füh-

[29] Vgl. Otto Rühle: Der autoritäre Mensch und die Revolution, in: ders., Zur Psychologie . . ., a. a. O., S. 138 ff.

rung sah keine Mittel, um den Widerspruch zwischen den Anforderungen der Theorie und der schlechten Praxis zu lösen. Sie deutete die Probleme, die das Zurückbleiben der Praxis hinter der Theorie hervorbrachte, weitgehend als bloßen Widerspruch zwischen mittelständischen Erziehern und proletarischen Kindern. Die Bedingungen der realen Entwicklung von Klassenkampferziehung wurden nicht gesehen, nämlich: Organisation der Kindermassen als soziale Bewegung unter Führung der Organisation des Proletariats bei entsprechend zugespitzten gesellschaftlichen Widersprüchen (und dazu kontrastierend die Bedingungen unserer gesellschaftlichen Situation). Da man die gesellschaftlichen Ursachen des Zurückbleibens der Praxis hinter der Theorie und des Vorlaufs der Theorie vor der Praxis nicht begriff, sah man nur die Schwierigkeiten von Individuen. Eine Aufhebung der Schwierigkeiten wurde deshalb nur in der Änderung des subjektiven Verhaltens angestrebt. Die ›Erziehung der Erzieher‹ wurde deshalb als Hauptaufgabe einer besseren Club-Praxis begriffen.

Das Seminar konnte nicht die Kategorien aufstellen, die zur Weiterentwicklung der Praxis des Kinderclubs unter den gegenwärtigen Verhältnissen hätten beitragen können. Die Analyse der Klassenkämpfe der Weimarer Zeit kam über die Aufarbeitung der Darstellungen von Flechtheim[30], Fritz Sternberg[31] und der DDR-Historik[32] nicht hinaus. Das Studium der kommunistischen Kinderbewegung machte auf dem Hintergrund der Klassenkämpfe in der Weimarer Zeit allerdings folgendes deutlich:

1. Die quantitative und qualitative Entwicklung der proletarischen Kinderarbeit hängt von der Ausdehnung und Schärfe der Klassenkämpfe ab. Die Phase der relativen Stabilisierung des Kapitalismus 1924–1928 erschien als Phase der Stagnation und des Rückganges der kommunistischen Kinderorganisation. Das Ansteigen der Klassenkämpfe nach der Novemberrevolution 1918 und im antifaschistischen Kampf ab 1929 war mit einem Aufstieg quantitativer und qualitativer Art der kommunistischen Kinderbewegung verbunden.

2. Die Entfaltung der kommunistischen Kindererziehung hing offenbar direkt von den sozialen Ursachen ab, die auch die Entstehung des Klassenkampfes allgemein bestimmen. Die mit der kapitalistischen Krise einhergehende Tendenz des Lohnabbaus, der wachsenden Arbeitslosigkeit, des Schulabbaus, der Wohnungsnot usw., waren offensichtlich Voraussetzungen, um die Kampferziehung der Kinder zu ermöglichen. In der Phase der Stabilisierung des Kapitalismus hatte die kommunistische Kindererziehung die Tendenz, die Kampferziehung zugunsten der Erziehung durch Schulung bei gleichzeitigem Rückgang der Zahlen der organisierten Kinder zu ersetzen.

3. Weiter schien die Entwicklung der Kindererziehung vom Stand der Organisation der Arbeiterjugend, die die meisten Erzieher der Ar-

[30] Ossip K. Flechtheim: Geschichte der KPD, Frankfurt 1970.
[31] Fritz Sternberg: Der Niedergang des deutschen Kapitalismus, Berlin 1932.
[32] Geschichte der deutschen Arbeiterbewegung, Berlin 1966, Bd. 3 u. 4.

beiterkinder stellte, abzuhängen. Schließlich schien die Fähigkeit der kommunistischen Partei entscheidend, wieweit es ihr gelang, mit ihrer Strategie und Taktik unter dem Krisenzyklus des Kapitals die Führung der Massen und die Entwicklung ihrer Kämpfe zu entfalten.
Auf dem Hintergrund dieser Erkenntnisse ließ sich sowohl die Vermutung einiger Genossen, daß das Klassenbewußtsein nur im Produktionsprozeß entspringt, relativieren, als auch die These anderer Genossen, daß Klassenbewußtsein in einer Etappe relativer Stabilisierung des Kapitalismus nur durch Schaffung psychologischer Prämissen im Arbeiterkind entstehe.
Die kommunistische Kinderbewegung machte uns klar, daß schon bei Arbeiterkindern, die noch nicht im Produktionsprozeß stehen, Klassenbewußtsein entstehen kann. Die Geschichte der kommunistischen Kinderbewegung zeigte, daß im Kapitalismus die allgemeinsten Voraussetzungen zur Entstehung von Klassenbewußtsein beim Arbeiterkind vorliegen. Als diese Voraussetzungen erkannten wir:
1. *Zwischen kapitalistischer Krise und dem Entstehen ökonomistischen Klassenbewußtseins im erwachsenen und kindlichen Proletariat besteht ein Zusammenhang.* Da der Lohnarbeiter mit seinem Lohn auch die Mittel für die »Lebensmittel der Ersatzmänner, d. h. der Kinder der Arbeiter« (Marx) erhält, ist das Arbeiterkind mittelbar den Krisen des Kapitals und den Lohnschwankungen seiner Eltern unterworfen. Arbeitslosigkeit und Lohnsenkung seiner Eltern wirken sich auf das Arbeiterkind unmittelbar als Senkung seiner Subsistenzmittel einerseits, andererseits als Erhöhung der Notwendigkeit aus, unbezahlte oder schlechtbezahlte Kinderarbeit im Distributionsbereich oder im Haushalt usw. aufzunehmen.
2. *Ein weiterer Zusammenhang besteht zwischen fortschreitender kapitalistischer Vergesellschaftung der Erziehung und der Verbesserung der Voraussetzungen für die Politisierung der Arbeiterkinder.* Die Kapitalisten-Klasse ist gezwungen, angesichts der vom Proletariat erkämpften Überwindung der Formen absoluter Mehrwertproduktion zugunsten relativer Mehrwertproduktion die öffentliche Bildung auf die Arbeiterkinder auszudehnen.[33] Die Vergesellschaftung und Verstaatlichung der öffentlichen Erziehung ist nötig, um den Arbeiter für die fortentwickelten hochkomplizierten und kostspieligen Maschinen zu qualifizieren und ihm zugleich unter den Bedingungen des komplexen Stadtlebens und der bürgerlichen Demokratie den Verkauf seiner Lohnarbeit abpressen zu können. Mit der Ausdehnung der öffentlichen Erziehung auf die Arbeiterkindermassen entstehen folgende Voraussetzungen zur Politisierung der Arbeiterkinder:
a) Religion und idealistische Ideologien müssen zugunsten der Naturwissenschaft zurückgedrängt werden.
b) Die Schulzeit der Arbeiterkinder muß bei wachsender Anforde-

[33] Vgl. Heinz Karras: Die Grundgedanken der sozialistischen Pädagogik in Marx' Hauptwerk ›Das Kapital‹, Berlin 1958, S. 62–66. – Jürgen Kuczynski: Die Theorie der Lage der Arbeiter, Berlin 1968, S. 146–148.

rung bestimmter Teile des Gesamtarbeiters insgesamt ausgedehnt werden. Damit wird die mögliche Arbeitszeit des Arbeiterkindes eingeschränkt, und zugleich entstehen Ansätze von ›Freizeit‹.
c) Die Entwicklung des öffentlichen Unterrichts in Form der Einführung von Schulklassen konfrontiert die Arbeiterkinder, nun als klassenspezifisch homogene Gruppe, ständig dem bürgerlichen Lehrerindividuum. Damit organisiert der kapitalistische Qualifikationsprozeß die Arbeiterkindermassen der Form nach in gleicher Weise wie der Produktionsprozeß die Arbeitermassen dem Kommando des Kapitals unterstellt.
d) In der kapitalistischen Verwertungskrise ist seitens des kapitalistischen Staates der Schulabbau notwendig. Der Schulabbau politisiert aber die von Entlassung bedrohten Lehrer sowie die Arbeiterkinder, denen er schon zugestandene Lernmöglichkeiten wieder nimmt.
e) In der kapitalistischen Krise gewinnen die »außerhalb der Familie stehenden Erziehungseinrichtungen« an politischer Bedeutung. Es entsteht ein erbitterter Kampf von Bourgeoisie und Proletariat um die Herrschaft über die Jugend. In diesem Kampf »wird der Klassencharakter der alten bürgerlichen Erziehung unverhüllt bloßgelegt«[34].

3. *Die Auflösung der proletarischen Familie bedingt das Entstehen des proletarischen Lebenszusammenhangs.*[35]
Die Auflösung der Familie, die einhergeht mit der Zusammenballung der Arbeiterfamilien in städtischen Arbeitervierteln, die von den Bürgervierteln getrennt sind[36], organisiert außerhalb der Schule unbeaufsichtigte Kindermassen. Diese Kinder müssen sich auf der Straße, mit den in der kapitalistischen Stadt sich materialisierenden Klassenwidersprüchen auseinandersetzen.

4. *Der Widerspruch zwischen Kopf- und Handarbeit wächst ebenso, wie der Widerspruch zwischen Basis und Überbau sich verschärft.*
Die Widersprüche zwischen dem Überbau und der Basis der kapitalistischen Produktion, zwischen der geforderten Moral und der realen Unmoralität spitzen sich auf der Basis der Klassenlage des Arbeiterkindes unerträglich zu. Sie stürzen das Arbeiterkind in eine ständige kognitive Dissonanz, die keine feste Identifikation des Arbeiterkindes mit dem kapitalistischen Überbau zuläßt.

Die kapitalistischen Krisen, die kapitalistische Vergesellschaftung der Erziehung, die Auflösung der Familie, die kapitalistische Vergesellschaftung der Reproduktion und der ständige Widerspruch zwischen Basis und Überbau schaffen die objektiven Voraussetzungen der Entstehung von Klassenbewußtsein beim Arbeiterkind.
Wir stellten aber weiter fest, daß auf der Basis dieser Voraussetzungen die Entstehung des kindlichen Klassenbewußtseins an folgende Faktoren gebunden ist:

[34] Hoernle, a. a. O., S. 113.
[35] Vgl. Zur Geschichte des Reproduktionsbereiches im Kapitalismus: Bedingungen und Perspektiven der Stadtteilarbeit, Offenbach 1971, S. 1–39. – Otto Rühle: Illustrierte Kultur- und Sittengeschichte des Proletariats, Frankfurt 1971.
[36] Vgl. Hans G. Helms u. Jörn Jannsen: Kapitalistischer Städtebau, Neuwied/Berlin 1971.

1. Die Politisierung der proletarischen Familie und des proletarischen Stadtteils[37] muß bestehen, um die ständige bewußte und unbewußte Gewöhnung des Arbeiterkindes an den Kapitalismus in der Schule zurückzudrängen. Politisierte Eltern machen zudem klassenbewußtes Verhalten für das Arbeiterkind unmittelbar anschaulich.
2. Die Schule muß in ihrer Funktion als wichtigste bürgerliche Ideologievermittlung durch proletarischen Klassenkampf zurückgedrängt werden.
3. Durch Teilnahme des Kindes an politischen Aktionen muß das individualisierte Ohnmachtbewußtsein durch ein klassenbewußtes Selbstbewußtsein ersetzt werden. Bloße verbalisierende Einsicht in die Klassenlage muß durch praktische Einsicht überwunden werden.

Wenn diese Voraussetzungen erfüllt sind, d. h. wenn die Arbeiterklasse zu Formen praktischen Klassenkampfes übergegangen ist, dann ist der Ort, wo Klassenbewußtsein im Arbeiterkind entsteht, dort, »wo das proletarische Kind seinem Ausbeuter und Unterdrücker, seinem Feind Auge in Auge gegenübersteht, in Schule, Betrieb, Familie, Straße. Hier ist das Zentrum kindlichen Erlebens, hier muß das Zentrum unserer Arbeit sein. Gemeinsam mit dem Arbeiterkind nehmen wir den Kampf auf: in der Schule gegen Prügelpädagogen und reaktionäre Lehrer, im Dienst gegen brutale Dienst- und Lehrherren, in der Familie gegen unverständige und rückständige Eltern, auf der Straße gegen bürgerliche Altersgenossen, Sipo, Spießer.«[38]

Wir kamen auf der Basis dieser Thesen zur Einsicht, daß die Entstehung von Klassenbewußtsein im Arbeiterkind die Entstehung von Klassenbewußtsein in Teilen des Fabrikproletariats zur Voraussetzung hat. Das Arbeiterkind entwickelt Klassenbewußtsein gleichzeitig mit dem Auftreten ökonomischer Krisen und politischer Kämpfe. Wir sahen nun, daß die Entwicklung von Klassenbewußtsein im Arbeiterkind ohne Verbindung zur Klassenbewegung und zum Betrieb »als der Basis des proletarischen Klassenkampfes und Klassenlebens«[39] unmöglich ist.

Diese Erkenntnisse mußten uns mit folgenden Fragen konfrontieren:
1. Bestehen heute in Westberlin, die von uns entwickelten allgemeinen gesellschaftlichen Voraussetzungen zur Entstehung von Klassenbewußtsein beim Arbeiterkind?
2. Ist die Studentenbewegung so weit als Avantgarde des Proletariats zu betrachten, daß sie mit ihrer Betriebsarbeit, Stadtteilarbeit und ihrem Schulkampf die notwendigen konkreten Bedingungen der Entstehung von Klassenbewußtsein beim Arbeiterkind schafft?
3. Besitzen wir als sozialistische Studenten, als Avantgarde des Proletariats betrachtet, proletarisches Klassenbewußtsein, und können wir es an Arbeiterkinder vermitteln?
4. Falls wir sozialistischen Studenten weder wirkliche proletarische

[37] Hoernle, a. a. O., S. 115–121.
[38] Hoernle, a. a. O., S. 194.
[39] Hoernle, a. a. O., S. 199.

Avantgarden sind, noch proletarisches Klassenbewußtsein besitzen, und wenn damit unsere Betriebsarbeit, Stadtteilarbeit und unser Schulkampf scheitern muß, ist dann auch unser Versuch der Erziehung zum Klassenkampf hinfällig?
Diese Fragen konfrontierten die Genossen aus dem Arbeiter-Kinderclub mit der Notwendigkeit, die Möglichkeiten der proletarischen Kinderarbeit in der gegenwärtigen Etappe, in der es weder offensive Klassenkämpfe noch kommunistische Organisationen des Proletariats oder seiner Jugend gibt, genauer zu begründen. Das geschah in einem Papier, das anhand der Theorien von Edwin Hoernle und der Einbeziehung aktueller Forschungsergebnisse den Zusammenhang von Erziehung und Klassenkampf darzustellen versuchte.

Paper 2: Edwin Hoernle über den Zusammenhang von Erziehung und Klassenkampf

1. Erziehung

Die herrschende Erziehung zielt auf aktive und passive Anpassung an die bestehende Realität der Gesellschaft. In der bestehenden Gesellschaft ist die im Erziehungsprozeß vermittelte Realität der Erzieher und das Kind von spezifischen Klasseninteressen bestimmt. Die klassenspezifische Realität und der klassenspezifische Träger des Erziehungsprozesses reproduziert im Erziehungsprozeß die Widersprüche des Produktionsprozesses der bestehenden Gesellschaft. Der Erziehungsprozeß spiegelt heute mit technokratischen Tendenzen und Gesamtschulplänen allseitige Entfaltungsmöglichkeiten vor und zielt für das proletarische Kind realiter doch nur auf die Anpassung an die Maschinen.
Mit der Klassengesellschaft konstituiert sich die Klassenerziehung, die erstere und ihre Widersprüche zugleich zu tradieren und zu stabilisieren sucht.
Die Kinder des Proletariats, obwohl Kinder der Schicht, die produziert, werden zu Kindern gemacht, die dereinst wie ihre Eltern trotz aller Produktivität nichts besitzen werden, als der Verkauf ihrer Arbeitskraft erbringt. Die das proletarische Kind erziehende Umwelt: Familie, Schule, Straße, Wirtschaft etc., die das Proletsein fürs Proletariat reproduziert, muß deshalb im Interesse der proletarischen Kinder und ihrer Erziehung verändert werden. Erziehung im Interesse proletarischer Kinder ist an Weltveränderung interessiert, nicht an Vermittlung irgendwelcher Weltinterpretationen. Die Veränderung der Umwelt verändert und erzieht damit auch die Veränderer. Im Fegefeuer der proletarischen Revolution ändern sich ja nach Marx »nicht allein die Verhältnisse, sondern auch die Menschen, die von diesen Verhältnissen geformt werden und rückwirkend selber wieder die Verhältnisse formen«. (E. H., Grundfragen der proletarischen Erziehung, Darmstadt 1969, S. 17.)
In der Klassenlage des Proletariats drückt sich sowohl die totale Entfremdung des Menschen aus, als auch die potentielle Wiedergewinnung seiner selbst. Für die Kinder des Proletariats fallen, wenn man von der Notwendigkeit der Aufhebung der Entfremdung ausgeht, Erziehung und Emanzipation zusammen. Die klassenkämpferischen Versuche der Veränderung der Gesellschaft werden zugleich zu Erziehungsversuchen; zu Anpassungsprozessen an neue selbstveränderte Verhältnisse. Die Revolution wird auch zur Erzieherin der Kin-

dermassen. Proletarische Erziehung ist deshalb als »Einführung des Menschen in seine gesellschaftlichen Funktionen«: Einführung des proletarischen Kindes in die Emanzipationfunktion des Proletariats. Emanzipierende Erziehung und Klassenkampf wird für das proletarische Kind dasselbe. Nur im Klassenkampf identifiziert sich das proletarische Kind mit seinen Klassenfunktionen. Überall sonst ist es der Anpassung an Ausbeutung und Unterdrückung unterworfen. »Im Proletarierkinde liegen alle Elemente bereit, um eine kommunistische Weltanschauung und einen revolutionären Charakter zu formen, sie müssen aber aus den Tiefen des Unbewußten gehoben werden ans Licht des Bewußtseins.« (E. H., S. 181) Nur kollektiv und organisiert, nicht individualistisch ist das proletarische Kind zur Übernahme des proletarischen Klassenauftrages durch revolutionäre Erziehung fähig. »Nur die organisierte Kampfarbeit schafft neue gesellschaftliche Kräfte, ein neues Selbstbewußtsein.« (E. H., S. 191) Hoernle begreift Erziehung nicht als individuelles Schicksal, sondern als Folge sozialer Prozesse. Proletarische Erziehung erzieht weder die Herren noch die Opfer des Klassenkampfes von oben, sie erzieht deren Überwinder.

2. Klassenwidersprüche der kapitalistischen Gesellschaft und ihre Folgen für die Erziehung

Die Klassengesellschaft produziert Widersprüche, die ihre Herrschaftsdauer in allen Bereichen begrenzt und im wachsenden Maße die Basis auch für eine nichtkapitalistische Erziehung freilegt. Die kapitalistischen Klassenwidersprüche reproduzieren sich im Erziehungssektor in folgenden Nebenwidersprüchen:

a) Trotz der Funktion der Familie zur Aufrechterhaltung des Kapitalismus, vermindert der fortschreitende Kapitalismus die Erziehungsfunktion der Familie (Frauenarbeit, Sexualisierung der Werbung, Verlust der Funktion der Eigentumstradierung).

b) Trotz der wichtigen Erziehungsfunktion gemeinschaftlicher Produktion hebt der Kapitalismus mit dem Wachsen der Klassenwidersprüche vom Familienbetrieb angefangen jede Produktionsgemeinschaft auf.

c) Trotz der für die Entfaltung der Produktivkräfte notwendigen wachsenden Qualifikation des Arbeiters, produziert der Kapitalismus aus Angst vor dem Selbstbewußtsein der Massen die wachsende geistige Verelendung des Arbeiters. (Auch die Gesamtschule ist nur eine geschicktere Verschleierung der Aufrechterhaltung des Bildungsmonopols als es das dreiklassige Bildungssystem war.)

d) Trotz der immer dringenderen Beherrschung der Entwicklung der industriellen Revolution tritt durch die wachsende Lebensferne der Schule und die wachsende Teilung von Kopf- und Handarbeit ein immer größeres Klaffen von Theorie und Praxis ein. Der industrielle Prozeß wird selbst für die Herrschenden immer schwerer durchschaubar.

Indem der Kapitalismus aufgrund seiner Widersprüche objektiv immer schwerer in adäquaten Erziehungsprozessen angepaßte Arbeiterkinder produzieren kann, produziert er andererseits die Grundlagen für eine antikapitalistische Erziehung. Die Entwicklung der neuen Erziehung, schreibt Hoernle, ist untrennbar verbunden »mit dem Prozeß der Entwicklung der großen Industrie und der auf ihr basierenden Wissenschaft und gesellschaftlichen Lebensbedingungen«. (E. H., S. 114)

a) An die Stelle der Familie kann im Maße ihrer Auflösung die proletarische Kinder- und Klassengemeinschaft treten.

b) Der verfaulende Kapitalismus produziert zugleich das Proletariat, das mit der Entfaltung von Klassenkämpfen die Basis für revolutionäre Gegensozialisation legt.

c) Der wachsende Reichtum der herrschenden Eliten in der Überfluß-

gesellschaft schafft gleichzeitig die materielle Basis zur Aufhebung des Bildungsmonopols.
d) Durch die in der automatisierten Fabrik mögliche Verbindung von Kinderarbeit und Industrie entwickelt sich die Basis für eine Vermittlung von Leben und Schule, von Theorie und Praxis durch die polytechnische Arbeitserziehung.

Exkurs: Spätkapitalistische Subkultur und transsubkulturelle Perspektive
Die bisher an der systemkonformen Mittelschicht gemessen für die Unterschicht nur als negativ erscheinenden Ergebnisse der schichtenspezifischen Sozialisationsforschung werden unter dem Aspekt einer organisierten proletarischen Emanzipationserziehung zu deren Voraussetzung. Der Umstand, daß »die Eltern in der Unterschicht ihren Kindern gegenüber häufiger feindlich und ablehnend eingestellt sind« (Sozialisation und kompensatorische Erziehung, S. 110), der Umstand, daß der kleinbürgerliche Vater den Kindern der Unterschicht »als wenig geeignetes Identifikationsobjekt erscheint« (S. 127), der Umstand, daß die in der Unterschicht verwandten autoritären Disziplinierungsmaßnahmen sich »als weniger geeignet erweisen zur Verinnerlichung von Werten und Geboten« (S. 110), besagt doch nichts anderes, als daß die heutige proletarische Familiensozialisation die Möglichkeit für eine radikale, außerfamiliäre Erziehung mit antikapitalistischen Normen und Identifikationsmöglichkeiten eröffnet.
Die Erkenntnis, daß die bürgerliche Schule dem proletarischen Kind als »Zwangsanstalt erscheint« (S. 153) nicht als »Institution, die die Möglichkeit zu sozialem Aufstieg bietet« (S. 153), fundiert die Möglichkeit einer außerschulischen nicht kompensatorischen Erziehung. Die Tatsache, daß die proletarischen Schüler zur Kompensation ihrer Schulfrustration »dringend außerschulischer Erfolgserlebnisse« bedürfen (S. 149) und deshalb Cliquen angehören, die nicht mit Schulcliquen identisch sind (S. 155), begründet die Möglichkeit von Gegensozialisation in revolutionären Kindergruppen. Wenn es stimmt, daß »durch die Ablehnung in der Klasse und die Unterschätzung seiner Leistungen [. . .] das Unterschichtenkind in Isolation gerät« (S. 156), dann wird es um so interessierter an der Wiederaufrichtung seines Selbstbewußtseins in kämpfenden Kinderkollektiven sein.
Hoernle hat heute auch noch recht, wenn er sagt: »Die große Industrie ist es, die alle materiellen, sozialen und psychologischen Voraussetzungen für diese neue Pädagogik geschaffen hat.« (E. H., S. 113)

3. Klassenkampf und Erziehung
Mit dem Kapitalismus ist das Proletariat entstanden. Die Konstituierung des Proletariats als Klasse hat die Entwicklung eines prol. Erziehungssystems zur Folge. »Der Kampf zweier Erziehungssysteme ist stets eine Begleiterscheinung des Kampfes zweier Klassen um die Macht.« (E. H., S. 15) Die Geschichte der Arbeiterbewegung beweist das. »Die proletarische Erziehungsbewegung lehnt sich in ihren unklaren Anfangsstufen noch eng an die bürgerliche Form der Lernschule an (Sonntagsschulen), bald aber sprengt sie den alten Rahmen, um die neue, der Selbständigkeit und Aktivität des Kindes raumgebende Form der Kinderverbände einzunehmen.« (E. H., S. 113) Da der Spätkapitalismus zur Verschleierung seiner Widersprüche auch im Erziehungsbereich die etablierte Erziehung als antiproletarische in Familie und Schule, in Kinderverbänden und in der Massenkommunikation organisiert, muß das Proletariat dieser organisierten Macht eine eigene Trägerschaft prol. Erziehung gegenüberstellen. Eine solche Erziehung, sagt Hoernle, »muß selbstverständlich in der Hand des fortgeschrittensten, revolutionärsten Teils des Proletariats liegen, also der kommunistischen Kampforganisation: Jugend und Partei«. (E. H., S.

170) Hoernle lehnt eine nichtorganisierte, nichtparteigeleitete, kampffeindliche Erziehung, die trotzdem behauptet Klassenkampferziehung zu sein, ab. Die staatstragende SPD und parteilose Anarchisten können Klassenkampferziehung nicht organisieren. Sie können die organisatorische Vermittlung von Erziehung und Klassenkampf, d. h. die Vermittlung der Tendenzen der Revolutionsstrategie und Praxis mit der Erziehungsstrategie und Praxis weder materiell, personell noch inhaltlich leisten. Hoernle geht davon aus, daß trotz der objektiven Tendenzen des Verfalls des Kapitalismus und der Heraufkunft einer neuen Gesellschaft, diese Zukunftsperspektive nur richtig bleibt, wenn das Proletariat organisiert und siegreich den Klassenkampf führt. Proletarische Erziehung ist deshalb nur dort möglich, wo sie gegen die Erziehungszwänge des Kapitals sich durchsetzt. Sie entfaltet sich im praktischen Kampf prol. Kinder in Erziehungsinstitutionen und Sozialisationsfeldern wie Schule, Familie, Wirtschaft und Straße. Proletarische Erziehung entsteht nicht spontan, sondern kann mit der Remobilisation und Reorganisation des Proletariats organisiert werden. Proletarische Erziehung kann in der Phase des Klassenkampfes nicht in roten Heimen und roten Gegenschulen entstehen. »Es ist eine Illusion zu glauben, die KP oder Jugend könnte revolutionäre Heimerziehung leisten.« (E. H., S. 173/74) Proletarische Erziehung geschieht in Form von Kinderbewegung. Ihre Institutionen sind die Kindergruppen. Diese Erziehung fordert einen neuen Typ von Pädagogen, »des mit dem Kinde lernenden Lehrers« (E. H., S. 183). Hoernle teilt mit: »Die Erzieher in unseren kommunistischen Kindergruppen sind einfache Proletarier.« (E. H., S. 182) Trotzdem: »Die Kindergruppe ist durchaus keine Kinderpartei«.(E. H., S. 173) Die kommunistische Kinderbewegung ist die institutionalisierte und organsierte Vermittlung von Erziehung und Klassenkampf in der Periode des Untergangs des Kapitalismus.

Zur Kritik des Hoernle-Papiers

Dieses Papier versucht systematisch auf der Basis von Hoernles Untersuchungsergebnissen die Notwendigkeit des Versuchs der Entwicklung proletarischer Erziehung in jeder Etappe des Kapitalismus zu begründen. Es weist daraufhin, daß im Kapitalismus die Grundlagen für die Möglichkeit proletarischer Erziehung allgemein gegeben sind. Die Ergebnisse der aktuellsten bürgerlichen, der schichtspezifischen Sozialisationsforschung werden außerdem bemüht, um im Gegensatz zum bürgerlichen Kind das proletarische Kind für eine antikapitalistische Erziehung in der Gegenwart prädisponiert zu erweisen. Mit diesen Thesen liegt das Papier zwar richtig, aber es verbleibt so abstrakt, daß die Frage, ob eine sozialistische Studentenbewegung die Kinder des Proletariats zum Klassenkampf erziehen könne, auf der Basis dieser These gar nicht beantwortet werden kann. Der Schlußteil ist ambivalent. Nach Hoernle kann nur die Partei auf der Basis entfalteter Klassenkämpfe zum Klassenbewußtsein erziehen. Andererseits nimmt das Papier an, daß im Kampf proletarischer Kinder Klassenbewußtsein entsteht. Der im Papier schon angelegte Widerspruch zwischen der einen Position, die die Initiierungsmöglichkeit der proletarischen Kinderarbeit insgesamt nur der proletarischen Partei zuschreibt und der anderen Position, die meint, die Kinder könnten Klassenbewußtsein auf der Basis der heutigen Studentenbewegung entwickeln, brach im Studentenkollektiv später auf. An diesem Widerspruch sollte sich das Rotkol zum ersten Mal spalten.

Zur konkreten Erziehungspraxis

Der Versuch der dritten Arbeitsgruppe im FU-Seminar, eine Methodik und Didaktik der Klassenkampferziehung zu entwickeln, blieb in ersten Ansätzen stecken. Aus den Quellen der kommunistischen Kinderbewegung [40] lernten wir, daß die Inhalte und Methodik der kommunistischen Erziehung nicht getrennt werden können vom Stand der Klassenkämpfe. Die Aktionsformen, Inhalte und Ziele der kommunistischen Kinderbewegung der Weimarer Zeit schienen uns so zeitgebunden zu sein, daß wir nur die allgemeinsten Einsichten aus ihnen für die Gegenwart glaubten fruchtbar machen zu können. Uns überzeugte, daß die Verwendung von Symbolen, Namen und Liedern sowie Abzeichen des revolutionären Proletariats sowie die Einsichten in die Notwendigkeit intensiver Kinder*gruppen*arbeit in der Gegenwart hilfreich wären. Wir beschlossen nun, auf der Grundlage der Erkenntnisse dieses Seminars eine neue Wende zur Überwindung des Widerspruchs von Theorie und Praxis zu versuchen. Wir wollten die aus der Arbeiterbewegung gewonnenen Ansätze einer Theorie der kommunistischen Kinderarbeit mit unserer Alltagspraxis verbinden lernen. Das bedeutete:

1. Die bloße technische Planung der Nachmittage oder einzelner längerer Kampagnen, die Reduzierung der Praxis auf Probleme der personellen studentischen Besetzung des Clubs und die Beschaffung von Arbeits-, Spiel- und Politisierungsmaterial sollte zugunsten der Entwicklung politisch und inhaltlich ausgewiesener Erziehungs- und Kampfkonzepte überwunden werden.
2. An die Stelle der zufälligen und willkürlichen Anwesenheit von studentischen Club-Arbeitern sollte nun eine feste Einteilung der täglichen Betreuer für bestimmte Tage in der Woche treten. Die subjektivistische Protokollpraxis, die Beobachtung der Kinder und die Selbstbeobachtung der Erzieher sollte systematisiert werden. Mit der Aufhebung der Fluktuation der Erzieher sollte zugleich ein besserer Kontakt zwischen Arbeiterkind und Student geschaffen werden.
3. Der bisher äußerst lose Zusammenhang zwischen Praxis und Theorie sollte durch erhöhte Kollektivität der Planung und Arbeit im Projekt erreicht werden. Mit Hilfe der verbindlichen Organisierung der Club-Arbeiter sollte nun eine organisierte Verbindung von Theorie und Praxis erreicht werden. Das Auseinanderfallen von Theorie und Praxis schien seine Ursache in der verselbständigten Position der Arbeitsgruppe ›Revolutionäre Erziehung‹ zur Praxis im Club zu haben.

[40] Vgl. bes. das Zentralorgan der kommunistischen Kinderbewegung: *Das proletarische Kind*, Berlin, 1. Jg. 1921 – 12. Jg. 1932.

Der Prozeß der verbindlichen Organisation der Studenten (parallel dazu: der Übergang von der offenen Massenarbeit zur festen Clubarbeit) wurde durch die Eingriffe der Obrigkeit beschleunigt. Schon unsere recht experimentelle Arbeit bedrohte offenbar die kapitalistischen Erziehungsprozesse. Das Bezirksamt Kreuzberg, in dem die Roten Panther schon persönlich vorgesprochen hatten, kümmerte sich nun intensiv um uns. Man wollte jedoch keineswegs mit uns zusammen einen Spielplatz aufbauen. Beck ließ uns mitteilen, daß er »das Wohl der Kinder in der Einrichtung als nicht gesichert ansehe«.
Um unsere Arbeit auch gegen die Herrschenden effektiver schützen zu können und die Interessen der Kinder besser verteidigen zu können, mußten wir uns zu einer festen proletarischen Erziehungsorganisation zusammenschließen. Wir organisierten uns deshalb im Roten Kollektiv proletarischer Erziehung (Rotkol), gaben das Universitätsseminar auf, lösten die Gruppe ›Revolutionäre Erziehung‹ auf und traten geschlossen in die Reihe der Projekte im Proletariat in Betrieb und Stadtteil ein, die im Jahre 1969 wie Pilze in ganz Westberlin und der BRD aus dem Boden schossen.
Das Rotkol bestand am Ende der 2. Phase der Arbeit mit Arbeiterkindern aus einem Plenum mit Praxisfeld. Im Plenum begann die aufgelöste Gruppe ›Revolutionäre Erziehung‹ sich nun als Führungsgruppe des Rotkol zu etablieren. Die Legitimität ihres Führungsanspruches erhärteten sie in Zukunft durch das Herstellen umfangreicher Strategiepapiere. Nicht sehr viele Genossen im Rotkol konnten auch in Zukunft mit diesen Strategiepapieren in der Praxis etwas anfangen. Der Widerspruch zwischen Theorie und Praxis blieb.

Kontakte zur linken Bewegung

Der Kontakt mit anderen Schülerläden bestand nur in unserer Wunschvorstellung. Wir waren damals aufgrund der Verschärfung unserer praktischen Probleme durchaus bereit, intensiv mit anderen Projekten zu kooperieren. Aber sowohl die Roten Panther selbst als auch andere Schülerläden zeigten wenig Interesse, ihre Isolierung zu durchbrechen. Die Hochschulgruppen der Linken, wie auch die Betriebsbasisgruppen, konnten keinen Begriff einer inhaltlichen Kooperation entwickeln. Die Ansätze von studentischen Führungsavantgarden, wie die Harzer-Gruppe, die eine Betriebsorganisation aufbaute, oder der politische Beirat der *RPK*, der eine kommunistische Partei aufzubauen plante, lehnten unser Projekt als handwerklerisch, sektiererisch und syndikalistisch ab. Für sie waren wir keine Marxisten, sondern eine besondere Spielform wildgewordener kleinbürgerlicher Erziehungswissenschaftler. Für die Arbeiterkinder waren in den anderen Schülerläden keine Gruppen Gleichgesinnter organisiert, sondern viel mehr Konkurrenzgruppen. Sie sahen ihren eigenen Anspruch als führende Gruppe der buntscheckigen Schülerladenbewegung gefährdet.

Dritte Phase

Das Ende des Arbeiterkinder-Clubs ›Rote Panther‹

Zwischen Weihnachten und Neujahr 1969/70 schlossen wir den Club für 14 Tage. Eine besondere Begründung gab es nicht. Der Beschluß kann allein zurückgeführt werden auf das Bedürfnis der Betreuer nach Ferien. Die Kinder erhielten kurz und ohne ausreichende Begründung (»Es sind halt Weihnachtsferien!«) Mitteilung. Sie wurden zwischen Weihnachten und Neujahr sich selbst überlassen.
Auf die völlige Unreflektiertheit unserer Entscheidung wurden wir durch die folgenden Beobachtungen eines Studenten hingewiesen. Wir erfuhren, daß sich die Kinder auch während der Weihnachtstage in der Nähe des Clubs aufhielten. Die Zeit über Weihnachten war von uns für das Arbeiterkind völlig falsch eingeschätzt worden. Weil wir als Bürgerkinder während der Feiertage mit der ganzen Familie zusammen waren, kamen wir nicht auf den Gedanken, daß es dem proletarischen Kind anders ergehen könne. Nun mußten wir feststellen, daß das proletarische Kind die Weihnachtsfeiertage zwar in seinen Wunschvorstellungen als etwas Besonderes hegte, die Realität aber wesentlich rauher und alltäglicher aussah. Der Zerfall der proletarischen Familie machte nicht vor den Weihnachtsfeiertagen halt. Am Heiligabend beschäftigte sich ein zufällig anwesender Betreuer bis zehn Uhr abends mit einigen anwesenden Kindern im Club. Kein reichlich gedeckter Gabentisch zog die Kinder nach Hause. Offensichtlich versuchten sie so lange wie möglich, dem proletarischen Weihnachtsabend fernzubleiben, der ihnen auf so bedrückende Art und Weise ihre Klassenlage deutlich machte. Wir aber ließen die Kinder durch unseren Beschluß, den Laden über Weihnachten zu schließen, allein mit ihrer elenden und beschissenen Lage. Dieses Verhalten von uns konnte nicht ohne Auswirkungen auf die Kinder bleiben. Sie werden die Unlust und Hilflosigkeit der Studenten und das daraus resultierende Bedürfnis nach Unterbrechung der Club-Arbeit gespürt haben. Es war ein Einschnitt für die Kinder in ihrem Verhältnis zu uns. Es war für uns der Übergang zu den letzten Monaten des Versuchs, proletarische Erziehung im Rahmen des Arbeiterkinder-Clubs zu betreiben.
Nach der Wiedereröffnung des Ladens im neuen Jahr kamen die Kinder nur noch vereinzelt in den Club. Lediglich drei bis fünf Kinder fanden sich an den Nachmittagen ein. So schwerwiegend unser Versagen um Weihnachten gewesen war und so tiefgreifend unsere ideo-

logische und organisatorische Krise war, konnten sie doch nicht allein die Ursache für diesen rapiden Verfall der Club-Gruppe gewesen sein.[42] Drei weitere recht konkretistische Momente beeinflußten auch den Zerfall der Roten Panther.
Zum einen war es in Berlin Winter geworden – eine Tatsache, die in ihrer Belanglosigkeit von keinem von uns registiert wurde. Allerdings hatten wir keinen Gedanken auf Form und Inhalt kommunistischer Kinderarbeit im Winter verwandt. Hilflos stellten wir die verschiedensten Theorien über das Ausbleiben der Kinder auf. Doch auf den nächstliegenden, vor der Tür liegenden Grund, den Schnee, sollten wir nur durch Zufall stoßen. Bei einem ziellosen Spaziergang durch die Umgebung des Ladens – es hatte sich am Nachmittag wieder einmal ein Kind eingefunden –, trafen wir einen großen Teil der Roten Panther-Gruppe in einem nahe gelegenen Park beim Schlittenfahren. Es war kein Wunder, daß die Kinder es vorzogen, draußen im Schnee zu spielen, anstatt den Nachmittag im schlecht beheizbaren Club mit ebenfalls frierenden und unlustigen Betreuern zu verbringen.
Zweitens war es zu einer immer stärkeren Fluktuation der Studenten gekommen. Einige Genossen mußten wegen Examensvorbereitungen aus der Club-Arbeit aussteigen, anderen ließen ihren Vorstellungen von Verbindlichkeit freien Lauf und erschienen nur hin und wieder. Die wichtigsten Genossen im Laden flüchteten wegen der sich häufenden Praxisprobleme in theoretische Studien, die sie dann von der Praxis abhielten. Das Verhältnis Arbeiterkind–Student wurde immer mehr gestört, weil die Kinder sich permanent mit neuen Gestalten im Club konfrontiert sahen.
Ein dritter entscheidender Faktor für das Auseinanderbrechen der Rote Panther-Gruppe war folgender. Sehr bald nach Eröffnung des Clubs war der zwölfjährige D. bei den Roten Panthern der dominierende Führer gewesen. Er war immer das beste Beispiel für uns, daß es möglich war, Ansätze von Klassenbewußtsein im Arbeiterkind heute zu wecken. Das im neuen Jahr nun erfolgende Ausscheiden von D. aus dem Club hatte folgende Vorgeschichte: Nachdem bekannt geworden war, daß D. regelmäßig in den Club kam, beschäftigte sich das Sozialamt intensiver mit diesem Fall. Kurz nach Weihnachten wurde D. auf Veranlassung des für den Bereich Fichtestraße zuständigen Fürsorgers Kaltwasser (einem aktiven Mitglied des NPD-orientierten Westberliner ›Demokratischen Clubs‹), in ein Heim nach Westdeutschland verschleppt. Alle unsere Versuche, D. wenigstens aus Westdeutschland in

[41] In diesem Punkt hatte es der Schülerladen ›Rote Freiheit‹ leichter. Er ging bei seiner Praxis von den unmittelbar vorliegenden Problemen der Arbeit im Schülerladen selbst aus. Er maß und kontrollierte seine Praxis nicht auf dem Hintergrund der kommunistischen Kinderbewegung. Schreibt er doch: »Die sehr wichtigen historischen Erfahrungen der Geschichte der Arbeiterbewegung und der kommunistischen Kinder- und Schülerbewegung aus den 20er Jahren zu analysieren kam uns überhaupt nicht in den Sinn [. . .] Die umfangreiche Bibliographie ›Erziehung und Klassenkampf‹ frustrierte uns, weil die Titel nicht greifbar waren.« Schülerladen Rote Freiheit, a. a. O., S. 24.

ein Berliner Heim verlegen zu lassen, schlugen fehl. Noch im August 1970 wurde ein Urlaubsantrag von D.'s Eltern vom Kreuzberger Sozialamt abgelehnt mit der Begründung, D. stehe »noch in Kontakt mit linken Gruppen in Berlin«. Das war auch tatsächlich der Fall. Wir führten mit D. einen Briefwechsel, in dem er häufig sein Zugehörigkeitsgefühl zu den Roten Panthern zum Ausdruck brachte. Er schrieb uns, daß er dabei sei, im Heim eine Rote Kindergruppe aufzubauen. Er war der Meinung, alle Arbeiterkinder müßten fest zusammenhalten und allem Terror der Herrschenden widerstehen. Er schrieb uns, er würde, wenn er aus dem Heim entlassen würde, wieder zu den Roten Panthern stoßen.
Die Roten Panther hatten mit der Verschleppung von D. ihr wichtigstes Mitglied verloren. Der Zusammenhalt der Club-Gruppe wurde immer geringer. Immer schärfer stellte sich die Frage, wie die aufbrechenden Widersprüche zwischen Studenten und Arbeiterkindern als Widersprüche zwischen Studenten und Arbeiterbewegung wieder aufgehoben werden könnten.
Schildern wir nun die Praxis in der dritten Etappe im einzelnen etwas genauer.
Wie waren z. B. die Reaktionen der Kinder und der Erzieher auf die Verschleppung von D.? Einige Protokollauszüge verdeutlichen das:

15. 1. (4 Kinder, 1 Genosse)
»[. . .] Schon während dieser ersten Spiele setzte dann langsam ein Gespräch mit den Kindern über D. ein. Die Kinder zeigten starke Aggressionen gegen D.'s Mutter, die angeblich mit Heimeinweisung einverstanden gewesen sei. Daß D. von den Kindern besonders vermißt worden wäre, war aus ihren Äußerungen nicht zu entnehmen. Sie malten sich zwar aus, ›wie gut oder schlecht er es im Heim habe‹, standen aber sonst der ganzen Heimsache relativ hilflos gegenüber. Nach einigen Vorstößen meinerseits schmiedeten sie dann allerdings Pläne, wie Briefeschreiben, Besuch etc. [. . .]«

17. 1. (5 Kinder, 1 Genossin, 1 Genosse)
»Ich versuche das Empfinden der Kinder über D.'s Heimeinweisung zu erfahren, dramatisiere ein wenig. L. (unbetroffen): ›Ja, ja, der ist in Westdeutschland im Heim, und dort bleibt er bis zum 21. Lebensjahr.‹ Bei A. fast die gleiche Reaktion. L. W. versuchte wiederholt, die Kinder dazu zu bringen, ein Bild für D. zu malen und ein paar Worte an ihn zu schreiben. Sie wollen nicht. Entweder sie ignorieren L. W.'s Vorschläge oder sie behaupten, schon etwas gemacht zu haben. Nur A. wirft kurz entschlossen die Knete hin (als wolle er sagen, damit du deine Ruhe hast) und malt innerhalb einer Minute ein paar Worte auf ein Bild, wirft die Farbstifte hin und widmet sich wieder seiner Knete [. . .]«

Diese Reaktionen der Kinder entsprachen ihrer eigenen Lage. Jeder der Genossen, die die Woche über im Club waren, hat den Kindern die gleichen Fragen gestellt. Er ist mit ähnlichen Forderungen an sie herangetreten. Für die Kinder jedoch war es zunächst nichts Ungewöhnliches, daß einer ihrer Spielkameraden in ein Heim eingewiesen

wurde. Eine Alltäglichkeit in ihrer bisherigen Lebenserfahrung. Zudem standen sie selbst ständig unter der Bedrohung der Heimeinweisung und mußten sie durch Abwertung verdrängen. Die Bedeutung des Verlustes von D. für die Entwicklung des Clubs realisierte sich für die Kinder erst zu einem späteren Zeitpunkt.
Zu dem Stamm der drei bis fünf noch regelmäßig erscheinenden Kinder kamen in der dritten Phase noch acht bis zehn unregelmäßig anwesende Kinder hinzu. Aber auch die Kinder der Roten Panther-Gruppe kamen nicht mehr jeden Tag. Der Stamm der Roten Panther bestand nun aus vier Jungen (6, 8, 10, 12 Jahre alt) und einem Mädchen (8 Jahre). Es wurde als einziges von den Jungen akzeptiert.
In dieser kleinen Gruppe ließen sich die Probleme der Sexualität, Sexualrollenproblematik und Verwahrlosung unter den Kindern des Proletariats gut beobachten. Wir versuchten deshalb, diese Probleme in einer Zeit, wo die Praxis für die Betreuer-Gruppe wegen der wenigen Kinder nicht so große Anforderungen stellte, grundsätzlich zu reflektieren.

Sexualprobleme der Arbeiterkinder (II)

Kinsey hat als einer der ersten empirisch genau erforscht, daß das sexuelle Verhalten der Menschen abhängt von ihren sozialen und ökonomischen Verhältnissen. Er deckte die ökonomischen Ursachen der großen Verbreitung der Onanie in der Oberschicht und der frühzeitigen Aufnahme des heterosexuellen Geschlechtsverkehrs in der Unterschicht auf. Er fand heraus, »daß mit steigendem Bildungsgrad und steigender ökonomischer Schicht beim Geschlechtsverkehr differenziertere Techniken angewandt werden, die Vorspiele länger andauern, der Geschlechtsverkehr öfter bei Licht und öfter nackt ausgeübt wird«[1]. Weitere Untersuchungen haben belegt, daß »je niedriger der soziale Status, desto geringer auch Interesse und Lust sind, die die Eheleute in ihren ehelichen, sexuellen Beziehungen finden«.[2] Haben noch 78 Prozent der Ehemänner aus der Mittelklasse großes Interesse und Lust an ihren ehelichen sexuellen Beziehungen, so sind es in der unteren Unterklasse nur noch 44 Prozent. Ehefrauen aus der Mittelklasse haben zu 50 Prozent großes Interesse und Lust. Ehefrauen aus der unteren Unterklasse nur noch 20 Prozent.[3]
Die Arbeiter werden im Arbeitsprozeß nicht nur um die Früchte ihrer Produktivität betrogen, sie können aufgrund verschärfter Ausbeutung und größerer Monotonie der Arbeit ihre sinnlichen und genitalen Fähigkeiten nicht optimal entfalten. Robert R. Bell faßt seine Untersuchungen über die Favorisierung der Mittelschichtsexualität und die

[1] Zit. n. Reimut Reiche, a. a. O., S. 50.
[2] Ebd., S. 52.
[3] Lee Rainwater: Some Aspects of Lower Class sexual Behavior, in: *Journal of social Issues*, 22. Jg., Nr. 2, S. 96 ff.

Brutalisierung und Banalisierung der Sexualität der Arbeiter und ihrer Jugend aufgrund unterschiedlicher Klassenlage in fünf Punkten zusammen:

»Erstens besteht in der Unterschicht weiterhin stärker noch als in der Mittelschicht eine doppelte Moral: der Mann der Unterschicht hat erheblich mehr sexuelle Rechte als die Frau, und seine sexuellen Bedürfnisse werden oft für stärker gehalten als die der Frau.

Zweitens wird die voreheliche Sexualität vom Mädchen der Unterschicht häufiger nur zur Herbeiführung einer Heirat benutzt, als von Mädchen der höheren Schicht. Wenn ihr das jedoch nicht gelingt, kann sie [...] in erhebliche Schwierigkeiten kommen.

Drittens bietet die sexuelle Intimität für das Mädchen der Unterschicht offenbar weniger persönliche Befriedigung als für das Mädchen der Mittelschicht.

Viertens zentriert sich die voreheliche Sexualität der Unterschicht in erster Linie um den Koitus. Petting oder ein ausgedehntes Vorspiel beim Koitus kommen nur selten vor.

Fünftens kommt es in der Unterschicht häufiger zu vorehelichen Schwangerschaften.«[4]

Die Folgen der ständigen Frustration schlagen sich auch in der direkten Sprache der Arbeiterkinder nieder und in ihrer ständigen Suche nach Befriedigung. Diese Verhältnisse können unter Umständen auch zu einem besseren Verständnis für die triebhaften Bedürfnisse der Kinder führen, wie es z. B. eine amerikanische Arbeiterfrau aus einem Slum in St. Louis zum Ausdruck bringt: »Die Kinder in dieser Gegend werden eben schnell erwachsen, die 5 oder 6 Jahre alten Krabben von Mädchen wissen über Ficken so gut Bescheid wie ich. Mein 6jähriger hat schon mit 2 oder 3 von diesen scharfen kleinen Bienen gevögelt, und meinem 4jährigen bringe ich auch bei, wie er die Frauen aufs Kreuz legt. Ich mache ihnen über das Leben nichts vor — sie können es sowieso jeden Tag in jedem Treppenaufgang, Flur oder Aufzug hier in dieser Gegend sehen.«[5] Die meisten Arbeitereltern werden auch in Deutschland diese Triebtoleranz nicht aufbringen können. Sie werden auf die sexuellen Regungen ihrer Kinder wesentlich repressiver reagieren. Das bringt für Arbeiterkinder ein hohes Maß an Kontrolle durch die soziale Umwelt mit sich. Die praktische Sexualität beginnt nämlich weit vor dem 5. Lebensjahr, 5 % der Jungen und Mädchen, die in den USA befragt wurden, hatten vor dem 5. Lebensjahr onaniert. 7 bis 8 % der Mädchen und Jungen hatten vor dem 5. Lebensjahr heterosexuelle Spiele gespielt. 2 bis 4 % der Kinder gaben an, einen Koitus versucht zu haben.[6]

In Deutschland liegen die Verhältnisse ähnlich. Eine Untersuchung von Giese, allerdings nur auf der Basis von befragten Studenten, ergab: 6 % der Studenten und 9 % der Studentinnen hatten vor dem 6.

[4] Robert R. Bell: Voreheliche Sexualität, Reinbek 1968, S. 93 f.
[5] Zit. nach C. B. Broderick: Kinder- und Jugendsexualität, Reinbek 1970, S. 14 f.
[6] Ebd., S. 35.

Lebensjahr masturbiert, 16 % der Studenten und 13 % der Studentinnen erinnerten sich an heterosexuelle Spiele (zeigen, angucken, gegenseitiges Berühren der Geschlechtsteile) im Alter von 6 Jahren und früher.[7] Mit 10 bis 11 Jahren sind die Sexualbedürfnisse enorm gewachsen. 30 % der Jungen und 57 % der Mädchen sehen dann gerne Liebesszenen im Kino, 33 % der Jugen und 46 % der Mädchen hatten schon Kuß-Spiele gehabt, 58 % der Jungen und 78 % der Mädchen haben dann schon einen Freund bzw. eine Freundin.[8] Die Hälfte der Jungen und Mädchen weiß jetzt, daß man beim Koitus Verhütungsmittel anwenden kann. Mit 13 Jahren sind 85 % der Jungen Onanie-erfahren, 50 % hatten homosexuelle Erlebnisse. »Ein Drittel [...] hatten Koitusversuche bis zu diesem Alter.«[9] In unserer sexualfeindlichen Gesellschaft, die die Sexualität in der Ehe und in Oswald-Kolle-Filmen begräbt, haben die Arbeiterkinder mit ihren sexuellen Strebungen, die ihnen die Kapitalisten am wenigsten gönnen, einen schweren Stand. Die Arbeiterjugend, die von der kapitalistischen Gesellschaft genötigt wird, nur in einer angst- und zwangvollen Sexualität ihre Scheinbefriedigung zu finden, gerät in die Gefahr, Schwierigkeiten in der Schule zu bekommen. Michael Schofield stellte fest: »Es besteht ein Zusammenhang zwischen Jugendlichen, die in der Schule Probleme haben und dem Grad der sexuellen Erfahrung.«[10] Oft haben die sexuellen Probleme, die von der Schule nicht gelöst werden, den frühen Schulabgang der Arbeiterjugend zur Konsequenz. Die kapitalistische Gesellschaft belohnt Sublimation. Deshalb wird ihre scheinbare Sexualtoleranz durch die Masse ihrer repressiven Aufklärungsliteratur entlarvt. Nach den Arbeiten von Hubert Bacia, Reimut Reiche und Helmut Kentler wird klar, daß die herrschende Literatur über Sexualerziehung und Aufklärung nur den Sinn hat, Sexualverdrängung, Ehetauglichkeit und angepaßtes Wohlverhalten zu tradieren. Trotz heute üblicher liberaler Töne sind die Herrschaftspositionen der repressiven Sexualerzieher in der Praxis nicht erschüttert. Die Verteufelung der Sexualität hat sich im Augenblick aus der Öffentlichkeit zurückgezogen, aber ob sich in den Beichtstühlen, Volksschulklassen, Familien und Lehrwerkstätten viel geändert hat, ist zweifelhaft. Für den Hausbedarf werden heute oft immer noch die gleichen alten Repressionsmittel z. B. gegen Onanie angeboten. Ein gewisser Moritz schlägt z. B. gegen Onanie neuerdings als Mittel vor »die spannungsformenden und spannungslindernden Leibesübungen und Leibeserziehung und Zucht überhaupt mitsamt einer planmäßigen Gesundheitserziehung, die nachhaltige Weckung geistiger Interessen und eine möglichst weitgehende Horizonterweiterung.«[11] Auch wenn die Arbeitereltern wegen fehlender Zeit nicht dazu kommen, derartige Mittel anzuwenden, so ist doch sofort die bürgerliche Arbeiter-Jugendkultur zur Stelle, um

[7] Ebd.
[8] Ebd., S. 44.
[9] Ebd., S. 49.
[10] Michael Schofield: Das sexuelle Verhalten junger Leute, Reinbek 1969, S. 153.
[11] Hans Moritz: Sexualität und Erziehung heute, Ratingen 1968, S. 163 f.

die Manipulation der Sexualität von Arbeiterjugendlichen zu bewerkstelligen. Kentler kann aus seinen Versuchen mit nichtrepressiver Sexualerziehung bei Arbeiterjugendlichen berichten, daß diese Manipulation in zusätzliche Konflikte treibt: »Die Unterschichtjugend [...] ist stark von der Regenbogenpresse, von Bildzeitung und Kino beeinflußt, so daß sie häufig in einem Konflikt zwischen den ihr angesonnenen Verhaltensmustern und ihrem tatsächlichen Sexualverhalten gerät.«[12] Ziel dieser Manipulation ist es, das Minderwertigkeitsbewußtsein der Arbeiterjugend zu verstärken, indem man zum Beispiel Potenzideale aufbaut, die kein körperlich schwer arbeitender Jugendlicher erreichen kann. »Die Jungen haben häufig derart übertriebene Vorstellungen von männlicher Potenz, die im eigenen Sexualleben gar nicht realisiert werden können, daß sie empfindlich leiden, wenn sie Erfahrungen machen, die sie als Impotenz deuten.«[13] Da sie sich oft mit den überpotenten Stars der bürgerlichen Jugendkultur identifizieren, werden sie bewußt zu einem das Selbstbewußtsein schwächenden Verhalten getrieben: »Da sie sehr direkt, ohne Umschweife an die Mädchen herangehen, werden sie oft abgeblitzt und fühlen sich nur noch frustrierter, sie können sogar regelrechte Minderwertigkeitskomplexe bekommen.«[14] Progressive sexuelle Vorstellungen bleiben im Kapitalismus bisher einer kleinen bürgerlichen Subkultur vorbehalten. Die Arbeiterkinder und -jugendlichen erleben von ihr in ihrer Lebenspraxis zumeist nichts.

Im Arbeiterkinder-Club gelang es uns höchstens, die Arbeiterkinder davon zu überzeugen, daß es auch Erwachsene gab, die ihr Interesse an Sexualität nicht mit Strafen verfolgten. In der dritten Phase unserer Arbeit, als wir näher mit ihnen bekannt geworden waren, entwickelten sie oft ein großes Interesse, uns pausenlos mit Sex-Witzen und Kraftausdrücken zu bombardieren. Sie wollten unsere sexualliberale Fassade testen. In ihren Witzen zeigte sich selbst ihr verstümmeltes Verhältnis zur Sexualität. Sexuelle Lust ist ihnen bedrohlich und verlockend zugleich. So sangen sie einen Nachmittag lang folgende Verse:

»Ein Ehepaar stand auf einer Brücke
in den USA.
Er hat eine Krücke
und sie eine Fotze
mit schwarzem Haar.«

Oder:

»Der Funkturm hat 'ne Spitze,
die Frau hat 'ne Ritze,
der Mann eine Spritze.«

Die Sexualität der Erwachsenen erschien ihnen schon lustlos und schmerzhaft. So erzählten sie z. B. folgenden Witz: »Ein Kind hört im Nachbarzimmer Geräusche: Wum, wum. Es fragt nach der Ursache.

[12] Helmut Kentler: Sexualerziehung, Reinbek 1970, S. 198.
[13] a. a. O.
[14] a. a. O.

Der Vater sagt: ›Herr Meier versucht vom Schrank aus in die Fotze seiner Frau zu springen.‹ Am nächsten Abend hört das Kind ein neues Geräusch: Wum, wum, ratsch, ratsch. Das Kind fragt erneut. Der Vater sagt: ›Herr Meier hat es wieder versucht. Ist aber mit dem Sack am Kronenleuchter hängen geblieben und hat ihn sich aufgerissen.‹«
Sexualität ist ständig von Kastration bedroht. So erzählten die Kinder den Witz: »Der Vater gibt seinem Sohn 20 DM. Er soll Apfelsinen kaufen. Er verspielt das Geld. Als er eine Frau findet, weint er sich bei dieser aus. Er schneidet ihr die Brüste ab und bringt dem Vater die Brüste als Apfelsinenersatz. Der Vater ist sehr froh und will neue haben. Da sagt der Sohn: ›Der Baum ist schon leer.‹«
Sie waren sehr erfreut über Aktbilder, die plötzlich im Club auftauchen und aufgehängt wurden. Ein Kind sagt: »Da kannst du eine richtige Fotze sehen mit Haaren!« Aber die Liebe zum Lustorgan schlägt kurz darauf in Haß um. Die Fotzen werden mit schwarzer Farbe übermalt. Die Aktbilder werden auf den Boden geworfen und zerrissen. Das repressive Tabu hat wieder die Übermacht gewonnen.
Die Arbeiterkinder reden in Sachen Sexualität zumeist nur von der Sexualität anderer. Sie reden kaum von sich selbst. Wenn sie von ihren Sexualproblemen reden, dann nur im märchenhaften Ton. Dann haben die, die vielleicht gar keine Freundin haben, plötzlich drei. Die, die nicht wagen, ein Mädchen anzusehen, haben plötzlich viele geküßt. Sie reden niemals über ihre eigene Onanie. Die Bedrohung der Selbstbefriedigung ist zu groß. Die Scham über die eigene, im Verborgenen gewonnene Lust ist zu tief.
In der Praxis der dritten Phase konnten wir, mit besseren Kenntnissen über das sexuelle Verhalten der Arbeiterjugend versehen, diese besser verstehen. Wir konnten Formen von Verdrängung besser begreifen. Wir konnten ihnen aber kaum helfen, ein freieres Sexualverhalten auszubilden.

Zur Geschlechtsrolle oder über Männlichkeits- und Weiblichkeitswahn [15]

Die Arbeiterkinder im Alter von 10 bis 12 Jahren haben schon die Ideologie des bürgerlichen Männlichkeitswahns verinnerlichen müssen. Ein Arbeiterjunge sprach im Club aus, was sie von den Frauen denken: »Eines kann ich sagen, Mädchen sind schwächer als Jungen: körperlich und geistig.« In der Kindergruppe wurde nach dieser Maxime gehandelt. Wenn Mädchen auftauchten, wurden sie unterdrückt. Die Kinder reproduzieren zumeist nur, was die patriarchalische Familienideologie behauptet: »Von Haus aus seien Frauen passiv, mehr emotional als rational, praktisch und konkret, aber nicht zu theoretischem Denken befähigt. Abstraktionsfähigkeit und Sachlichkeit seien

[15] Vgl. Gottschalch W., u. a.: Sozialisationsforschung, a. a. O., S. 121 ff.

ihnen versagt. Schöpferische Begabungen fehlten. Desgleichen technische Talente und politischer Verstand.«[16] Die Arbeiterjungen, die nach diesem Vorurteil handeln, erweisen dem Kapitalisten einen großen Dienst. Sie helfen mit, ihre Klasse zu spalten. Die billige Ausbeutung ohnmächtiger entpolitisierter Arbeiterfrauenmassen stützt die kapitalistische Profitrate bei gleichzeitiger Drückung des Wertes der Ware Arbeitskraft. Die Konsequenzen der schon im frühesten Kindesalter beginnenden Unterdrückung der Frau, die in der proletarischen Klasse mit der Einbeziehung der Arbeiterfrauen in die Produktion den ersten Schritt zu seiner Aufhebung unternimmt, sind folgende: »Die geringere Beteiligung von Mädchen in den meisten Bildungs- und Ausbildungsinstitutionen, ihre ›Neigung‹ zu einer kürzeren Lehrzeit [...], die Kumulierung in wenigen Berufen und Fachgebieten, schließlich die stärkere Tendenz zum vorzeitigen Abbruch namentlich in den theoretisch orientierten Bildungsgängen.«[17]
Die Restauration des Kapitalismus in der BRD hat die Lage der Arbeitermädchen und Frauen, die die Masse billigster Hilfsarbeiter stellen, kaum verändert: »In 10 Jahren, vom Wintersemester 1952/53 bis zum Wintersemester 1962/63, stieg die Zahl der studierenden Arbeitertöchter lediglich um 1235 an (von 226 auf 1461).«[18]
Die Entwicklung egalitären Verhaltens zwischen Arbeiterjungen und Mädchen als Voraussetzung der Einigung der Arbeiterklasse ist uns im Club kaum gelungen. Die Verinnerlichung der Geschlechter-Rollen war schon so stark, daß sich bei Putz- und Aufräumarbeiten sofort die Mädchen meldeten, während die Jungen zögerten. Auch bei körperlichen Auseinandersetzungen zwischen Jungen und Mädchen steckten die Mädchen meist schweigend die Prügel ein. Sie schienen schon daran zu glauben, daß das in ihrem Leben sich niemals ändern würde. Dieses Verhalten war so manifest, daß nur bei Kampfaktionen die Mädchen auch Ansätze von Selbstbewußtsein zeigten.

Zur Kriminalität und Verwahrlosung der Arbeiterkinder[19]

1925 schrieb Otto Rühle: »Die Mehrzahl der Verwahrlosten stammt von Eltern ab, die in Gewerbe, Industrie, Handel, Lohnarbeit tätig sind [...] Die Verwahrlosung ist also eine schicksalsläufige Erscheinung großer Schichten der proletarischen Jugend. Kein gelegentlicher Einzelfall, sondern ein soziales Phänomen von breiter Ausladung.«[20] Diese These kann Siegfried Bernfeld für die Weimarer Zeit erhärten. Er entwickelte mit seiner »Theorie des sozialen Ortes« Hinweise auf die Gründe für die klassenspezifische Häufung von Verwahrlosung im

16 Helge Pross: Über die Bildungschancen von Mädchen in der BRD, Frankfurt 1969, S. 40.
17 Ebd., S. 33.
18 Ebd., S. 58.
19 Vgl. Gottschalch, W., u. a.: Sozialisationsforschung, a. a. O., S. 165 ff.
20 Rühle, Zur Psychologie ..., a. a. O., S. 85.

Proletariat. Bernfeld stellte fest: »Proletariat und Bürgertum sind in Bezug auf die Einschränkungen, die sie fordern, die Befriedigungsmittel, die sie bieten, und die Libidoökonomie, die daraus für den einzelnen folgt, keineswegs einheitliche Schichten, sondern sie zerfallen je in eine Reihe psychologisch wohl charakterisierbarer, verschiedener sozialer Orte.«[21] Bernfeld arbeitet heraus, daß sich aufgrund der klassenspezifischen Reproduktionsweise der kapitalistischen Gesellschaft für große Teile des Proletariats und des Kleinbürgertums ständig eine Situation ergibt, in der sie »Entbehrungen vitaler, besonders oraler Bedürfnisse [...] angesichts einer ganzen Bevölkerungsschicht, die von diesen Mitteln für sich reichlich Gebrauch macht«, ertragen müsse.[22] Die Konsequenzen der für den sozialen Ort der Arbeiterkinder typischen Tantalussituation sieht Bernfeld in der Konstituierung folgender Charakterzüge bei den Arbeiterkindern: »Intensive Begehrlichkeit ohne bestimmtes Ziel der Wünsche bei verhältnismäßig schwacher Befriedigung am Erreichten [...], eine geringe Fähigkeit, die Zukunft richtig einzuschätzen, auf gegenwärtige Befriedigung zugunsten zukünftiger zu verzichten, Ungeduld und Unfähigkeit Aufschub zu ertragen.«[23] Die Bernfeldsche These, daß aufgrund der relativen Verelendung des Proletariats, gemessen am ständig wachsenden Reichtum der Kapitalistenklasse, abweichendes Verhalten der proletarischen Jugend sich in »Bereicherungskriminalität« äußern wird, bestätigt sich auch für die Bundesrepublik. »Etwa 2/3 aller von Jugendlichen begangenen Delikte sind Bereicherungsdelikte.«[24] Die Häufung von Kriminalität im Proletariat und ihre Verursachung durch die soziale Lage gilt auch für die Bundesrepublik: »Für die BRD betonen Brauneck (›Die Entwicklung jugendlicher Straftäter‹, Hamburg 1961), Kaiser (›Entwicklung und Stand der Jugendkriminalität in Deutschland‹ in: *Kriminalbiologische Gegenwartsfragen,* H. 7, Stuttgart 1966, S. 17 bis 68) und Specht (›Sozialpsychiatrische Probleme der Jugendverwahrlosung‹, Stuttgart 1967) eindeutig die hohe Konzentration von Jugendkriminalität in der Unterschicht.«[25] Es ist daher nicht erstaunlich, daß die Fürsorge und Heimerziehung hauptsächlich an Arbeiterkindern exekutiert wird. Mollenhauer stellt zur sozialen Herkunft der Heimerziehungszöglinge in der Bundesrepublik fest: wir können damit rechnen, »daß ungefähr 75 % der Jungen und 80 % der Mädchen aus Familien stammen, die der Unterschicht angehören«[26].

In unserem Arbeiterkinder-Club konnten wir deutlich Ansätze von Kriminalisierung und Verwahrlosung bemerken. Besonders die in der dritten Phase mehr und mehr in den Club kommenden Kinder aus proletarischen Randgruppen besaßen die von Bernfeld beschriebene orale

[21] Bernfeld, a. a. O., Bd. 2, S. 659.
[22] Ebd.
[23] Ebd., S. 662.
[24] Joachim Hellmer: Jugendkriminalität in unserer Zeit, Frankfurt 1966, S. 27.
[25] Tilmann Moser: Jugendkriminalität und Gesellschaftsstruktur, Frankfurt 1970, S. 13.
[26] Klaus Mollenhauer: Jugendhilfe, Heidelberg 1968, S. 52.

Libidostruktur. Sie hatten ständig orale Bedürfnisse, nicht nur aus physischem Hunger, sondern auch aus Hunger nach Liebe. Diese Bedürfnisse brachten sie ständig mit dem bürgerlichen Eigentumsrecht in Konflikt. Mundraub und kleine Diebstähle waren sehr häufig. Die studentischen Betreuer, die auf die Kinder einen wohlhabenden Eindruck machen mußten, wurden auch bemaust. So verschwanden Geld, Paß und Führerschein, Spiele, Handwerkszeug usw. Wir quälten uns während der ganzen Arbeit mit dem Problem herum, wie wir auf dieses Handeln reagieren sollten. Schließlich einigten wir uns darauf, die Kinder auf zwei Punkte hinzuweisen:

1. auf die Folgen, die sich ergeben würden, wenn sie erwischt würden;
2. auf die Notwendigkeit, daß die Enteignung der Reichen Aufgabe der gesamten Arbeiterklasse ist.

Da wir wußten, daß Appellpädagogik bei den Kindern nichts nutzte, machten wir den Versuch, mit Hilfe einer gemeinsamen Kasse Momente kollektiver Bedürfnisbefriedigung einzuführen. Dieser Versuch erschien uns problematisch, als wir merkten, daß die Kinder Momente eines kleinbürgerlichen Bewußtseins entwickeln könnten. Sie würden dann nach dem Motto handeln: spare in der Zeit, dann hast du in der Not. Um das Entstehen dieses kleinbürgerlichen Bewußtseins zu verhindern, versuchten wir, bei den Kindern ein Bewußtsein vom Gegensatz von arm und reich zu entwickeln. Die Entstehung eines Zugehörigkeitsgefühls zu den Armen, verbunden mit dem Bewußtsein, daß es ihre Aufgabe ist, die Macht der Reichen zu zerschlagen, schien uns erst die Basis zu sein für die Entwicklung von revolutionärer Disziplin und Geduld bei den Arbeiterkindern. Der Stolz, zum revolutionären Proletariat zu gehören, sollte den Mangel an Liebe und oraler Befriedigung kompensieren helfen.

Hinter diesen Überlegungen zur Sexualität, zum Rollenverhalten und zur Kriminalität stand noch einmal der Versuch, ebenso wie in unserer Vorbereitungsphase der Kinderarbeit, mit bürgerlicher Wissenschaft weiterzukommen. Wir erkannten aber nun viel deutlicher als früher, daß bürgerliche Wissenschaft keine Perspektive der Veränderung sozialer Realität leistet, da sie diese Realität bloß in der Theorie abbilden will. Erst bei der Einordnung von Teilergebnissen der bürgerlichen Wissenschaft in ein vom Marxismus begründetes Handlungskonzept erhielten Ergebnisse bürgerlicher Wissenschaft einen Sinn. Wir erkannten deutlich, daß die Aufarbeitung der kommunistischen Kinderbewegung in viel höherem Maße einen Beitrag zur Emanzipation des Arbeiterkindes leisten kann als hundert Schwarten bürgerlicher schichtspezifischer Sozialisation. Die geringe Bedeutung bürgerlicher Wissenschaft zeigte sich für uns schließlich darin, daß sie uns in keiner Weise helfen konnte, unsere Praxis zu verbessern, als die Existenz des Arbeiterkinder-Clubs in die Krise geriet.

Die kindlichen Club-Mitglieder dieser Phase kamen zur Mehrzahl aus Sonderschulen. Weil außerdem die Kinder von völlig verschiedenen Schulen kamen, konnte wir keine Perspektive im Schulkampf entwikkeln, um die Ladenarbeit anzukurbeln.
Die Auflösung des Clubs wurde dadurch letztlich eingeleitet, daß ein Arbeiterjunge den Versuch machte, die Führerposition im Club zu erkämpfen. Dieser Junge war das genaue Gegenteil von D., der bis zu seiner Heimeinweisung der Chef der Roten Panther war. S., der die freigewordene Führerposition anstrebte, hatte schon früher den Club besucht. Damals hatte er aber nach kurzer Zeit und einigen Schlägereien mit den anderen Kindern seine Besuche wieder eingestellt. Ein Protokoll beschreibt S. folgendermaßen:

»S., 12 Jahre, starker Sprachfehler, Vater Pole, sehr zappelig, ist wegen ›nervöser Störungen‹ in ärztlicher Behandlung, Augenzucken, Schulterzucken, spricht viel und schnell, schwer verständlich, stark gestikulierend. Er hat eine Führungsstellung unter den Kindern, die sich darin äußert, daß er Befehle erteilt, Handlungsanweisungen, die vor allem seiner eigenen Bequemlichkeit nutzen. Z. B. ›gib mal, hol mal‹ usw. Er kam schon früher eine Zeitlang in den Club, blieb dann aber weg. Sein Wiedererscheinen fällt mit der Heimeinweisung D.'s zusammen, worin er aber keinen Zusammenhang sehen will. Von den Kindern erfuhren wir hin und wieder, daß er andere abhalte, in den Club zu kommen. Beim Spiel will er immer Erster sein und gewinnen. Er versucht zu bestimmen, wer mitspielt und wer nicht. Seine Machtstellung, die vor allem wohl in seiner Zähigkeit und Stärke begründet ist, nutzt er auch gegen uns aus. Er versucht uns zu erpressen, und zwar damit, daß er droht, nie wieder zu kommen oder nach Hause zu gehen. Oft versucht er, wenn ihm im Club irgend etwas nicht paßt, andere Kinder mit rauszuziehen. Seine Vorstellungen von Sexualität sind denen der anderen Kinder ähnlich. Wenn er darüber spricht, fällt allerdings eine besonders starke Verklemmung auf: Er kichert und lacht permanent. Er schneidet mit eigenen Erlebnissen (küssen und fummeln) auf, mit Filmen und Heftchen. H. J. ist der einzige, mit dem er eine engere Beziehung hat. H. J.'s Erscheinen im Club ist von S. abhängig. Fast alle Kinder lehnen S. ab, d. h. sie schimpfen und beschweren sich über ihn bei uns. Oft wird nun darauf hingewiesen, was für ein dufter Typ D. gewesen sei! Manchmal wird S. auch der Gehorsam verweigert, vor allem von A. S. wird von seinem Vater ständig mit einem Lederriemen verprügelt, auch dafür, daß er in den Club geht.
Der Konflikt zwischen S. und den Kindern hat sich zugespitzt. Da er das Geschehen im Club sehr beeinflußt, ist die Frage, wie wir uns zu diesem Konflikt verhalten. Wir müssen uns fragen, ob und wie wir S.'s Rolle verändern können, ob wir prinzipiell auf ihn verzichten sollen, welche Konflikte sich daraus ergeben werden usw.«

Natürlich war es praktisch keine Frage, wie sich die Betreuer in diesem Konflikt verhalten haben. Schon das Protokoll zeigt eine stark negative Einstellung gegen S. Die Schwierigkeiten, die S. hatte, konnten von uns nicht bewältigt werden. Man hätte deshalb von vornherein auf seine Club-Besuche verzichten sollen, anstatt durch ein zumindest unsicheres Verhalten ihm gegenüber diese Schwierigkeiten noch zu verstärken. Nach einer immer ärger werdenden Zuspitzung der Konflikte haben wir S. den Besuch des Clubs verboten. Damit war der Club im Grunde tot.

Die Studenten spielten in dieser Phase eine geringe Rolle. Einzelne Kinder bevorzugten allerdings bestimmte Genossen. Neue Kinder hielten sich zunächst immer an die Erwachsenen. Sie fragten bei allem nach, bauten dieses Verhalten aber bald ab und bewegten sich im Club dann genauso unabhängig wie die anderen Kinder. Nachdem die Club-Gruppe zerfallen war, griffen die Studenten kaum noch in die Gruppenprozesse ein. Je seltener die Arbeiterkinder kamen, um so mehr wurde der Club zu einem reinen Beobachtungsposten. Er brachte nur noch Ergebnisse, die wir schon längst kannten. Mit dem Wachsen des Zerfalls der Gruppe wurden die Streitfragen unter den Kindern mehr und mehr wieder gewaltsam gelöst. Dabei entwickelte sich nun eine Art Hierarchie in der Aggressionsentladung. Wenn der Versuch eines Kindes, den Erzieher in einem Konflikt auf seine Seite zu ziehen, mißlungen war, folgte die als Bestrafung gemeinte Reaktion: Drohung, nicht mehr zu kommen, vorübergehendes Verlassen des Clubs, Unterbrechung des Spiels. Immer deutlicher verbreiteten sich bei uns Resignation und Perspektivlosigkeit.

Die dritte Phase endete deshalb so kläglich, weil wir das Konzept der politischen Aktionserziehung der zweiten Phase weitgehend eingeschränkt hatten, da eine mangelnde Sensibilität der Studenten sich breitmachte und alle Kraft nur auf die Festigung der Club-Gruppe mit den unzulänglichen Mitteln der Zimmerpädagogik gelegt wurde. Die Veränderung der sozialen Zusammensetzung der Club-Mitglieder: das Überwiegen der Kinder aus der Arbeiteraristokratie in der Phase der Massenarbeit, die Führung der Aktionen durch Hilfsarbeiterkinder in der zweiten Phase und die Zerstörung der Clubarbeit durch lumpenproletarische Kinder in der dritten Phase, wurde von uns nicht berücksichtigt. In dieser Veränderung schlagen sich aber deutlich der Wandel unserer Position im Stadtteil selbst und der Verlust unserer Beziehungen zu den Kernschichten des Proletariats nieder. Der Verlust von Fach- und Hilfsarbeiterkindern und das Überwiegen der Randgruppenkinder fällt zusammen mit unserer Einsicht, daß wir uns im Stadtteil in einer totalen Isolation befanden und eine Wende zu den Massen machen mußten. Diese Wende dokumentiert das am Ende der dritten Phase entwickelte Untersuchungskonzept einer Verankerung proletarischer Erziehung im Stadtteil.

Die Entpolitisierung der Arbeit im Club fand seinen Ausdruck im Anwachsen bloßer Beschäftigungstherapie bei der Clubarbeit: Spiele bei schlechtem Wetter, Rodeln und Schneeballschlachten bei Schnee als Inhalte einer dürftigen Winterarbeit rückten in den Vordergrund. Die

Elternarbeit fiel völlig weg. Wir isolierten uns in dieser Etappe sogar von der linken Bewegung. Es wurde keine Kooperation mit anderen Gruppen und Schülerläden mehr versucht. Die Betreuer entwickelten immer mehr Angst, überhaupt in den Club zu gehen. Ständig mußten sie ertragen, daß Theorie und Praxis nun völlig auseinanderfielen. In dieser Situation war es auch keinem Genossen mehr möglich, eine politische Kampfperspektive zu entwickeln. Mit dem fehlenden Kampfelan verließ auch diejenigen Arbeiterkinder, die kämpfen konnten, das Interesse am Club. Als alles das, was sie angezogen hatte — der Mut kollektiv zu protestieren, zu sagen, was ist, untereinander ein neues Verhalten zu entwickeln, einen roten Faden zu haben im Labyrinth des Kapitalismus —, im Club nicht mehr auffindbar war, blieben sie nach und nach einfach weg. Eines Tages im März 1970 standen wir ohne ein Arbeiterkind im Club. Sahen wir sie dann auf der Straße, so grüßten sie freundlich. Während der Club starb, gerieten wir immer stärker unter Druck. Mit allen Mitteln mußten wir eine Wende herbeiführen.

Die Neuorientierung des Rotkol

Während der Arbeiterkinder-Club Rote Panther praktisch zusammenbrach, wurde im Rotkol-Plenum und in Untergruppen an einem neuen theoretischen Aufschwung gearbeitet. Aufgrund der vielen aufgeworfenen Fragen der Praxis hatte sich die Notwendigkeit ergeben, alle Fragen systematisch, soweit uns das möglich war, zu beantworten. Es bildeten sich zwei Gruppen, die für ein umfassendes Strategiepapier Beiträge schrieben. Außerdem teilten sich die restlichen Mitglieder des Rotkol ebenfalls in zwei Gruppen. Eine Gruppe betreute den Club Rote Panther bis zu seinem Ende, eine andere entwickelte Vorarbeiten, um in der Karlsgartenstraße in Neukölln einen ganz neu konzipierten Arbeiterkinder-Club einzurichten. Bei seinem Aufbau sollten alle Fehler des ersten Clubs überwunden werden.

Paper 3: ›Zur Strategie und Organisation proletarischer Erziehung‹, März 1970

Als wir unsere Neuorientierung begannen, sahen wir uns folgenden Fragen konfrontiert:
1. Wie kann der sich seit den wilden Streiks im September 1969 immer deutlicher zeigende Widerspruch zwischen revolutionärer Studenten- und ökonomistischer Arbeiterbewegung aufgehoben werden?
2. Wie muß die neben einer entsprechenden Praxis für die Aufhebung des Kapitalismus notwendige Theorie des wissenschaftlichen Sozialismus entwickelt werden?

3. Wie muß sich die sozialistische Bewegung organisieren?
4. Wie kann die Linke, in der sich Spaltungen zwischen Hochschul-, Betriebs- und Stadtteilgruppen abzuzeichnen begannen, organisatorisch und ideologisch vereinheitlicht werden?
Diese Fragen stellte sich die Linke in Westberlin im Frühjahr 1970 allgemein. Verschiedene Gruppen versuchten verschiedene Antworten zu geben. Allgemeine Übereinstimmung war, daß die Lösung der Organisationsfrage zuerst angegangen werden müsse.
Peter Schneider und Klaus Bubenzer wollten die Erfahrung der Maoistischen »Unione« aus Italien auf Westberlin übertragen und Kader organisieren, die im Prozeß der Untersuchung der Arbeiterklasse und der realen Politisierungsprozesse im Proletariat die proletarische Linke vereinigen, den Widerspruch zwischen Studenten- und Arbeiterbewegung aufheben, den wissenschaftlichen Sozialismus auf der Basis von aktuellen Untersuchungsergebnissen und einer ihnen entsprechenden Aufarbeitung der marxistisch-leninistischen Klassiker rekonstruieren sollten. Neben den von Schneider/Bubenzer repräsentierten ML-Gruppen (Marxisten-Leninisten) traten in Westberlin Gründungsgruppen der KPD/AO (Kommunistische Partei Deutschlands / Aufbauorganisation) und der PL/PI (Proletarische Linke / Parteiinitiative) auf. Sie setzten innerhalb der Diskussion der Studentenbewegung an die Stelle der Kaderorganisation die Notwendigkeit der Parteigründung. Alle drei Gruppierungen propagierten aber das Untersuchungskonzept mit seinen organisatorischen Implikaten als Antwort auf die Fragen der damaligen Linken.[27]
Es ist deshalb verständlich, weshalb wir im Rotkol die in unserer Arbeit sich reproduzierenden Probleme der Linken auch auf der Basis des Untersuchungskonzeptes zu lösen versuchten.
Allerdings gab es bei uns von vornherein charakteristische Verkürzungen. Statt der Untersuchung der ganzen Arbeiterklasse, die damals primär vom Betrieb und der Betriebsarbeit her in Angriff genommen werden sollte, beschränkten wir uns auf den Plan, die jugendliche Schicht im Proletariat zu untersuchen. Als Voraussetzung der Untersuchung erschien uns nicht die Kaderorganisation oder die Partei, sondern nur die Organisation von sozialistischer pädagogischer Intelligenz notwendig zu sein. Während wir die Untersuchung des jugendlichen Proletariats und der an seiner Politisierung interessierten Teile des Proletariats im Stadtteil entwickelten, meinten wir folgende uns quälenden Probleme zu lösen:
1. die Entfaltung eines den heutigen Verhältnissen der Arbeiterklasse adäquaten Konzepts von proletarischer Erziehung;
2. einen Beitrag zur Veränderung der Studenten zu Erziehern, die Zu-

[27] Vgl. dazu Michael Schneider, Klaus Bubenzer: Die Klassenanalyse unter Führung der ML-Organisation in Angriff nehmen! (hektograph. Manuskript), Berlin 1970. Das Harzer-Papier der PEI, in: *RPK*, 43/44/45. – ›Die Plattform der PL/PI‹, in: *RPK* 74/75. – RPK-Beiratsthesen, in: *RPK* 43/44/45. – Plattform der KPD/AO, in: *RPK* 56/57. – Untersuchung und Parteiaufbau, in: *RPK* 59.

gang zum Arbeiterkind finden können, und einen Beitrag zur Organisation der pädagogischen Intelligenz zu leisten;
3. die Verankerung unserer Erziehungsprojekte im Stadtteil und damit die Verbesserung der Eltern-Arbeit zu beginnen;
4. die Entwicklung einer Schulkampfperspektive zu starten;
5. die Vereinigung aller Westberliner Erziehungsprojekte;
6. die Organisierung der politischen Kette des kindlichen Proletariats in Clubs zu versuchen.

Unsere Anwendung des Untersuchungskonzepts auf einen Teilbereich der Analyse sozialer Verhältnisse und Kämpfe barg von vornherein ganz deutlich die Gefahr, daß wir den Erziehungsbereich verabsolutieren und seinen Zusammenhang mit den von der kapitalistischen Produktion bedingten proletarischen Lebensverhältnissen unterschlagen würden. Es bestand zudem die Gefahr, daß wir die Veränderung der Erziehung nicht als Teilproblem im Klassenkampf überhaupt, sondern als Hauptproblem des Klassenkampfs sahen. Daraus resultierte eine syndikalistische Lösung der Organisations- und Kampffrage, die bestimmt wurde von den untersuchenden und organisierenden Intellektuellen — was von uns deshalb nicht bemerkt wurde, weil wir damals einen pluralistischen und spontaneistischen Begriff von der Entstehung der Klassenorganisation des Proletariats hatten. Wichtig schien uns, nicht einen zentralisierten Parteizirkel aufzubauen. Wichtig schien uns primär die Vereinigung der vielfältigen Arbeiten verschiedenster Intellektuellengruppen im Proletariat zu sein, die keineswegs zu gegenseitigen Führungsansprüchen legitimiert wären. Unsere Erziehungsprojekte waren für uns ein Beitrag zur Stadtteilarbeit der Linken. Wir sahen in ihnen weiter einen Beitrag zur Überwindung bürgerlicher Wissenschaft an der Universität und an pädagogischen Ausbildungsinstitutionen. Wir glaubten, daß die Entstehung von proletarischen Kadern auf den verschiedensten Ebenen vorangetrieben werden müsse und diese erst später sich dann zur Partei vereinheitlichen würden.[28] Der Prozeß der Vereinheitlichung der Kader konnte nach unserer Meinung nur innerhalb entfalteter Klassenkämpfe vor sich gehen. Wir waren Vertreter des Parteiaufbaus von unten auf der Basis der praktischen Bewegung der Massen und hegten eine Abneigung gegen zentralisierende Organisationsversuche der Linken von oben. Organisationen des Proletariats konnten für uns nicht am Schreibtisch entstehen. Außerdem schienen uns die Studentenbewegung und die in ihnen entstandenen studentischen Kader eine zu schmale und klassenspezifisch ungeeignete Basis für den Aufbau einer Partei der Arbeiterklasse zu sein. Wir hielten die Bemühungen um die Gründung einer kommunistischen Arbeiterpartei in der damaligen Phase für zu früh. Die Gefahr der erziehungssyndikalistischen Wendung der Kampf- und

[28] Unsere Position glich damals in etwa dem Hamburger Lehrlings-Jourfix im Juli 1971, wenn er schreibt: »Keine der Sekten erfüllt zur Zeit in der Praxis die Aufgabe einer leninistischen Kaderpartei. Deshalb kann auch keine Sekte Gehorsam verlangen . . .« (LZ: Der Marsch ins Getto. Hamburg: 1971. S. 11.)

Organisationsfragen versuchten wir damit zu bannen, daß wir auf die Notwendigkeit der Verbindung unserer Erziehungsarbeit mit Betriebsarbeit und der gesamten Bewegung der Linken hinwiesen. Aber trotz der verbalen Vorbeugung gegen diese Gefahr konnten wir das Problem nicht so lösen, daß es alle Rotkol-Mitglieder überzeugt hätte. In der Stellung zur Parteifrage sollte sich schließlich das Rotkol spalten.

Im Hinblick auf unseren bisherigen Prozeß der Entwicklung eines Konzepts proletarischer Erziehung war das Papier, das wir im März 1970 unter dem Titel ›Zur Strategie und Praxis proletarischer Erziehung‹ veröffentlichten, ein großer Fortschritt. Er zeichnete sich aber schon in seiner Entstehung dadurch aus, daß es weitgehend abgehoben war von unserer Praxis selbst.

Wir knüpften an das Untersuchungskonzept von Edwin Hoernle aus unserer ersten Arbeitsphase an. Wir bestimmten aber jetzt unseren ›Untersuchungsgegenstand‹, die Kinder und Jugendlichen, einmal als besondere Schicht des Proletariats, zum anderen auch als »besten Ansatzpunkt«, wenn »sozialistische Politik in den proletarischen Massen eine Basis finden soll«[29]. Wir suchten zur Eingrenzung einen Ansatz, der eine genauere gesellschaftliche Bestimmung der jugendlichen Schicht des Proletariats erlaubte, der uns aber sehr psychologistisch und pädagogisierend geriet. Das hatte mehrere Gründe:

1. Wir glaubten noch, daß die Bewußtseinslage des Adressaten ein wichtigerer Faktor für die Entfaltung unserer Arbeit war als die ökonomischen Bestimmungen seiner Klassenlage.

2. Wir meinten auch, daß die Entstehung von Klassenbewußtsein bei der Arbeiterjugend angesichts des Wachsens der Widersprüche im Kapitalismus und der für uns unveränderten Integration der Arbeiterklasse in den Kapitalismus hauptsächlich ein pädagogisches Problem ist.

3. Wir beharrten noch auf der Avantgardefunktion und dem Führungsanspruch der Intellektuellen gegenüber dem Proletariat. Deshalb konnten auch leicht bei der Analyse der gesellschaftlichen Lage der Arbeiterjugend durch die pädagogische Intelligenz an die Stelle ökonomischer Kategorien solche pädagogischen und psychologischen Kategorien geraten, die den Führungsanspruch der pädagogischen Intelligenz gegenüber der Arbeiterjugend nicht in Frage stellten.

Natürlich ging in die Bestimmung des Adressaten unserer Arbeit ein Reflex unserer bisherigen Probleme ein. Wir erweiterten den Adressaten proletarischer Erziehung vom Arbeiterkind auf die Arbeiterjugend insgesamt, da wir in unserer Praxis gesehen hatten, daß die politische Kraft und Bedeutung der Arbeiterkinder zu gering war, um eine Veränderung des bürgerlichen Erziehungssystems zu erreichen. Wir hatten auch eingesehen, daß wir mit unserem Streben einen Beitrag zur Remobilisation des Proletariats zu leisten mit Hilfe der Mobilisierung der Arbeiterkinder und der angestrebten Politisierung der Eltern den falschen Weg eingeschlagen hatten. Unsere Arbeiterper-

[29] Zur Strategie und Praxis proletarischer Erziehung, Berlin 1970, hg. v. Rotkol, S. 5.

spektive hatte sich damit verschoben. In unserem Strategiepapier streben wir nicht nur die Initiierung von Gegensozialisation und den Aufbau von nichtkapitalistischen Erziehungsprozessen in Kinderclubs an, wir gingen auch von der primären Notwendigkeit einer Veränderung des bestehenden Erziehungssystems aus. Diese Veränderung sollte mit dem Aufbau proletarischer Erziehungsinstitutionen beschleunigt werden. Unsere erfahrene Ohnmacht beim angestrebten Aufbau von Gegeninstitutionen der Erziehung ohne Bezug zum bürgerlichen Erziehungssystem wies uns auf die politisch bedeutendere Arbeiterjugend. Sie sollte mit unserer Hilfe und damals wohl auch noch unter unserer Führung das kompetente Subjekt der Revolutionierung der Erziehung werden. Nicht den schwachen Arbeiterkindern, sondern der politisch stärkeren Arbeiterjugend sollte sowohl die Zerstörung des kapitalistischen Erziehungssystems, als auch der Aufbau des proletarischen Erziehungssystems gelingen.

Das Verhältnis von sozialistischen Studenten und Arbeiterjugend scheint in unserem Führungsanspruch gegenüber der Arbeiterjugend noch auf den Kopf gestellt. Erst mit der Spaltung des Rotkol am Ende der Kinderarbeit und der anschließend vertieften Analyse der Lage und Geschichte der Arbeiterjugend sollten wir uns langsam die richtige materialistische Sicht darüber erarbeiten, welche Bedeutung und Funktion die Intellektuellen in der heutigen Situation des Klassenkampfes haben. Damals wußten wir noch nichts von der ›Bündnisfunktion‹ der Intellektuellen und glaubten, daß sich die Arbeiterklasse mehr nach unseren Ideen und unserem Handeln zu richten hätte, als wir uns nach der Arbeiterklasse. Allerdings hatten uns unsere praktischen Erfahrungen schon so weit belehrt, daß unsere Überlegungen zum Untersuchungskonzept schon den Versuch bedeuteten, die allenthalben fehlenden Kenntnisse des proletarischen Lebenszusammenhanges zu ermitteln. Statt der Untersuchung der Kinder, wie sie sich im Club gaben, sollte nun eine Untersuchung ihrer gesamten Lebensrealität im Stadtteil begonnen werden. Die Arbeiterkinder und auch die Jugend sollten als Teil ihrer Klasse von ihrer konkreten Klassenlage in Kreuzberg her verstanden werden. Wir wollten sie nicht nur mittels bürgerlicher Wissenschaft, mittels Beobachtung im Kinderclub und in Kinderaktionen, mittels einer historischen Theorie der Lage und des Kampfes des Arbeiterkindes begreifen. Wir wollten die Arbeiterkinder in ihrem Kreuzberger Lebenszusammenhang in der Gegenwart erfassen.

Allerdings überschritt unser Begriff von Untersuchungstätigkeit noch nicht entschieden genug die Grenzen bürgerlicher Sozialforschung. Wir schrieben nämlich: die Untersuchung »nehmen wir in Angriff, indem wir in einem (Arbeiterbezirk) [...] primär verfügbares Material über die Lage der Kinder und Jugendlichen [...] auswerten [...]. Gleichzeitig sollten wir bereits bestehende Kontakte zu Kreuzbergern ausnützen und mit ihnen die Untersuchung beginnen.«[30] Die Vorstel-

[30] Ebd., S. 6.

lung der politischen Kooperation mit Kreuzbergern, die sich unseren Kontakten aufgeschlossen gezeigt hatten, verdeutlicht, daß wir schon praktische Hebel zur Veränderung des Bestehenden suchten und nicht wie bürgerliche empirische Sozialforschung das Bestehende nur theoretisch abbilden wollten. Aber weil wir keine Vorstellungen entwickelten, wie eine damit im Grunde intendierte Elternorganisation aussehen sollte, konnte ein Zusammenhang zwischen Untersuchung und Organisation der untersuchten Erwachsenen nicht entwickelt werden. Unser Untersuchungsprogramm entwickelte auch keine Vorstellungen darüber, wie sich ein Zusammenhang zwischen der Untersuchung der Arbeiterkinder und ihrer Organisation ergeben könnte. Wir hatten zwar weiter die Initiierung von Kinderaktionen im Auge, bedachten aber nicht den Zusammenhang zwischen Aktion und Organisation der Kinder. Das Untersuchungsprogramm selbst formulierte schließlich Aufgaben, die die intellektuellen und personellen Kräfte des Rotkol weit überschritten.
Wir forderten die Untersuchung der Lage des Arbeiterkindes in Familie, Schule und Straße und schrieben dazu:

Bereich Familie: Obwohl die kleinbürgerliche Familie eine bedeutende Funktion zur Aufrechterhaltung der individuellen Konkurrenz im Kapitalismus hat, setzt der Kapitalismus fortschreitend die Erziehungsfunktion der Familie herab. Durch Frauenarbeit entzieht er den Kindern die Mutter. Durch die Sexualisierung der Werbung werden die sexuellen Befriedigungsmöglichkeiten der monogamen Einehe ständig Lügen gestraft und die präventive Sexualpädagogik zersetzt. Die Monopolisierung des Besitzes raubt der kleinbürgerlichen Familie die Funktion der Eigentumstradierung. Mit der Aufhebung des Familienbetriebes verschwindet der Zusammenhang zwischen Lebens-, Produktions- und Erziehungsgemeinschaft. Trotz dieses Funktionsverlustes behauptet sich die kleinbürgerliche Familie auch als Lebens- und Erziehungsform des Proletariats. Der Hauptgrund liegt in ihrer identifikatorischen und psychologisch kompensatorischen Funktion. Sie ermöglicht nämlich dem unterdrückten Arbeiter, in der Freizeit selbst seine Familienmitglieder zu unterdrücken. So entschädigt er sich für die Repression der Produktion. Das proletarische Kind und der Jugendliche können in dieser Erziehungssituation, die mit ökonomisch begründeter Vernachlässigung und mit autoritärer Strenge erzieht, kaum befriedigende Elternbeziehungen ausbilden. Proletarische Kinder und Jugendliche stehen den Eltern vielmehr zumeist feindlich gegenüber und haben deshalb auch die bürgerlichen Werte und Normen weniger verinnerlicht als ein bürgerliches Kind. Eine außerfamiliäre Untersuchung, die heute auch der kapitalistische Staat verstärkt startet, hat deshalb beim proletarischen Kind gute Chancen. Stadtteilspezifisch ist allerdings zu untersuchen, in welche Formen die naturwüchsige ›Gesellung‹ der Arbeiterjugend und Kinder vor sich geht und wieweit die erwachsenen Arbeiter mit oder ohne Kinder die proletarische Erziehungsarbeit unterstützen können.

Bereich Schule: Auch die traditionelle bürgerliche Lernschule büßt im Spätkapitalismus ihre Erziehungsfunktion ein, da sie als ›Neutrale‹ das

proletarische Kind immer stärker zur Anpassung an Mittelstandsnormen zwingt, für deren vertiefte Verinnerlichung dem proletarischen Kind die ökonomische Basis fehlt. Aus Angst vor der Selbstbewußtwerdung des Proletariats wird dem proletarischen Kind die Vermittlung sozialemanzipatorischen Wissens vorenthalten, ebenso wie die Einübung kollektiven Handelns. Die Schule erscheint dem proletarischen Kind und Jugendlichen deshalb zumeist zu Recht als Zwangsanstalt. Das proletarische Kind sucht dringend außerschulische Erfolgserlebnisse und gehört deshalb zumeist außerschulischen Cliquen an, da die Schule weder eine Institution sozialen Aufstiegs für es ist, noch der Ort des Aufbaus eines organisierten Selbstbewußtseins. Obwohl heute verstärkte Bemühungen des kapitalistischen Staates vorliegen, die Schule auch für das proletarische Kind identifizierbarer zu machen, wird ihm das aus ökonomischen Gründen und aufgrund des Mangels qualifizierter Lehrer nicht so bald gelingen. Wir müssen bei unserer Stadtteilarbeit deshalb fragen, wieweit die Schule selbst Rekrutierungsort für unsere proletarischen Jugend- und Kindergruppen sein kann, wieweit proletarische Eltern mit der Konstituierung proletarischer Elternräte den Kampf proletarischer Kinder gegen die bürgerliche Schule unterstützen werden und wieweit revolutionärer Gegenunterricht eine Chance hat.
Der kleinbürgerliche Charakter der proletarischen Familie wird allerdings die Herauslösung der Arbeitereltern aus autoritären Erziehungszwängen, wie auch die Aufnahme des Schulkampfes für einen größeren Einfluß der proletarischen Klasse in der Schule stark behindern. Beim Beginn unserer Arbeit ist es deshalb am wichtigsten, den relativen Freiraum des proletarischen Kindes, den nachmittäglichen Spiel- und Abenteuerraum der Jugend: die Straße, auf Ansätze proletarischer Organisierungs- und Erziehungsarbeit hin genau zu untersuchen.

Bereich Straße: Die Straße im proletarischen Wohnbezirk verliert, ebenso wie Familie und Schule, ihren kollektiv erziehenden Charakter. Die Anpreisung von Waren und die ständige Produktion künstlicher Bedürfnisse versetzen das proletarische Kind vielmehr in eine Tantalussituation, die es nur allzuoft in kriminalisierender Weise löst. Die Straße konfrontiert das proletarische Kind ständig mit der Polizei. Das proletarische Kind, vom Hinterhof und von den mit Autos überschwemmten Straßen vertrieben, auf ungemütlichen stereotypen Spielplätzen kaum aufgehoben, sucht sich mit aller Gewalt eigene Freiräume, die weder von der Technik, vom Verkehr, von den Erwachsenen noch von den Bullen kontrolliert werden können. Keller- und Dachräume, Ruinen und verfallene Industrieanlagen werden seine Schlupfwinkel. Räume, in denen die Kinder für sich und unter sich sein können, wo sie der ständigen Aggressionsabfuhr untereinander entzogen sind und eine Perspektive gesellschaftlich relevanten Selbstbewußtseins ausbilden können, werden von der heutigen proletarischen Jugend ständig gesucht. In der staatlich organisierten Kinder- und Jugendarbeit wird diese Identitätssuche der proletarischen Jugend häufig gezielt mißbraucht. An die revolutionären Identitätswünsche muß unsere Arbeit anknüpfen. Es ist zu untersuchen, wie von den Interessen des proletarischen Kindes aus, wie von seiner Klassenlage aus Angebote der Selbstbefreiung und Organisation an die proletarische

Jugend gemacht werden können. Im Stadtteil ist zu untersuchen, wie proletarische Kinder- und Jugendclubs zu Zentren der politischen Auseinandersetzung der proletarischen Jugend mit der kapitalistischen Gesellschaft werden können. Die Untersuchung des Bereichs Schule und Familie und die Position des proletarischen Kindes in ihnen lassen schließlich abschätzen, wann und wie Politisierungsaktionen in Schule und Familie auf der Basis des Organisationsstandes der proletarischen Jugend selbst vorgetragen werden können.[31]

Trotz der genannten Fehler zeigt das Untersuchungsprogramm, daß wir eine Erarbeitung des proletarischen Lebenszusammenhanges und der besonderen Lage des Arbeiterkindes ansteuerten. Wir hatten begonnen, schichtspezifische Sozialisationsforschung und die unreflektierte Übertragung historischer Theorien auf die Gegenwart zu überwinden. Wir waren dabei erstmals zu materialistischen Einsichten in die Lebensumstände und Erziehung der Arbeiterkinder in der Gegenwart vorgestoßen.[32] Wir standen allerdings noch vor einem gro-

[31] Ebd., S. 11–14.

[32] Eine Weiterarbeit an diesem Thema kommt nicht darum herum, die Grundlagen der materialistischen Theorie der Lage der Arbeiterkinder im beginnenden Kapitalismus, wie sie in Friedrich Engels' Beitrag ›Die Lage der arbeitenden Klasse in England‹ (MEW, Bd. 2, S. 229 ff.) angelegt sind, zu rezipieren. Engels entwickelt dort die Totalität des Zusammenhangs des Arbeiterlebens auf der Basis der reellen Unterwerfung der lebendigen Arbeit unters Kapital. Er begreift die Strukturen des Arbeiterlebens nicht auf der Basis bürgerlicher Defizit-Theoretiker, sondern auf der Basis der Lebensbedingungen der Lohnarbeit. Die Lage des Lohnarbeiters und seiner Familie sieht er nicht allein durch niedriges Einkommen charakterisiert oder bloß abstrakt durch den Verlust von Beruf und Produktionsmitteln, sondern genauer durch Konkurrenz, »Armut, die Unsicherheit der Stellung, die Überarbeitung und Zwangsarbeit« (MEW, Bd. 2, S. 347). Anders als die bürgerlichen Defizittheoretiker mißt er die Entwicklung der Klassenmitglieder nicht an ihrem Zurückbleiben hinter bürgerlichen Verhaltensweisen, sondern an ihrem Zurückbleiben hinter der Entwicklung von Klassenbewußtsein unter den Lebensbedingungen der Lohnarbeit. »Wenn man die Leute in eine Lage versetzt, die nur dem Tier zusagen kann, so bleibt ihnen nichts übrig, als sich zu empören oder in der Bestialität unter zu gehen« (MEW, Bd. 2, S. 355). Das der Klassenlage angemessene Bewußtsein sieht Engels in der »Empörung gegen die Klasse, die ihn so schonungslos ausbeutet und dann seinem Schicksal überläßt« (MEW, Bd. 2, S. 344 f.). Im Übergang von der individuellen Empörung zur kollektiven antikapitalistischen Aktion konstituiert sich für Engels ein die Lebensumstände des Proletariats richtig begreifendes materialistisches Bewußtsein: »Die Arbeiter fangen an, sich als Klasse in ihrer Gesamtheit zu fühlen« (MEW, Bd. 2, S. 349). Materialistische Einsichten in die Lage des Arbeiterkindes und die Konstitution seines Bewußtseins werden heute allerdings nur dann möglich sein, wenn man die materiellen Faktoren der Veränderung der Lage der Arbeiterklasse und seiner Kinder im Spätkapitalismus berücksichtigt. Auf der Basis der unveränderten Kennzeichen der Lage der Mitglieder der proletarischen Klasse wie Konkurrenz, relative physische und psychische Verelendung, Unsicherheit der Lebensstellung, Überarbeitung, Zwangsarbeit und Lohnabhängigkeit müssen die neuen Kennzeichen der Klassenlage des Proletariats berücksichtigt werden. Dabei sind die Veränderungen im Reproduktionsbereich wie die Erhöhung des Massenkonsums, des Einkommenniveaus, der Sozialleistungen ebenso zu berücksichtigen wie die Veränderungen im Produktionsbereich wie z. B. die wachsende Entgeistigung der Arbeit bei schärferer Trennung von Kopf- und Handarbeit, die Verschärfung der Ausbeutung bei Intensivierung der Arbeit und wachsender Mystifikation der Kapitalverhältnisse. Dabei wären neuere Ansätze von revisionistischen Analysen des proletarischen Lebenszusammenhanges zu untersuchen, wie z. B. Frank Deppe: Das Bewußtsein der Arbeiter, Köln 1971; Werner Hofmann: Verelendung, in: Folgen einer Theorie, Frankfurt 1967, S. 27–60; Jürgen Kuczynski: Die Theorie der Lage der Arbeiter, Berlin 1968; aber auch revolutionäre Beiträge wie Ernest Mandel: Lenin und das Problem des proletarischen Klassenbewußtseins, in: Lenin. Revolution und Politik, Frankfurt 1970, S. 149–205; Hans-Jürgen Krahl: Konstitution und Klassenkampf, Frankfurt 1971.

ßen Problem. Unsere Kenntnisse der Marxschen Politökonomie waren damals noch zu gering, um die materiellen Grundlagen des Lebens des Arbeiterkindes und zugleich die Grundlagen jeder Untersuchungs- und Organisationstätigkeit schon allseitig zu begreifen. Aber wir hatten uns einen Begriff davon, wie notwendig eine Erarbeitung der Politökonomie war, nicht am Schreibtisch ersessen, sondern in der Praxis erarbeitet.

Zum Verhältnis von Erziehung und Betriebsarbeit

Da wir über grundlegende politökonomische Kenntnisse nicht verfügten, konnten wir den Zusammenhang von Produktion und Qualifikation, Produktion und Reproduktion nur als mechanische Vermittlung von Betriebsarbeit und Erziehungsarbeit fassen. Nur eine kleine Gruppe im Rotkol hatte schon damals über die Auswirkung der Herrschaft des Verwertungs- über den Arbeits- und Qualifikationsprozeß und auf die damit gegebene Auswirkung des Krisenzyklus des Kapitalismus auf den Arbeits- und Qualifikationsprozeß im Kapitalismus hingewiesen. Sie hatte auch einen Begriff davon, daß sich Verwertungskrisen des Kapitals sowohl im Produktionsbereich als Arbeitslosigkeit wie im Qualifikationsbereich als Schulabbau, vermittelt durch den Staat, niederschlagen. Da sich aber aus diesen politökonomischen Einsichten keine unmittelbar praktischen Konsequenzen für unsere Vorstellungen von proletarischer Erziehung ableiten ließen, setzte sich dieser Begriff im Rotkol nicht durch. Wir bestimmten den Zusammenhang zwischen Produktionsbereich und Erziehung nicht ökonomisch, sondern sahen ihn nur als Problem der Organisation. Außerdem sahen wir den Zusammenhang zwischen Produktion und Erziehung nur als Vermittlung der Ansätze von sozialistischen Gegeninstitutionen in diesem Bereich. Wir schrieben deshalb ungeheuer verkürzt über die »Bestimmung des Verhältnisses von proletarischen Erziehungsprojekten und Betriebsarbeit«:

Da die außerbetriebliche Arbeit immer verknüpft sein muß mit Betriebskampf, kommt auch der Untersuchung in den Betrieben im Stadtteil große Bedeutung zu. Die erste Aufgabe ist hier, nach Möglichkeit in Zusammenarbeit mit schon bestehenden Betriebsgruppen oder Untersuchungstrupps, eine Industriekarte über die Kreuzberger Betriebsstruktur anzufertigen. Wir sollten ungefähr die Größe der Betriebe, deren Aufgaben und Bedeutung, sowie die Arbeitskräftestruktur (Frauen, Ausländer, Hilfs- oder Facharbeiter; Wohnbezirk der Beschäftigten) herausfinden, um dann entweder selbst in den wichtigsten Betrieben vorbereitet und organisiert zu arbeiten oder mit schon bestehenden Betriebsgruppen kontinuierlich zu kooperieren.
Der Betrieb ist der strategisch entscheidende Ort, um kommende Machtkämpfe erfolgreich bestehen zu können. Der Betrieb ist aber nicht allein der entscheidende Ort. Es muß die Verbindung hergestellt werden zwischen den Klassenkämpfern in den Betrieben und denen im Stadt-

teil. Es besteht sonst die Gefahr, daß die revolutionäre Bewegung nur einen ausgewählten Teil des Volkes erfaßt, der zwar sehr wichtig ist, aber nicht die breiten Volksmassen erfaßt, die der wichtigste Träger der Revolution sind. Umgekehrt verhilft nur die Verbindung der außerbetrieblichen Kinder- und Jugendarbeit mit der Betriebsarbeit und der Erziehungsarbeit zu einem relevanten Stellenwert in den zu entfaltenden Klassenkämpfen. Eine Kinder- und Jugendarbeit, die nicht *begleitet* wäre von einer Extensivierung und Intensivierung der Klassenkämpfe des erwachsenen und jugendlichen Proletariats in den Betrieben, unterläge der Gefahr, in reformistischer Handwerkelei zu ersticken. Die Erziehungs- und Betriebsarbeit kann durch Betriebszellenpatenschaften, durch Streikhilfe durch die proletarischen Kinder, durch praktische revolutionäre Berufsberatung miteinander verbunden werden. Wir müssen immer wieder prüfen, ob die jeweilige Stufe und Zielbestimmung der Kinder- und Jugendarbeit einer bestimmten Stufe des Klassenkampfes voraus ist oder ihr hinterherhinkt, und die strategische Zielbestimmung und die Taktik der Kinder- und Jugendarbeit auf der Straße, in den Schulen und Familien damit in Übereinstimmung bringen.[33]

Die Revision unseres Erziehungskonzepts

Die Stärke unserer Neuorientierung in theoretischer Hinsicht lag offensichtlich nicht in einer adäquaten Bestimmung des Erziehungssektors im Reproduktionsprozeß des Kapitals und seiner Krisen. Wir bestimmten auch die Bedeutung des Erziehungssektors für die Reorganisation des Proletariats mit der Verschärfung des kapitalistischen Krisenzyklus nach 1966/67 nicht. Wir vernachlässigten die Analyse der Organisationsfrage der in Ausbildung befindlichen Arbeiterjugend, Arbeiterkinder und potentieller bündnisfähiger pädagogischer Intelligenz. Der Versuch, die eigene Praxis in die heutige Etappe des Klassenkampfes einzuordnen, gelang uns etwas besser bei der Neuformulierung unserer Erziehungskonzeption selbst. Hier revidierten wir gründlich die bei unserer Hoernle-Rezeption gewonnene Vorstellung der Erziehung zum Klassenkampf und zum Klassenbewußtsein.

Wir gingen nun realistisch davon aus, daß wir damals gar nicht von Klassenkampferziehung hätten sprechen dürfen. Wir begriffen nun, daß die Etappe, in der wir uns befanden, höchstens als Übergang von der antiautoritären zur sozialistischen, auf Klassenkämpfen basierenden Bewegung begriffen werden konnte.

Wir gingen nicht mehr davon aus, als Studenten Klassenkampferziehung leisten zu können. Die Auflösungserscheinungen der antiautoritären Bewegung und die Entwicklung studentengewerkschaftlicher, reformsozialistischer und revisionistischer Strömungen in der linken Bewegung zeigten uns, daß nicht umstandslos alle Studenten meist

[33] Zur Strategie und Praxis . . ., a. a. O., S. 14–15.

bürgerlicher Herkunft (und in Teilen mit privilegierter Zukunft) sozialistisches Klassenbewußtsein entwickelt hatten. Unsere Annahme, daß in Kämpfen im Qualifikationsbereich und in außerparlamentarischen Aktionen Klassenbewußtsein als Einsicht in den Widerspruch zwischen Lohnarbeit und Kapital und das Verhältnis aller Klassen zueinander sich entwickeln kann, war erschüttert worden. Wir erkannten, daß wir uns selbstherrlich zu Trägern von Klassenbewußtsein ernannt hatten. Wir erkannten, daß wir, ohne von den Massen akzeptiert zu sein und ohne sie führen zu können, uns zu ihren Führern aufgeschwungen hatten. Wir konnten nicht mehr von unserer Annahme ausgehen, den Kindern des Proletariats von außen Klassenbewußtsein vermitteln oder dabei helfen zu können, in ihren Aktionen Ansätze der Entwicklung von Klassenkampfbewußtsein zu initiieren. Wir formulierten deshalb schon vorsichtiger: »Möglich ist heute nur eine revolutionäre proletarische *Gruppenpädagogik*, die Massensituation mit in ihren Erziehungsprozeß einbezieht.«[34] Wir stellten fest, daß diese Gruppenpädagogik höchstens Gruppenbewußtsein, aber kein Klassenbewußtsein entwickeln kann: »Diese Gruppenfixierung wird heute nur tendenziell aufgelöst in der Beteiligung der Kinderkampfgruppen an den Massenaktionen der revolutionären Linken.«[35] Wir sahen nun, daß in revolutionärer Gruppenarbeit höchstens die »Erweiterung des proletarischen Kampfbewußtseins zum antizipierten Klassenbewußtsein [...] vorbereitet werden kann«[36].
Auch dieses reduzierte Ziel der Kampfgruppenerziehung sahen wir nun durch die Tätigkeit von sozialistischen Studenten als Bezugspersonen der Arbeiterkinder in ständiger Gefahr. Die ›Verstudentisierung‹ und Verbürgerlichung der Arbeiterkinder drohte. Wir befürchteten, daß die Studenten als Bezugspersonen die Entwicklung eines individuellen, bestenfalls kritischen Aufstiegsbewußtseins anstelle des kollektiven Klassenkampfbewußtseins unterstützen würden. Wir versuchten, Mittel zu entwickeln, um die ›Verstudentisierung‹ der Arbeiterkinder zu verhindern. Wir schrieben daher über den »Kampf gegen die Entpolitisierung der Kindergruppen«:

Solange die Klassenkämpfe im Produktionssektor noch nicht so weit entfaltet sind, daß das Proletariat die Kampferziehung seiner Kinder selbst übernehmen kann, werden in dieser ersten Phase hauptsächlich mittelständische Studenten, Sozialarbeiter etc. die Kampferziehung vorantreiben müssen. Der damit verbundenen Gefahr der Verbürgerlichung und Verstudentisierung der proletarischen Kinder muß entgegengewirkt werden, indem mittelständische Erzieher permanent versuchen, ihre Klassenzugehörigkeit zu reflektieren, um Klassenschranken, die sie in der Arbeit mit den Kindern stark behindern, abzubauen.
Mittel zur Selbsterziehung können sein:

[34] Ebd., S. 16.
[35] Ebd.
[36] Ebd.

1. Kollektive Reflexion der Erzieher über die Genesis ihres eigenen Klassenschicksals und über die individuellen Schranken bei der Durchbrechung der bürgerlichen Klassenperspektive;
2. ständige Kontrolle der Auswirkungen klassenspezifischer libidinöser Besetzungsschranken und reaktionärer Identifikationsprozesse;
3. Schulung: sowohl marxistische Grundschulung, als auch Spezialschulung, die theoretische Einsichten aus der Praxis durch Reflexion derselben in der Tradition revolutionärer Erziehung für die Praxis wieder fruchtbar macht.
4. Kontinuierliche Beteiligung der Erzieher an politischen Aktionen, Wohnen im Erziehungsgebiet, Industriearbeit, praktische proletarische Erziehungsarbeit.[37]

Aufgrund unserer praktischen Erfahrungen bestimmten wir auch die Inhalte und Ziele der proletarischen Kampferziehung weniger großmäulig als früher. Wir berücksichtigten bei der Neubestimmung die Formen der heutigen sozialen Bewegung und die Reichweite der durch sie vermittelbaren Politisierung, so gut es eben ging. Wir machten auch deutlich, daß die Altersunterschiede der Kinder bei der Politisierung eine gewichtige Rolle spielen. Wir schrieben daher über »Ziele und Inhalte proletarischer Kampferziehung«:

Solange die Entfaltung der gesellschaftlichen Widersprüche und mögliche Aktionsformen sich nicht stark entwickeln, bildet die Zerstörung der bürgerlichen Ideologie durch Aufklärung und Schulung und durch Befreiung der libidinösen Strebungen einen Schwerpunkt der Kinder- und Jugendarbeit. In Aktionsphasen lernen und politisieren sich die Kinder in der Beteiligung an Emanzipationskämpfen, die allerdings die 6—10jährigen unter Ausschluß körperlicher Gefährdung erleben sollten.
Das Ziel proletarischer Kampferziehung muß sich jeweils nach dem Grad der Unabhängigkeit des proletarischen Kindes von Schule und Familie bestimmen. Ziel für die ganze Kinder- und Jugendarbeit ist die Eingliederung proletarischer Kinder und Jugendlicher in die kämpfenden proletarischen Potentiale, die in einer Phase noch nicht entfalteter Klassenkämpfe Avantgardefunktion haben. Die Ausbildung von Klassenbewußtsein, Klassensolidarität, politischer Arbeits- und Organisationsfähigkeit ergeben sich aus der angestrebten Eingliederung.
Die Formen proletarischer Kampferziehung differenzieren sich nach Altersstufen (6—10, 11—14, 15—18). Die altersspezifischen Gruppierungen, die wir zunächst von den kommunistischen Kindergruppen übernommen haben, müssen in der Praxis neu überprüft werden.
Für die *6—10jährigen* ist das Erziehungsziel die Transformation des kleinbürgerlichen Egoismus in kollektives Verhalten. Die Fähigkeit der Verbalisierung eigener Konflikte auf dem Hintergrund der sozialen Lage sollte entwickelt werden. 1. Phase des Klassenbewußtseins als Bewußtsein vom gesellschaftlichen Grundwiderspruch: Bewußtsein von arm und reich, Kampfgruppenbewußtsein, positive Besetzung sozialistischer Symbole. — *Hinweise für die Praxis*: Spiele, die kollektives

[37] Ebd., S. 17–18.

Verhalten und Solidarität fördern, malen, Theaterspielen zum Zwecke der Selbstdarstellung, sexuelle Aufklärung, zielgerichtete Ausflüge in die Stadt, um an sichtbaren Klassengegenständen das Bewußtsein von arm und reich zu verdeutlichen.
Die *11—14jährigen* sollten fähig werden, Führungs- und Leistungsfunktionen im sozialistischen Kinderkollektiv zu übernehmen. Diese Fähigkeit sollte sie in die Lage versetzen, im defensiven Schulkampf und im Straßenkampf Kaderfunktion zu übernehmen. 2. Phase des Klassenbewußtseins: Herrschafts- und Ohnmachtsbewußtsein, proletarisches Kampfgruppenbewußtsein, sozialistische Vernunftentwicklung. — *Hinweise für die Praxis*: Vorbereitete Fragestellung im Unterricht, um Klassenkameraden Widersprüche aufzuzeigen (Verunsicherung der reaktionären Lehrer), Sport (revolutionäre Kampfübungen), Aufklärung über empfängnisverhütende Mittel, Vorbereitung auf die zukünftige Betriebssituation. In diesem Zusammenhang sollten auch gezielte Betriebsbesichtigungen vorgenommen werden.
Die *15—18jährigen* sollten fähig werden, Betriebskampf, den Kampf in der Bundeswehr, gegen die Polizei zu verstehen und sich auf seine Führung vorbereiten. Die 18jährigen sollten in der Lage sein, in sozialistischen Wohn- und Arbeitskollektiven (proletarische Jugendkommunen) zu leben und gemeinsam wichtige politische Aufgaben der Bewegung übernehmen zu können. 3. Phase des Klassenbewußtseins: Bewußtsein vom Grundwiderspruch Kapital und Arbeit, proletarisches Klassenkampfbewußtsein, sozialistisches Avantgardebewußtsein. Praktische Hinweise für die Arbeit mit Lehrlingen können wir noch nicht geben. Auf jeden Fall müßte die Arbeit mit dieser Altersgruppe Lehrlingskampf, Betriebskampf, antimilitaristischer Kampf, Agitations- und Aktionspraxis und marxistische Schulung beinhalten.
Die Ergebnisse und Erfahrungen der kommunistischen Jugendbewegung sind auf jeden Fall zu berücksichtigen.[38]

An der Notwendigkeit der politischen Erziehung der Arbeiterkinder im Kapitalismus auf der Basis aller progressiven gesellschaftlichen Potentiale und ihrer Kämpfe unabhängig vom Stand der Klassenkämpfe, ganz gleich also, ob das Proletariat remobilisiert ist oder nicht, hielten wir aber fest. Wir gingen dabei von zwei Gründen aus:
1. Der im Kapitalismus seitens der herrschenden Klasse ständig im Interesse der Herrschenden betriebenen politischen Erziehung muß eine politische Erziehung im Interesse der Arbeiterkinder entgegengesetzt werden.
2. Die Klassenlage des Arbeiterkindes erfordert immer eine politische Erziehung. Nur eine politische Erziehung kann die Gefahren der Verwahrlosung und Kriminalisierung ebenso wie die bewußtlose Anpassung des Arbeiterkindes an die bestehenden Verhältnisse abwenden.
Auf der Basis unserer Revision der Klassenkampferziehung im Strategiepapier formulierten wir deshalb folgende Stellungnahme zur politischen Erziehung der Arbeiterkinder.

[38] Ebd., S. 18–20.

Eine verbreitete bürgerliche Ideologie geht davon aus, daß das Kind, besonders das proletarische Kind, völlig unpolitisch ist. Neuere amerikanische Untersuchungen haben aber ergeben, »daß die politische Sozialisation im engeren Sinne [...] mit drei Jahren beginnt. Im Alter von 13 Jahren ist dann ein Entwicklungsstand erreicht, auf dessen Basis die Einstellungen der späteren Jahre relativ stabil bleiben.«[39] Im Lebensalter von 3 bis 13 Jahren werden die Grundlagen der politischen Haltung bei allen Kindern gelegt. Die bürgerliche empirische Sozialforschung selbst entlarvt die bürgerliche Ideologie von der unpolitischen Kindheit. Die dem Kind vermittelten politischen Prägungen im Kindesalter sind repräsentativ für die herrschenden Ideen als Ideen der Herrschenden. R. Hess und J. V. Torney sind z. B. bei einer Untersuchung von 17 000 Kindern zwischen 6 und 13 Jahren in den USA zu folgendem Befund über den Stand der Politisierung der Kinder gekommen: »Die Bindung an das politische System geht zunächst über die Identifikation mit dem amerikanischen Präsidenten. Ihm gegenüber bestehen allein positive Gefühle. Er wird erlebt als eine Figur, die jederzeit bereit ist, einem persönlich zu helfen. Er erscheint als ein großer Wohltäter und als charismatischer Führer. 52 % der Zweitkläßler (ca. 7 Jahre) stimmten dem Satz zu: Der Präsident ist ungefähr der beste Mann der Welt [...]. Fast 95 % der Antworten stimmten damit überein, daß die amerikanische Flagge die beste Flagge der Welt ist. Ein ähnlich hoher Prozentsatz stimmte darin überein, daß Amerika das beste Land der Welt ist.«[40]

Welches Maß an zynischer Politisierung sich in einer derartigen Manipulation verbirgt, durch die die Kinder gezwungen werden, den Mann und die herrschende Klasse, die er vertritt und die ihnen Slumwohnungen und Massengräber in Vietnam, Kambodscha, Lateinamerika und Afrika beschert, auch noch zu lieben, ist unbeschreiblich. Wie sehr darin das schrankenlose Interesse des Kapitals an politischer Indoktrination der Kinder und ihrer Bindung an die herrschende Klasse sich manifestiert, kommt in den weiteren Ergebnissen von Hess und Torney zum Ausdruck. Sie stellten fest, daß »fast alle Kinder vor dem 11. Lebensjahr, unabhängig von ihren Persönlichkeitsmerkmalen, Amerika und Demokratie mit gut und Kommunismus mit schlecht identifizieren«[41]. Die Masse der schwarzen und weißen Arbeiterkinder, die nichts außer Elend von der sogenannten amerikanischen Demokratie erwarten kann, wird gezwungen, den Glauben an eine grundsätzliche Änderung der Gesellschaft in ihrem Interesse aufzugeben. Sie werden gezwungen, ihre Ausbeuter, die zugleich Völkermörder sind, zu lieben[42], und die Arbeiterorganisationen, die ihre Interessen ver-

[39] Friedhelm Nyssen: Kinder und Politik, in: *betrifft: erziehung*, H. 1, 1970, S. 21.
[40] Zit. n. Friedhelm Nyssen ..., a. a. O., S. 21.
[41] Zit. n. Friedhelm Nyssen ..., a. a. O., S. 22.
[42] Vgl. Pentagon-Papers, New York 1971.

treten, abzulehnen. Es stellte sich nämlich heraus, daß »für die 13jährigen Kinder, deren Bewertung von pressure groups generell negativ ist, zugleich Gewerkschaften den Begriff der pressure group beispielhaft darzustellen schienen. Demgegenüber wurden ›big compagnies‹ und ›rich people‹ erheblich seltener als pressure groups — also negativ — gesehen.«[43] Schon vor der Entwicklung rationaler Denkfähigkeiten werden die Massen der Arbeiterkinder in den USA gezwungen, Schwarz-Weiß-Bewertungen zu entwickeln. Die Interessen der Herrschenden müssen in ihren Augen gut, ihre eigenen als schlecht erscheinen.

In Westdeutschland liegen die Dinge grundsätzlich nicht anders als in den USA. Den Arbeiterkindern wird in früher Kindheit das Interesse an der politischen Zukunft ihrer Klasse schärfer ausgetrieben als den Bürgerkindern. Becker und Herkommer kamen deshalb bei Untersuchungen von 1500 Schülern in der BRD zu dem Schluß: »Je höher die Schulbildung, desto aufgeschlossener zeigt man sich für Politik.«[44] Auf die Frage nach dem Grad des politischen Interesses überhaupt hatten 5 % der Schüler mit Volksschulbildung, aber 24 % Abiturienten großes Interesse bekundet.[45]

Unsere Untersuchungsergebnisse in Kreuzberg haben die frühzeitige Politisierung der Arbeiterkinder im antiproletarischen Interesse ganz klar gezeigt.

Das proletarische Kind, stellten wir fest, kann etwa schon ab dem 6. Lebensjahr die Erscheinungen des kapitalistischen Systems als Gegensatz von arm und reich begreifen.[46] Es weiß heute ziemlich genau, daß es zu den Armen gehört und daß es mit den Reichen nicht viel gemeinsam hat.

Allerdings werden diese ökonomischen Grunderfahrungen des Kindes von seinem Unterworfensein unter die Herrschaft und Macht des Kapitals dem proletarischen Kind heute überhaupt nicht erklärt und interpretiert. Es kann individuell angesichts seiner Ohnmacht nur verzweifeln und sich selbst und seinen Eltern die Schuld an seiner Lage geben. Gemildert wird diese Verzweiflung nur durch die Entschädigung, die die Identifikation des proletarischen Kindes mit den herrschenden Ideen gewährt.

Das politische Weltbild des Arbeiterkindes

Das politische Weltbild des proletarischen Kindes zwischen 6 und 12 Jahren strukturiert sich nicht nach ökonomischen Widersprüchen. Der Widerspruch zwischen arm und reich wird zumeist überlagert durch die Macht der herrschenden imperialistischen, nationalistischen und amerikanophilen politischen Ideen.

[43] Nyssen, a. a. O., S. 23.
[44] Becker/Herkommer/Bergmann: Erziehung zur Anpassung, Schwalbach 1967, S. 57.
[45] Becker u. a., a. a. O., S. 54.
[46] Vgl. auch: Hildegard Hunger: Armut und Kindheit, Berlin 1928.

So zeigte sich z. B. bei der Konfrontation mit der DDR, die wir mit mehreren Fahrten an die Mauer herbeiführten, folgendes beim Arbeiterkind ganz deutlich:

1. Der Widerspruch zwischen arm und reich im Kapitalismus erscheint dem proletarischen Kind als Widerspruch zwischen armer DDR und reicher Bundesrepublik.

Beispiel: Als wir einen alten Tennisball an der Mauer finden, sagt ein Arbeiterkind: »Schmeiß ihn rüber, die haben drüben nichts.« Die proletarischen Kinder sind klassenspezifisch erblindet. Sie haben ein falsches Bewußtsein. Aber es ist ambivalent. Sie identifizieren sich mit dem bundesrepublikanischen Reichtum. Aber sie werden niemals an ihm richtig partizipieren. Noch ist der ökonomische Widerspruch im Kapitalismus im Bewußtsein der Kinder zum Widerspruch zwischen BRD und DDR verschoben. Die imperialistische Politik der BRD gegenüber der DDR kann bei den Arbeiterkindern noch als Versuch der Reichen, die ›Armen‹ von der ›Armut‹ zu befreien, mißverstanden werden. Noch hat das westdeutsche Kapital Nutzen von diesem Kinderglauben.

2. Der Widerspruch Kommunismus-Kapitalismus erscheint den proletarischen Kindern nicht als gesellschaftsimmanenter, sondern als Widerspruch zwischen Nationen mit unterschiedlichen Gesellschaftssystemen — Beispiel: An der Mauer fragen wir: Wer wohnt denn da drüben? Antwort: »Drüben wohnen Russen.« Wir: »Russen?« Die Arbeiterkinder: »Ja, Russen.« Die Russen erscheinen den Arbeiterkindern als »Feinde« und als »doof«. Die »schlauen und freundlichen Deutschen« stehen den »doofen und feindlichen Russen« gegenüber.

3. Die Unterdrückung der BRD durch das amerikanische Großkapital wird von den Kindern als Befreiung verstanden. Beispiel: Sind die Amis auch doof? Antwort: »Nein.« Frage: »Warum?« Antwort: »Die haben uns gegenüber den Russen geholfen.« Die Kalte-Kriegs-Hetze und ihre Benutzung für die Verschleierung der Ausbeutung der deutschen Arbeiter auch durch amerikanische Kapitalisten ist bei den Arbeiterkindern noch weitgehend ungebrochen.

Allerdings ist die Klassenlage des Arbeiterkindes stärker als alle verschleiernde Herrschaftsideologie. Nur aus der Latenz der heutigen Arbeiterbewegung und aus der fehlenden politischen Macht der Studentenbewegung ist es zu erklären, daß die kapitalistische Herrschaftsideologie noch Gewalt über die Kinder hat. Wenn eine remobilisierte Arbeiterbewegung systematisch beginnt, diesen Schleier zu zerstören, würde das Arbeiterkind sein falsches Bewußtsein in ein richtiges verändern können. Das Arbeiterkind würde die Realitäten erkennen. Es würde sich ihnen gegenüber real verhalten können. Die Ideen der Kapitalisten werden sich angesichts klassenspezifischer Realitäten blamieren.

Die organisierte Auflösung politischer Unterdrückung begann in unserer Arbeit schon, indem wir die Kinder mit den politischen Widersprüchen in ihrem Lebensbereich konfrontierten.

Der Gegensatz von arm und reich wurde in unseren Ansätzen proletarischer Erziehung für kurze Zeit wieder zur lebendigen Erfahrung der Arbeiterkinder. — Beispiel: Wir kommen am Springer-Hochhaus vorbei. Frage: »Wie wird man so reich wie Springer?« Arbeiterkind sagt: »Erstens durch Erbe, zweitens durch Borgen, drittens durch Klauen.«

Die Arbeiterkinder haben heute schon ganz gut aufgrund der Einsicht in die lebenslange erfolglose Schinderei ihrer Väter begriffen, daß man durch Arbeit nicht reich wird. Reich sind nur diejenigen, die ausbeuten, erben oder klauen. Öfters ergriff die Arbeiterkinder der Gedanke an den Betrug der Kapitalistenklasse an den Arbeitern. Angesichts dieser Einsicht verwandelt sich ihre Ohnmacht in Wut. Weil diese Wut sich noch nicht innerhalb einer remobilisierten Arbeiterbewegung strukturieren kann, flüchtet sie ins Märchen oder in ohnmächtige Wunschträume. — Beispiel: Angesichts des Springer-Hauses sagt ein Junge dann: »Ja, wir müssen wie Robin Hood alle Reichen arm und alle Armen reich machen.«

Der Gegensatz Kapitalismus und Kommunismus ist hier auch keiner mehr zwischen Nationen, sondern wird als Grundkonflikt der eigenen Gesellschaft begriffen, wenn die Kinder Vertreter von Kapitalismus und Kommunismus aufeinanderprallen sehen. — Beispiel: Ein Arbeiterkind berichtet von einer Demonstration: »Die Studenten sind im Recht. Die Polizei schlägt mit Knüppeln und schießt. Die Studenten werfen nur mit Steinen.«

Die Verherrlichung des amerikanischen Imperialismus in der BRD entlarvt sich, wenn die Arbeiterkinder Napalm-verbrannte vietnamesische Kinder sehen — Beispiel: Wir reden über Vietnam. Wir betrachten Bilder, die die Greueltaten der Amerikaner zeigen. Wir reden über die Taten der Befreiungskämpfer. Wir reden von Ho Tschi Minh. Wir finden ein Bild von ihm. Ein Junge ergreift einen Bleistift und schreibt auf das Bild: »Kai ist für Ho Tschi Minh.«

Das alles sind nur Ansätze. Die Studentenbewegung war zu schwach, diese Ansätze zu stabilisieren. Klassenbewußtsein bei Arbeiterkindern, die noch nicht die Krisen des Kapitalismus unmittelbar in der Produktion erfahren, die keine klassenbewußten Eltern haben, entsteht erst, wenn die Klassenkämpfe die Straßen erreichen. Wenn Proletariat und Bourgeoisie um die Macht im Staat kämpfen, werden auch die Arbeiterkinder zu bewußten Kindern ihrer Klasse.

Solange der Klassenkampf dieses Stadium nicht erreicht hat, ist es Pflicht jedes sozialistischen Pädagogen, alles zu tun, um das Arbeiterkind vorzubereiten auf die Etappe der Klassenkämpfe und des Siegs des Proletariats, dem die Zukunft gehört. Was die studentische Erziehungsbewegung dann wollte, wird mit den Arbeiterkindern die Arbeiterklasse einlösen.

Wir glaubten unsere Probleme nicht nur mit der Untersuchung der Arbeiterklasse und seiner Kinder und der Verankerung unserer Arbeit im Proletariat zu bewältigen, sondern auch mit der Untersuchung der Schwierigkeiten der Rotkol-Mitglieder bei der Entwicklung ihres politischen Bewußtseins und der Vermittlung dieses Bewußtseins an Arbeiterkinder.
In unserem Strategiepapier schrieben wir dazu:

A) DIE KLASSENSPEZIFISCHEN IDENTIFIKATIONSSCHWIERIGKEITEN MIT DEM RADIKALEN PROLETARISCHEN STANDPUNKT

Um die genaueren Schwierigkeiten mit prol. Erziehung in der Fichtestraße herauszufinden, haben wir eine Befragung der Genossen im ROTKOL vorgenommen. Wir wollten den Stand der revolutionären Identitätsentwicklung nach Maßgabe des Verlassens der eigenen Klasse oder des Aufgebens klassenspezifischer Apathie in einer *Phase der Transformation der antikapitalistischen Studenten- zu einer sozialistischen Bewegung ermitteln.* Wir wollten einsehen, wie weit die klassenspezifischen Voraussetzungen für prol. Erziehung beim einzelnen Erzieher gegeben sind und haben deshalb untersucht, wie weit die klassenspezifische Identitätskrise sich beim Einzelnen entwickelt hat und wie weit die Identifikation mit dem proletarischen Klassenstandpunkt fortgeschritten ist. Wir sind dabei von der typologischen Charakterisierung des sozialen Herkunftsortes als Hauptfaktor der sozialen Identitätsentwicklung ausgegangen. 20 von 30 = 66,6 % ROTKOL-Mitglieder haben die Fragebogen in diesem Fragenbereich beantwortet. 4 = 20 % taten es auf der Grundlage einer proletarischen Herkunft, 8 = 40 % auf der Grundlage einer kleinbürgerlichen und 8 = 40 % auf der Grundlage einer bürgerlichen Herkunft.
Hier die Ergebnisse im einzelnen (die natürlich für nichts anderes repräsentativ sein können als für ROTKOL):

Proletarischer Typ

Die Genossen mit prol. Herkunft (Vater: Schlosser, Mutter: Tagelöhnerin, Vater: Arbeiter) haben ein früh ausgeprägtes Unterschichtenbewußtsein entwickelt. Dieses Schichtenbewußtsein wird von der ökonomischen Lage der Eltern bestimmt. »Ich verstand nicht«, schreibt ein Genosse, »warum Vater so wenig verdiente.« »Warum wir die Miete nicht pünktlich bezahlten.« Oder: »Wir waren sehr arm, ich mußte sehr früh mitarbeiten.« Eine Genossin hörte ständig von ihrem Vater, »daß er seine Lage nicht selbst verschuldet hat, daß unglückliche Zufälle ihm ein Aufsteigen verhindert haben.« Es ist ein Bewußtsein vorhanden von der »beschissenen Klassenlage«, ohne daß damit schon Funktion und Zukunft der Klasse begriffen ist.
Der Bruch mit der apathischen Unterschicht entstand durch individuelles Aufstiegsstreben, das durch frustrierende Berufserfahrungen produziert wurde. Die Genossen schreiben: »Der Beruf ließ mich total unbefriedigt.« Oder: »Ich entwickelte Drang nach eigener Initiative, Horizonterweiterung, Flucht aus meinem Milieu.«
Der Übergang vom individuellen Bruch mit der Klasse zur Politisie-

rung innerhalb der mittelständischen Studentenbewegung wird durch die Einlösung sexueller Wünsche unterstützt. Die Genossinnen schreiben: »Mit 18, 19 bekam ich durch einen Freund allmählich ein gesellschaftspolitisches Verständnis.« Oder »der Umgang mit Studenten beeinflußte sehr stark meine weitere politische Entwicklung«, oder »Politisierung und Befreiung der Sexualität gingen also gleichzeitig vonstatten«, oder »ich lernte einen Genossen kennen, der mir Anregung zur Bewußtwerdung gab«. So sehr hier die Wilhelm-Reich-Agitation in der frühen Linken eine Rolle spielen mag, so sehr sind jedoch grundsätzliche Zusammenhänge deutlich. Selbstbewußtsein hängt an genitaler oder vaginaler Selbsterfahrung. Die Verhinderung dieser Selbsterfahrung produziert kollektiven Normenbruch unter krisenhaften gesellschaftlichen Bedingungen, in denen die gesellschaftliche Repression nachläßt.

Der Übergang vom apathischen Unterschichtenstandpunkt zur politischen Radikalität ist durch einen enormen Nachholbedarf an Wissen gekennzeichnet. Die Genossen schreiben: »Ich habe von morgens bis abends gelesen«, oder »ich entwickelte ein Bedürfnis nach größerem Wissen«, oder »ich suchte intellektuelle Bereicherung: literarisch-künstlerischer Bereich«. Entscheidend ist die Teilnahme an Aktionen nach dem 2. Juni 1967 (Schah). »Am 3. Juni demonstrierte ich das erste Mal... Dann ging es unaufhörlich weiter. PFH-Kampf, Uni-Kampf, Befreiung der Sexualität«, oder »die ersten Demonstrationen machte ich mit«, oder »Teilnahme an Demonstrationen, Unibesetzung, Notstandsgesetze«.

Heutiger Standpunkt: Die Genossen mit proletarischer Herkunft haben eine längere ideologische Entwicklung hinter sich. Sie begannen ihre Politisierung moralisch-empört, so z. B. »weil ich dachte, daß es auf jeden Fall richtig ist, gegen die Ungerechtigkeit etwas zu tun«. Heute stehen sie auf dem Standpunkt, zu arbeiten, »um den Klassenkampf von morgen vorzubereiten«. Erzogen »zur Anpassung und Bescheidenheit«, sagen sie heute, daß »das Proletariat als Klasse nur die Veränderung der politischen Verhältnisse erreichen kann«. Sie fordern, die »antiautoritäre Phase fruchtbar zu überwinden«. Eine neue Haltung zur eigenen Herkunftsschicht wird gewonnen: »Erst langsam gewinne ich meine ursprüngliche Identität wieder... Ich kann wieder mit Proletariern reden und mich verständlich machen.« Die schichtspezifische Herkunft wird langsam als klassenspezifischer Auftrag zum proletarischen Klassenkampf erfahren. Die Studentenbewegung erscheint als Durchgangsstadium. Ihr heutiger Zerfall als reine Studentenbewegung gilt als Beginn der eigentlichen proletarischen Emanzipation.

Kleinbürgerlicher Typ

Die Genossen mit kleinbürgerlicher Herkunft (Vater: Kriminalassistent, Vater: Landwirt ohne Landbesitz, Vater: angestellter Architekt, Stiefmutter: Bäcker, Großvater: Senatsangestellter) entwickeln ein Bewußtsein, das von Aufstiegs- und Anpassungsnormen bestimmt ist, orientiert an der Leistungsideologie der herrschenden Klasse. So schreiben sie: »Mein Sozialisationsprozeß läuft parallel dem Aufstieg meines Vater«, oder »wir wollten möglichst hoch hinaus«. Ein Genosse wurde ständig von »Aufstiegsanspruch-, Aufstiegsdenken gequält«. Eine andere war stark frustriert, »daß ich es selber nicht geschafft hatte, auf dem Leistungsniveau der anderen zu bleiben«. Das Proletariat erscheint als Schicht, gegenüber der man sich als Individuum, das sich sein Fortkommen selbst verdankt, kritisch absetzen muß. »Wir Kinder«, schreibt eine Genossin, »hatten immer das Gefühl, etwas besseres zu sein, gegenüber den anderen Kindern.« Von den Eltern sehr abhängig, übernehmen sie deren Meinung, daß »Handarbeit sehr zu verachten sei«, daß die eigene Herkunft zu verdrängen sei, durch »ständiges Höherstreben«, daß »die Arbeiter ihre Situation aus Eigenverschulden nicht verändern würden«.

Der Bruch mit der Aufsteiger-Klassenideologie erfolgt bei den meisten nicht abrupt. Kennzeichnend ist eine sich länger hinziehende Krise, die bei einer Gruppe dieses Typs ausgelöst wird, durch die Erfahrung, daß der angestrebte Beruf die Aufstiegserwartungen nicht einlösen wird. So schreiben die Genossen: »Während der Ausbildungszeit stark ausgewachsenes Unbehaglichkeitsgefühl«, oder »Infragestellung der Relevanz dieses Berufes für mich«, oder auf einen früheren Zeitraum bezogen: »Meine Unzufriedenheit mit meiner Schulbildung führte mich zur Infragestellung meines Klassenschicksals.« Bei einer anderen Gruppe bricht die Klassenidentitätskrise früher aus. Sie fällt mit der Pubertätskrise zusammen und dem Widerstand gegen sexuelle Unterdrückung. Diese Gruppe will trotz Aufstiegsmotivation nicht total auf die Askese- und Sublimationsforderung eingehen. Charakteristisch ist ein einsetzendes diffuses Protestverhalten. Die Genossen zeigten »provokatives Benehmen«, »ständiges aufmüpfiges Benehmen«, oder »ich hatte meistens was zu widersprechen«, oder »Degradierung zum notorischen negativen Kritiker«. Im Zuge dieses Protestverhaltens in dieser Gruppe stärkere Politisierung, die zum Eintritt in die SPD führt. Eine zumeist erfolgende Abstempelung als »Kommunist« (charakteristisch für das antiproletarische kleinbürgerliche Milieu) wird akzeptiert: »Dieser Vorwurf gefiel mir«, oder »ich wurde schon damals ... als Kommunist gescholten«. Hier zeigt sich die Tendenz, das Leistungsstreben klassenspezifisch zu verschieben: nicht mehr im Dienst des herrschenden Bürgertums, sondern im Dienst der revisionistischen SPD. Der kleinbürgerliche Typ, der seine unbehagliche Situation des ständigen Überfordertseins entweder literarisch und künstlerisch oder politisch wendet, wird mit dem 2. Juni bedeutend radikalisiert. Die Genossen werden aktivistisch. »Beteiligung an allen Aktionen«, »Teilnahme an Demonstrationen«, »Aufkommen eines politischen Interesses, ausgelöst durch Demonstrationen«. Allerdings tritt mit dem Abflauen der Studentenbewegung, die als Revolte der Nevermänner, Häussermänner und Kadritzkes auch Momente eines Generationskonfliktes im Establishment selbst hatte, eine neue Identitätskrise des kleinbürgerlichen Typs auf. Während der proletarische Typ heute Ansätze einer wiedergewonnenen Identität zeigt, scheint der kleinbürgerliche Typ zwischen Radikalismus (»Aufstieg völlig ohne Belang«) und gebrochenem Festhalten an der kleinbürgerlichen Ideologie zu schwanken. (»Es trifft nicht zu, wenn ich behaupten würde, die kleinbürgerliche Aufsteiger-Perspektive sei endgültig überwunden.«) Die heutige politische Haltung des kleinbürgerlichen Typs ist gegenüber der proletarischen Klassenkampfperspektive offenbar noch nicht völlig entschieden. Eine kleine Gruppe schreibt von ihrer »Bewußtwerdung einer vorhandenen Arbeiterklasse«, von »der Überwindung der Klassengegensätze durch Klassenkampf«. Die meisten dieses Typs zeigen seminar-marxistische Züge. Sie wollen »die marxistische Theorie verteidigen« oder suchen »die Identifikation mit der Unterschicht«. Eine Minorität besteht auf optimistischem Aktivismus: »revolutionäre Praxis-Aktion«. Der kleinbürgerliche Typ ist Produkt der unruhigen Zwischenschichten ohne ökonomische Identität.

Bürgerlicher Typ

Die Genossen mit bürgerlicher Herkunft (Vater: Schauspieler, Vater: Oberst, Vater: Gutsbesitzer, Vater: Bischof, Stiefvater: Schulrat, Vater: Studienrat) wachsen mit dem befriedigenden Selbstbewußtsein auf, zur herrschenden Klasse zu gehören. Den Eltern gelang es, »ein starkes elitäres Sendungsbewußtsein der eigenen Klasse« zu vermitteln, oder suchten »eine bürgerliche Existenz zu garantieren, die sich ihrer Privilegien bewußt ist«. Erziehung geschah im Geist »eines alt überkommenen selbstverständlichen Herrschaftsanspruches und (war) dem Bewußtsein einer traditionsreichen, stammesbewußten Familie verpflichtet«. Dem Bewußtsein, oben zu sein, entsprach die Distanzierung von den unteren Schichten. »Vom Arbeiter«, schreiben die Genossen, »wurde stets nur in diffamierender Weise gesprochen.« Arbeiter, hieß es, »fordern nur Geld, (sind) ungebildet, (haben) keine geistigen Interessen«. Eine Genossin bestätigt repräsentativ den vermittelten bürgerlichen Glauben in die Stabilität der Verhältnisse, wenn sie gesteht: Es bestand »keinerlei Leistungsdruck«.

Sexuelle Bedürfnisse und intellektuelle Fähigkeiten fördern beim bürgerlichen Typ frühzeitige Distanzierung von einer Klasse, die nach ihrer Unterstützung des Hitler-Faschismus im Arsch ist, ohne allerdings politische Dimensionen anzunehmen. Die individuelle Revolte wird zum gängigen Verhaltensmuster. Die Genossen sprechen von der Entwicklung einer »emotionalen Abneigung gegen die bürgerliche Gesellschaft«, oder »sexuelle Repression ... führte zur Rebellion«, oder »bewußt lehnte ich die ganze Akademikerscheiße ab. .., unsere Freunde waren alle tendenzielle Gammler«. Die bürgerliche Pubertät bewirkt »die Distanzierung vom heruntergekommenen Adel«. Bei vielen geschieht individualistisch, was ein Genosse repräsentativ schreibt: »Kritik und Loslösung durch psychologische Studien.« Erst die Studentenrevolte ermöglicht eine doppelte Perspektive für den bürgerlichen Typ:

1. die Einsicht, daß die Distanzierung von der bürgerlichen Klasse, politisch begriffen, die Absage an die bürgerliche Gesellschaft als Ganzes ist;
2. die Einsicht, daß die Ablehnung der bürgerlichen Gesellschaft zu kollektivem revolutionärem Handeln führen muß.

Allerdings widerstreitet der auf Privilegien sich gründende Individualismus dieses Typs mit dem klassenspezifischen Kollektivismus des prol. Standpunkts, der zudem die Privilegien infrage stellte. Der 2. Juni wird zum Paulus-Erlebnis. Dort geschieht »eine Infragestellung des bisherigen Weltbildes«, eine Demonstration, »wo ich zum erstenmal Solidarität erlebte«, militante Repression: »Polizistenknüppel im Rükken«. Der Verrat der eigenen Klasse an einem selbst wird mit dem Versuch des Klassenverrats beantwortet.

Das Ende der sozialistischen Bewegung als reine Studentenbewegung zeigt zwei mögliche Positionen des bürgerlichen Typs deutlicher. Eine Gruppe, die sich von ihren individuellen Bedürfnissen, eine andere, die sich tendenziell von den kollektiven Bedürfnissen des proletarischen Standpunkts leiten läßt. Die erste Gruppe spricht »von der Befriedigung existentieller Bedürfnisse im Rahmen einer sozialistischen Perspektive«. In ihr herrschen Zweifel, »ob durch die rationale Einsicht in die Notwendigkeit der proletarischen Revolution die Unterordnung der eigenen Lebensbedingungen unter deren Erfordernisse gelingen wird«. Es wird undifferenziert der Wunsch »nach politischer Betätigung ausgesprochen«, oder es besteht »keine positive Konditionierung, sondern nur Frustration«. Die Mitglieder der anderen Gruppe des bürgerlichen Typs leiden in der jetzigen Phase unter keiner Identitätskrise. »Sie sind dabei«, schreiben sie, an »der Rekonstruktion der Arbeiterbewegung mitzuwirken«. Sie wollen »zum Klassenkampf erziehen«. Sie versuchen »einen Mobilisationsansatz des Proletariats selbst« zu initiieren. Sie sehen »Solidarisierungsmöglichkeiten mit dem Proletariat«.

Zusammenfassend läßt sich sagen:
Nur die Genossen mit proletarischer Herkunft erleben die beginnende Phase der proletarischen Remobilisation als Identitätszuwachs. Innerhalb des kleinbürgerlich und bürgerlichen Typs ergeben sich Spaltungen. Teilgruppen dieser Schichten droht Entpolitisierung oder Revisionismus. Die Tendenzen entpolitisierter Erziehungsarbeit entstehen dann, wenn ein Überwiegen identitätsunsicherer Potentiale vorliegt. Die Grundschwierigkeit mit prol. Erziehungspraxis, die nun berichtet werden soll, liegt hauptsächlich in der Unreflektiertheit der eigenen Klassenposition. Diese Lage wird durch spezielle Erziehungsprobleme verschärft.

B) ÜBER DIE SCHWIERIGKEITEN MIT PROLETARISCHER ERZIEHUNG

Proletarische Erziehung ist schwierig, das ist der Grundtenor fast aller, die die Fragebogen in diesem Punkt beantworteten. Fest steht, 30 ROTKOL-Genossen wurden aufgefordert, zu Erziehungsfragen Stellung zu beziehen, 20 antworteten überhaupt, davon sagten zur Erziehungspraxis 12 = 60 % gar nichts, 2 = 10 % wenig und 6 = 30 % viel.
D. h. in bezug auf ROTKOL, es können nur 26,6 % seiner Mitglieder über ihre Praxis schreiben.
Im einzelnen wurde ausgeführt: »Die Mitarbeit im ROTKOL ist zur Zeit absolut frustrierend«, »vielfältige Schwierigkeiten in der Erziehungspraxis«, »Stellungnahme zu den Erziehungsproblemen wird nachgereicht«. »Zu den einzelnen (bestehen) keine Probleme, aber zur (RP) Gruppe«.
Gründe für diese Schwierigkeiten werden auf folgenden Ebenen gesucht:

1. Probleme im Erzieher
Viele haben ihre Sexualprobleme nicht bewältigt, und die wenigsten können darüber schreiben. Ein Genosse gesteht ganz ehrlich: » . . . aus Unsicherheit nicht darauf eingegangen«. Die Sexualbedürfnisse der Kinder sind also ein ständiger Punkt der Beunruhigung im Erziehungsgeschäft. Auch die objektiven Schranken der Gesellschaft erschweren das Sexualproblem. Eine Genossin fragt: »Wie soll man den Kindern

eine positive Einstellung zur Sexualität vermitteln, wenn ihre Umwelt diese Frage als schweinisch und obszön abhandelt?«

Die Genossen erfahren zumeist einen merkwürdigen Zustand der fehlenden Kreativität und Spontaneität angesichts der Kinder. »Ihre Spontaneität«, gesteht eine Genossin, sei »kümmerlich entwickelt«. Hier wird deutlich, wie sehr die Genossen ihre eigene Kindheit verdrängen. Sie finden keinen Zugang zu den Kindern. Auch die Klassenschranken machen sich besonders für Gruppen des kleinbürgerlichen und bürgerlichen Typs störend bemerkbar. Die Genossen sagen dann: »Irgendwie komme ich nicht an sie (die RP's) ran«, oder die Kontakte »wurden nie intensiv«. Viele Genossen fühlen sich auch durch die Kinder nicht genügend beachtet. »Ich glaube«, schreibt eine Genossin, »daß ich für die Kinder nicht besonders bemerkenswert war.« Oder: »Ich finde, daß wir alle für die Kinder überhaupt nicht wichtig sind.« Zu große Leistungserwartungen werden an die Kinder herangetragen, die notwendig enttäuscht werden müssen.

Über das eigentliche Erziehungsziel besteht wenig Klarheit. Das aus der eigenen Erziehung gewonnene Ziel widerstreitet bei den meisten noch mit dem neuen Ziel der »sozialistischen, klassenkämpferischen, antiautoritären« oder wie auch immer genannten Erziehung. Bei dem einen Genossen besteht deshalb eine Spannung zwischen Einzel- und Gruppenerziehung, bei dem anderen »zwischen alter und neuer Erziehung« oder zwischen »Laissez-faire-Erziehung und sozialistischer«. Eine Diskrepanz zwischen intellektueller Einsicht und praktischem Handeln scheint bei allen vorzuliegen. Das führt zu zusätzlichen Konfusionen im Verhalten zu den Kindern, das sich dann vordergründig im Schwanken der libidinösen Beziehungen äußert. »Ich reagiere oft sehr unkontrolliert«, sagt ein Genosse. Ein anderer: »Libidinöse und aggressive Strebungen wechseln noch.«

Die Stellung der Genossen selbst im Erziehungsprozeß ist zudem diffus. Das äußert sich in ihrer Einschätzung des Autoritätsproblems. Die meisten sind in eine Spannung zwischen »Autoritarismus und Antiautoritarismus«, zwischen »Führen oder Wachsenlassen« gebannt. Statt einzugreifen aufgrund genauerer Beobachtungen, neigen die meisten dazu, sich selbst als beobachtende und agierende Person zu negieren, besonders wenn die Erziehungssituation schwierig ist. Am schwierigsten scheinen Aggressionsüberflutungen von den Genossen gemeistert zu werden. Alle, die sich ihre Sozialisation mit einem strengen Aggressionsverbot erkauft haben, wagen nicht, ihre Selbstdisziplin von den Arbeiterkindern zu verlangen. Die Folgen werden so beschrieben: »Aggression (bin ich) gegenüber machtlos«, oder »angesichts von Aggressionen fand ich mich ziemlich lächerlich und hilflos.«

Die Arbeiterkinder erscheinen den Genossen von nicht proletarischer Herkunft zumeist als fremde, unbegreifliche Wesen. Sie schreiben deshalb, »daß wir die Kinder und ihre soziale Umwelt besser kennen müssen«. Oder: »Unser Wissen über die Lebensumstände der Kinder müßte unbedingt erweitert werden.« Völlig ungenügend erscheint allen ihr bisheriges pädagogisches Wissen. »Minimal«, sagt ein Genosse. Die bisherige Pädagogik ist völlig im Arsch. So schreiben die Genossen: »Aus der Negation der üblichen Gruppenpädagogik habe ich für mich nichts Alternatives entwickeln können.« Oder: »Trotz einjähriger Praxis mit einer Kindergruppe ... stand ich vor dem Nichts, wenn mir

Spiel- und Beschäftigungseinfälle kommen sollten.« Die kritische Aufarbeitung der Gegner steht uns also noch bevor. Die meisten haben schließlich Angst vor dem Kindertag. Einen Genossen qäulen dann immer folgende Fragen: »Hoffentlich fällt dir was ein, hoffentlich akzeptieren es die Kinder, hoffentlich ist es politisch, hoffentlich kommen welche.« Die systematische Vorbereitung der Erziehungsarbeit, die sich von den Fragen der Kindgemäßheit, der Klassengemäßheit und von politischen Prinzipien leiten lassen muß, steckt bei uns noch in den Kinderschuhen.

2. Probleme der Arbeiterkinder aus der Sicht der Genossen

Die Arbeiterkinder haben kein ichbezogenes Über-Ich ausgebildet. Zwang und Terror und Verzärtelung haben sie zu einem Verhalten gebracht, das abwechselt zwischen autoritärer Anpassung und triebüberflutetem Identitätsverlust, verbunden mit Regressionen auf infantil-orale Bedürfnisse. Sie sind deshalb, wie die Genossen schreiben, »sprunghaft, labil, unsprachlich, kleinbürgerlich«. Arbeiterkinder sind weder sensibel noch bedürfnisbewußt. Das ist ihnen ausgetrieben worden. Die Genossen sagen: »Sie sind oft an allem desinteressiert.« Die Entwicklung einer kapitalistischen Lebensperspektive des Proletariats scheint den Genossen heute weit fortgeschritten. Die Genossen sagen, die Arbeiterkinder seien so oft »konkurrierend und autoritär«. Auch an Widerstandsaktionen können Arbeiterkinder sich, die sich selbst mit gar nichts als mit Unterdrückung identifizieren durften, nicht voll engagieren. Eine Genossin beobachtete: »Die Beteiligung der Arbeiterkinder an Demonstrationen finde ich noch immer etwas aufgesetzt.«

3. Naturwüchsige Ansätze neuer Erziehung

Trotz der riesigen Schwierigkeiten der Erzieher und der Arbeiterkinder selbst gibt es Ansätze einer Erziehung, die wenigstens die Forderung einer Erziehung »vom proletarischen Kinde aus« erfüllt. Und da der Kapitalismus nur von Profiterwägungen und den herrschenden Mittelstandsnormen aus das proletarische Kind erzieht, ist das schon ein politischer Gewinn.

Tätigkeit, Aktion und Handwerken, berichten die Genossen, dazu Konkretheit und Anschaulichkeit ließen Gruppensituationen relativer Aggressionsfreiheit, mit Gruppenzusammenhalt und kollektiver Gruppenüberichbildung entstehen, in denen auch die Erziehungsgenossen zur Befriedigung ihrer Hoffnungen kamen. Sie schreiben darüber: Das beste waren noch »die Bastelstunden und Exkursionen«, oder »die Beck-Aktion als Erziehungsmittel habe ich voll unterstützt«. Die Anschaulichkeit wird hoch gepriesen: »Ohne die Anschaulichkeit (Exkursionen, Bilder, Lieder vom Tonband) glitt es ab in Antiautoritarismus, Aggressionsentladung.«

Die Lösung des Problems der Entfaltung der politischen Aktivität der Kinder wird systematisch erst dann gelingen, wenn die Mehrheit im ROTKOL, die schon eine gute Disposition für die Praktizierung eines prol. Standpunktes im Erziehungsgeschäft ausbilden konnten, jetzt dazu übergeht, konsequent an sich, in der Praxis, in der Bewegung, mit den Kindern zu arbeiten.[47]

[47] Zur Strategie und Praxis . . ., a. a. O., S. 31–38.

Unser Verhältnis zur Linken

Unsere Neuorientierung im Rotkol fand ihren Ausdruck auch darin, daß wir mit der linken Bewegung in ein Kooperationsverhältnis treten wollten. Wir versuchten das auf zwei Ebenen. Einmal veröffentlichten wir unser Strategiepapier und entfachten damit eine gewisse Diskussion[48], zum anderen entwickelten wir Prinzipien der Kooperation und Fusion mit sozialistischen Organisationen. Dazu hieß es in unserem Strategiepapier:

Zur Frage der Kooperation und Fusion
Um bei der Arbeit im Stadtteil der Gefahr der bloßen Projektemacherei organisiert entgegenzuwirken, hat ROTKOL Prinzipien entwickelt, mit denen sie die Kooperation mit anderen Gruppen und Organisationen in Berlin bestimmt und strukturiert.
A) Eine enge Kooperation kann nur infrage kommen mit Gruppen, die einerseits nicht der revisionistischen Politik, unpolitischer Betreuungs- und Inselpädagogik verfallen sind oder andererseits ihre Revolutionsstrategie nicht auf eine ökonomistische Sicht beschränken und deshalb revolutionäre Erziehungsarbeit, als irrelevant für die Entfaltung von Klassenkämpfen, ablehnen.
Die enge Kooperation beschränkt sich auf Gruppen, die proletarische Erziehungsarbeit betreiben. Hierzu sollte ein Delegiertenrat dieser Gruppen geschaffen werden, der im Zuge ideologischer Vereinheitlichung mit Kompetenzen ausgestattet wird.
Seine Aufgaben wären zunächst:
1. einen Erfahrungsaustausch zu organisieren,
2. die Diskussion um eine Strategie proletarischer Erziehungsarbeit voranzutreiben,
3. gemeinsame Aktionen vorzubereiten und zu organisieren.
Auf diesem Weg kann die Organisierung und Vereinheitlichung der in Kreuzberg/Neukölln operierenden Gruppen, die erst die Klassenanalyse im gesamten Stadtteil vorantreiben kann, von den Praxisfeldern her, vorbereitet werden.
B) Mit linken Gruppen in Kreuzberg/Neukölln, mit denen eine *enge Zusammenarbeit nicht möglich ist,* und mit linken Gruppen in anderen Stadtteilen will ROTKOL eine einfache Kooperation aufbauen. Diese wird sich im wesentlichen beschränken auf den Austausch von Papieren, Festlegung von Kontaktadressen, gegenseitige Benachrichtigung von Beschlüssen und nach Möglichkeit Planung und Durchführung gemeinsamer Aktionen.
C) Für die Aufnahme schon bestehender arbeitender Gruppen in das Rote Kollektiv Proletarische Erziehung müßten Prinzipien entwickelt werden, die schon ansatzweise die Erfordernisse aufzeigen, die bei der organisatorischen Zentrierung und Vereinheitlichung der Stadtteilarbeit gestellt werden müssen.
Voraussetzung für die ROTKOL-Kandidatengruppen sind ein eigenes Praxisfeld und die zeitlichen Möglichkeiten für die Teilnahme am Ple-

[48] Jugendkommission der KPD/AO: Antwort auf das Rotkol-Papier, in: *RPK* 65; außerdem Erklärung der aus dem Rotkol ausgetretenen Fraktion, in: *RPK* 67.

num, an Wochenendseminaren und an der Schulung. Die Schulung wird mit Hilfe eines vom ROTKOL abgestellten Schulungsleiters sofort beginnen und wird über die ROTKOL-Schulungsansätze hinaus noch das Material der Vorbereitungs- und Gründungsphase des ROTKOL umfassen. Aus den Erfahrungen proletarischer Erziehungsarbeit heraus wird das ROTKOL bevorzugt Anwärter mit proletarischer Herkunft und Verankerung im Proletariat aufnehmen. Wieweit diese Kandidaten noch anderen Organisationen angehören können, muß individuell geklärt werden und richtet sich nach den Prinzipien, Verbindlichkeiten und Zeitverpflichtungen der anderen Organisationen und der Aufgaben der Kandidaten in ihr.
D) Die Frage der Fusion ist beim derzeitigen Stand der politischen Arbeit verschiedener ›Übergangsorganisationen‹ noch nicht akut.[49]

Die Schulungsfrage

Bei der Lösung der Schulungsfrage orientierten wir uns völlig an den Problemen unserer Praxis. Damit geriet uns die einführende Schulung in die Analyse der kapitalistischen Gesellschaft als Basis der Analyse unserer praktischen Probleme völlig aus dem Blick. Das Standesinteresse der pädagogischen Intelligenz legte den Schwerpunkt der Schulung auf Erziehungsprobleme statt auf die Probleme des Klassenkampfs heute. Wir mißachteten damit gründlich die Hauptvoraussetzung des proletarischen Erziehers. Schrieb doch Kanitz: Der sozialistische Erzieher muß »in erster Linie Klassenkämpfer sein, erst in zweiter Linie Erzieher«.[50] Auch Hoernle hatte gefordert, daß »unsere Kindergruppenleiter und Helfer nicht bloß ›Erzieher‹, sondern in erster Linie revolutionäre Kämpfer sind«.[51]

Zur Frage der Schulung
Die antienzyklopädistische Schulung wird an den anstehenden Aufgaben orientiert und in den Projektkollektiven durchgeführt. Es sind vor allem die Arbeiten zu studieren, die unsere Untersuchungen und die Erziehungspraxis vorbereiten und durchführen helfen. Für die Kinderarbeit müssen wir die Erfahrungen und Prinzipien der Kommunistischen Kinderbewegung der zwanziger Jahre studieren, untersuchen, wie erfolgreich sie damals war und was wir daraus für unsere heutige Kinderarbeit lernen können. Vorläufige Schwerpunkte der Schulung sind:
1. Zum Verhältnis von Erziehern und proletarischen Kindern.
Texte: Bernfeld, Kinderheim Baumgarten, in: Antiautoritäre Erziehung und Psychoanalyse, Darmstadt 1969, Bd. 1, S. 104—118. Hoernle, Grundfragen proletarischer Erziehung, Darmstadt 1969, S. 177—183.
2. Zum Verhältnis von Theorie und Praxis.
Texte: Mao, Über die Praxis. Lenin, Karl Marx, Berlin 1964, 15. Aufl.
3. Zur Strategie proletarischer Erziehungsarbeit.

[49] Zur Strategie und Praxis . . ., a. a. O., S. 39–40.
[50] Kanitz, Kämpfer der Zukunft, a. a. O., S. 24.
[51] Hoernle, Grundfragen . . ., a. a. O., S. 184.

Text: Strategiebeitrag des ROTKOL, März 1970.
4. Zur Analyse der klassenspezifischen Erziehungsprobleme.
Text: ROTKOL-Fragebogen an seine Mitglieder.
In diesem Zusammenhang muß geprüft werden, ob es notwendig ist, daß die Erziehungsarbeiter Betriebserfahrung haben und im betreffenden Stadtteil wohnen.[52]

Zur Neuorganisation des Rotkol

Wir führten schließlich eine Neuorganisation des Rotkol durch. Wir organisierten uns auf drei Ebenen. Wir wählten ein kontrollierbares und absetzbares Leitungsgremium. Wir organisierten in Projektkollektiven alle Mitglieder, die in ihrer Arbeit in Kinderclubs Theorie mit Praxis verbinden sollten. Die Fragen nach der Lage des Kampfes und nach der Organisation der Arbeiterjugend und -kinder fanden jedoch keine Berücksichtigung. Wir schrieben:

Um zu verhindern, daß naturwüchsige und selbsternannte Autoritäten durch sog. antiautoritären Führungsstil die Mitgliederbasis lähmen, hat ROTKOL vorläufige organisatorische Konsequenzen gezogen. ROTKOL hat sich in verbindlicher Weise auf drei Ebenen organisiert: 1. Führungskollektiv, 2. Projektkollektive, 3. Plenum. Das Plenum tagt wöchentlich einmal. Es gewährleistet die Kontinuität der Kommunikation zwischen den Projektkollektiven, kontrolliert die Projektkollektive und das Führungskollektiv und faßt die Beschlüsse in allen grundlegenden theoretischen und praktischen Fragen. Die Projektkollektive sind Träger der Praxis in einem Teilbereich des Stadtteils. In der Regel mit einem Clubprojekt als Kristallisationspunkt. Die Projektkollektive sind zugleich Grundeinheiten für die Schulung. Zur Zeit bestehen drei Projektkollektive. Das Führungskollektiv wird vom Plenum gewählt, seine Mitglieder sind jederzeit abwählbar. Zu seinen Aufgaben gehören: Die Vermittlung der sich aus dem Praxisbereich ergebenden Perspektiven mit der Westberliner antirevisionistischen Gesamtstrategie, Vorantreibung von Initiativen prol. Erziehungsarbeit im Stadtteil und Aktivierung der Mitgliederbasis. Die Mitglieder von ROTKOL sind verpflichtet, am Plenum regelmäßig teilzunehmen und in einem der Projektkollektive verbindlich mitzuarbeiten.[53]

Aber alle diese Bemühungen konnten nicht uns helfen, die Widersprüche, die sich im Rotkol manifestierten, zu lösen. Wie so oft innerhalb der Linken in der damaligen Etappe erschien ein Strategiepapier kurz vor dem Auftreten grundlegender Widersprüche in der Organisation. Das Erarbeitete der Theorie verdeckte noch die Widersprüche, der Beginn der Praxis mit dieser Theorie brachte die Widersprüche sofort an den Tag.[54]

[52] Zur Strategie und Praxis . . ., a. a. O., S. 39.
[53] Ebd., S. 40.
[54] Vgl. die Geschichte der Proletarischen Front Hamburg im Januar bis März 1971: Programmatische Erklärung im Januar 1971, Spaltung und zwei Papiere der Spaltungsfraktionen im März 1971.

Unsere Versuche, grundlegende Widersprüche zu lösen, gelangen nicht. Der Widerspruch zwischen Studenten und Arbeiterbewegung ließ sich nicht durch die versuchte Verankerung der Studenten unter den Arbeiterkindern und im Proletariat aufheben; der Widerspruch zwischen Theorie und Praxis blieb trotz der Stützung auf die Erfahrungen der kommunistischen Arbeiterbewegung und der Revision ihrer Ergebnisse durch die genaue Untersuchung der heutigen Realität bestehen; der Widerspruch zwischen fortgeschrittenen und jüngeren Genossen ließ sich mithilfe von Organisation und Schulung genauso wenig lösen wie der Widerspruch zwischen Erziehungs- und Betriebsprojekten mithilfe der Kooperation. Die Revision der Klassenkampferziehung zur politischen Gruppenkampferziehung wurde im Rotkol nicht mehr praktisch, wie die vierte Phase bewies.

Das Ende der Kinderarbeit

Die Nachuntersuchung im Projekt Arbeiterkinder-Club ›Rote Panther‹

Als im April 1970 die Club-Kindergruppe völlig zerfallen war, beschlossen wir die Lage des Arbeiterkinder-Clubs im Stadtteil zu untersuchen. Wichtig war für uns herauszufinden, welche Haltung die Arbeiterbevölkerung des Stadtteils zum Club einnahm. Eine Untersuchung über das Verhältnis der Arbeiterschaft zum Arbeiterkinder-Club und deren Ergebnisse sollten die Bedingungen und Perspektiven der Weiterarbeit bestimmen. Die studentischen Mitglieder des Clubs entwarfen einen Brief an die »lieben Eltern und Nachbarn«. In diesem Brief versuchten wir offen vor den Arbeitern Selbstkritik zu üben und gleichzeitig die politischen Potentiale im Einflußbereich des Clubs herauszufinden, die die weitere Club-Arbeit unterstützen würden. Wir wiesen die Arbeiterschaft im Einzugsbereich des Clubs auf folgende Schwierigkeiten hin:

1. »Es bestehen Vorurteile gegen uns, weil wir an Demonstrationen teilnehmen.«
2. »Durch unsere Nachlässigkeit kamen die Kinder oft verspätet oder mit beschmutzten Kleidern nach Hause.«
3. »Das Jugendamt stellte unsere Arbeit als gefährliche oder gar kriminelle Beeinflussung der Kinder dar.«
4. »Wir haben uns nie darum gekümmert, ob sie (die Eltern) unsere Arbeit wichtig und richtig finden, wo sie sie zu kritisieren hätten, wie Ihre Vorstellungen und Vorschläge einzubeziehen wären.«

Zum Schluß stellten wir fest: »Jetzt sind wir an einem Punkt angelangt, wo wir ohne Ihre Hilfe nicht mehr weitermachen können. Bitte geben sie uns einen Termin, wann wir uns persönlich mit Ihnen unterhalten können.«

Drei Wochen lang waren wir dann in drei Trupps zu je zwei Personen in drei Straßen, die zum Einzugsbereich des Clubs gehörten, unterwegs. Wir klingelten alle Wohnungstüren ab und hatten rund 100 Gespräche; zwischen Tür und Angel und auch einige Male im guten Wohnzimmer.

Dabei machten wir folgende überraschende Entdeckung:

1. Der Club war überhaupt nur in der Fichtestraße bekannt. Den Club kannten zumeist nur Eltern mit Kindern. Um die nächste Straßenecke herum wußte kein Mensch vom Club, der doch $^3/_4$ Jahr bestanden und,

wie wir meinten, durch einige Aktivitäten an die Öffentlichkeit getreten war.

2. Der Einzugsbereich des Clubs war kein reines Arbeiterwohngebiet, sondern häufig mit Mittelstandswohnungen durchsetzt. Beim Mittelstand gingen die Türen meist sofort wieder zu. Nur eine Dame, die gerade eine Party gab, überlegte, ob sie uns als exotische Attraktion ihren Gästen vorführen sollte. Mit einem leisen Lächeln entschied sie dann negativ.

3. Die meisten Arbeitereltern hatten in der Zeit von 17^{30} bis 18^{30} Uhr, als wir unsere Untersuchung durchführten, gar keine Zeit, sich mit uns zu unterhalten. Vater saß vorm Fernseher. Mutter mußte Essen machen und die Kinder versorgen.

4. Der Einzugsbereich des Clubs war häufig von alten, nun alleinstehenden oder kinderlosen Ehepaaren bewohnt. Diese reagierten auf das Klingeln an ihrer Wohnungstür sehr ängstlich. Sie öffneten selten, unterhielten sich mit uns durch die verschlossene Wohnungstür oder schmissen die Wohnungstür sofort wieder zu.

5. Wir fanden bei ca. 100 Hausbesuchen etwa zehn Personen, die uns Wohlwollen entgegenbrachten. Darunter waren einige, die als ›moderne Menschen‹ alle Probleme der ›heutigen Gesellschaft‹ gerne durchsprächen. Ihre aufgeschlossene Diskussionsbereitschaft wies uns aber zugleich darauf hin, daß sie an praktische Konsequenzen ihrer Beredsamkeit niemals denken würden. Der größere Teil bestand aus Arbeiterfrauen, die so sehr unter ihrer sozialen Lage litten, daß wir oft sehr lange Zeit ihrer schlagenden Gesellschaftskritik zuhörten. Dabei wurde uns klar, wie ohnmächtig wir als Studentengruppe waren, wenn es darum ging, bessere Lebensumstände für Arbeiterfamilien zu schaffen. Wir sahen, daß die Kinder und damit die Erziehung an den engen Wohnverhältnissen und an der Überarbeitung der Eltern litten.[1] Wir konnten aber weder für eine bessere Wohnung noch für bessere Arbeit sorgen. Uns wurde klar, daß über die Aktionen der Arbeiterkinder die Lage des Proletariats nicht zu ändern ist. Das Interesse der Eltern an der Erziehung der Kinder ging nicht so weit, daß ihnen die Notwendigkeit des Kampfes für bessere Schul- und Lebensverhältnisse ihrer Kinder durch unsere Agitation schon eine praktische Perspektive vermittelt hätte. Wir sahen, daß Erziehung in der proletarischen Familie weitgehend naturwüchsig geschieht.[2] Sie ist unmittelbar

[1] Wir erkannten, daß sich an den Erziehungsumständen und an den Erziehungsmethoden und -inhalten der proletarischen Familie seit der Jahrhundertwende eigentlich nicht viel geändert hat. Die Einschätzung von Clara Zetkin, Käte Dunker, Julian Borchardt und Otto Rühle schien sich zu bestätigen, daß die rationale Erziehung der Arbeiterkinder in der Arbeiterfamilie noch gar nicht begonnen werden konnte. Vgl. Clara Zetkin u. a.: Die Erziehung der Kinder in der proletarischen Familie, Berlin 1960.

[2] Edwin Hoernles Einsicht von 1929, daß der Arbeiterfamilie »jedes Material zur selbständigen Erarbeitung von Kenntnissen, jede Gelegenheit zur Ausbildung und Erprobung geistiger und körperlicher Fähigkeiten [. . .] (und) auch die Menschen, die genügend Zeit und Verständnis haben, um die Erziehung der Kinder zu leiten und zu beaufsichtigen, fehlen«, bestätigte sich uns erneut. Vgl. Edwin Hoernle, a. a. O., S. 60 ff.

pragmatisch, von den Wohnbedingungen diktiert und mit der Lage der Eltern im Produktionsprozeß engstens verbunden.

6. Einige der Sympathisanten waren alte Mitglieder der KPD vor 1933. Ihr Verhältnis zu uns schwankte zwischen Anerkennung und Ironie. Sie selbst waren völlig resigniert. Wir erkannten, daß die Niederlage des revolutionären Proletariats 1933 und 1956[3] so schwer auf der alten Generation lastete, daß sie zur praktischen Unterstützung unserer Arbeit nicht fähig sein würde.

Die Nachuntersuchung machte uns klar, daß unser Arbeitsansatz, im Stadtteil durch proletarische Kinderarbeit Propaganda der sozialistischen Tat zu machen und an der Erziehung des Arbeiterkindes etwas zu ändern, gescheitert war. Wir hatten einfach zu viele Fehler gemacht. Unsere Isolation im Arbeiterbezirk schien uns unaufhebbar. Es erschien uns wahrscheinlich, daß es keinen Sinn hatte, diesen Arbeiterkinder-Club wieder zu eröffnen.

Die Untersuchung im Projekt Karlsgartenstraße

Die Untersuchung im Projekt Karlsgartenstraße in Neukölln verlief positiver. Wir verfaßten ein Flugblatt. Es verband die Agitation für die Verbesserung der Lage des Arbeiterkindes mit dem Hinweis darauf, daß die Kooperation von Intellektuellen und Arbeiterschaft beim Aufbau von Kindergruppen unabdingbar notwendig sei. Das Flugblatt hatte folgenden Wortlaut:

Arbeiter-Kinder-Club
Karlsgartenstr. 12

An alle Erwachsenen, besonders Eltern von Schülern in der Umgebung des Clubs

Wir sind eine Gruppe von zukünftigen Sozialarbeitern, Lehrern und Pädagogen. Wir beabsichtigen, in der Karlsgartenstraße einen Arbeiter-Kinder-Club für Schüler ab 8 Jahren aus Arbeiterfamilien zu eröffnen. Die politische Auseinandersetzung in unseren Ausbildungsstätten und die praktische Arbeit in den Erziehungseinrichtungen des Senats hat uns klargemacht, daß gerade die Kinder der Arbeiterfamilien benachteiligt und unterdrückt werden. Durch die Arbeit in den Kindertagesstätten, Schulen und Jugendämtern wird die Benachteiligung nicht aufgehoben, sondern weiter fortgesetzt. Aus der Geschichte der Arbeiterbewegung haben wir gelernt, daß nur eine starke Arbeiterbewegung diese Unterdrückung aufheben kann.

Alle wissen:

1. Die meisten Eltern arbeiten. Vom Senat werden jedoch viel zu wenig Kinderhortplätze und Kindertagesstättenplätze zur Verfügung gestellt. Die vorhandenen Kindertagesstätten sind überfüllt und zu teuer. Man

[3] Verbot der KPD in der Bundesrepublik.

muß ca. 1 Jahr warten, um einen Platz zu bekommen. Kindergärtnerinnen haben wegen dieser Mißstände in Kreuzberg bereits gestreikt.
2. Die vorhandenen Spielplätze sind nur für kleine Kinder gemacht, für ältere Kinder sind sie langweilig. Ältere Kinder wollen beim Bau ihrer Spielplätze mitmachen. Eine sozialistische Kindergruppe in Kreuzberg hat deshalb beim Bezirksamt Material und Werkzeug für den Bau eines eigenen Spielplatzes gefordert.
3. Die Geschichte der Arbeiterbewegung wird in den Schulen unterschlagen. Den Kindern wird von den Lehrern beigebracht, wie sie sich im Interesse der herrschenden Klasse in dieser Gesellschaft zu verhalten haben. Auf ihre eigenen Wünsche und Interessen wird nicht eingegangen.
Diese Schwierigkeiten wollen wir gemeinsam mit den Kindern und Eltern erkennen und bekämpfen. Deshalb wollen wir mit dem Aufbau von Kindergruppen in Arbeiterbezirken beginnen.
Wir wollen mit den Kindern handwerken, malen, singen, spielen, lesen, Ausflüge machen und nach Wunsch auch Schularbeiten, um das unterschlagene Wissen mit ihnen nachzuholen. Dabei wollen wir mit ihnen zusammen lernen, ihre Benachteiligung und Unterdrückung zu verstehen und zu bekämpfen.
Der Laden soll vorläufig 3- oder 4mal wöchentlich, montags, mittwochs, freitags von 15 bis 18 Uhr, unter Umständen samstags vormittags geöffnet sein.
Die Kindergruppen können nicht losgelöst von der Arbeiterschaft aufgebaut werden. Deshalb möchten wir mit Ihnen über die Möglichkeiten eventueller Zusammenarbeit oder Beteiligung sprechen.

Arbeiter-Kinder-Club

Mit diesem Flugblatt verfuhren wir wie in dem Fichtestraße-Projekt. Es gingen Gruppen von zwei Genossen an jede Wohnungstür. Dabei erfaßten wir drei Straßen im Einzugsbereich des geplanten Clubs. Die Genossen legten das Flublatt vor, erklärten kurz seinen Inhalt und baten um einen Rücksprachetermin.
Anders als im Fichtestraße-Projekt hatten wir die Untersuchung im Neuköllner Stadtteil gründlicher vorbereitet. Wir hatten Ermittlungsgespräche geführt, um über die Lebensverhältnisse der Arbeiterfamilien und Kinder Genaueres zu erfahren. Mit diesen Gesprächen legten wir die Grundlage für ein Vertrauensleute-System unserer Arbeit. Diese Vertrauensleute, die Brücken zum Kontakt mit der Arbeiterschaft sein sollten, umfaßten Pfarrer, Sozialarbeiter, Lehrer und Arbeiter. Allerdings begingen wir den Fehler, den Hinweis auf die Existenz einer starken Jugendbande in der Karlsgartenstraße nicht sorgfältig genug registriert und berücksichtigt zu haben.
Deshalb waren wir ziemlich euphorisch, als in etwa 100 Gesprächen sich herausstellte, daß zehn Eltern ihre Kinder gern in den Club schikken würden. Sie waren auch zur Mitarbeit bereit. Sie waren einverstanden, daß ihre Kinder über das in der Volksschule unterschlagene Wissen (z. B. über die deutsche Arbeiterbewegung) aufgeklärt würden. Nach diesen Vorarbeiten wurde der Beginn der Clubarbeit gewissenhaft vorbereitet. Im Club-Projekt bildeten sich Vorbereitungsgruppen

für Spiele, soziale Exkursionen und sozialistische Heimatkunde[4], Schulbuchanalyse usw. Die Clubräume, in denen vorher ein Schülerladenprojekt mit Bürgerkindern gearbeitet hatte, wurden von uns renoviert. Nach sechswöchiger Vorbereitung konnte der Arbeiterkinder-Club Anfang April 1970 öffnen. Die vorausgegangene Untersuchungsarbeit wirkte sich sogleich positiv aus. Das Problem der wilden Rekrutierung auf der Basis von interessierten Straßenkindern war gelöst. Die Clubarbeit konnte von Anfang an auf dem Interesse und der Unterstützung von Arbeiterfamilien aufbauen. Wie versprochen, schickten die Arbeitereltern ihre Kinder.

Aber schon am Ende der ersten Woche erschienen die Vorzeichen des Zusammenbruchs. Das Protokoll verzeichnet zunächst ganz positiv: »Es waren 3 Jugendliche im Club, mit denen wir nach 18 Uhr noch redeten ... Sie sind an einer Gruppe interessiert und wissen noch andere, die ebenfalls mitmachen würden.« (Protokoll vom 8. 4. 1970)

In fliegender Eile wurde nun im Rotkol eine Gruppe von Genossen zusammengestellt, die proletarische Jugendarbeit machen sollte. Damit waren wir schlagartig mit Problemen konfrontiert, die wir in kurzer Frist nicht lösen konnten. Wir standen vor folgenden Fragen:

1. In welche Schichten gliedert sich das jugendliche Proletariat? Welche Schicht der Arbeiterjugend ist heute in der Lage, politische Kämpfe zu führen und eine proletarische Jugendorganisation aufzubauen?
2. Welche Strategie und Methode muß der Arbeit mit der Kernschicht des jugendlichen Proletariats zugrunde liegen? Wie weit können wir die wilde Straßenrekrutierung überwinden? Wie können wir die Freizeitinteressen der Arbeiterjugend mit der Organisation und dem Kampf im Betrieb verbinden?
3. Welchen Problemen sieht sich die Arbeiterjugend in Berufsschule und Betrieb konfrontiert?
4. Welche Stellung und Funktion hat die Arbeiterjugend innerhalb der Arbeiterklasse? Welches Verhältnis besteht zwischen dem Aufbau einer Jugendorganisation und dem Aufbau der Arbeiterpartei?

So sehr uns diese Fragen als theoretische Köpfe auszeichneten, so wenig konnten wir mit ihnen die plötzlich auf uns zukommende Praxis bewältigen. Die Jugendlichen — Lehrlinge und Schüler — warteten nicht, bis wir ein Konzept für politische Jugendarbeit hatten. Sie handelten spontan in Form direkter Aktion. Sie besetzten jeweils abends den Club. Sie eigneten sich den Freiraum an, den sie zur Befriedigung ihrer Bedürfnisse nach acht Stunden entfremdeter Arbeit oder repressiver Schule brauchten. Der Club wurde schließlich an einem Nachmittag, nachdem die Kinder den Club verlassen hatten und die Arbeiterjugend in den Club eindrang, völlig kaputtgehauen. Der Versuch, die Arbeiterjugend hinzuhalten, bis wir einige minimale personelle und konzeptionelle Voraussetzungen für proletarische Jugendar-

[4] Die Idee einer revolutionären Heimatkunde für Proletarierkinder gab uns Hoernle. Vgl. Hoernle, a. a. O., S. 224.

beit geschaffen hatten, war fehlgeschlagen. Die Arbeiterjugend hatte in richtiger Einschätzung unserer Schwäche ihrem berechtigten Ärger über unser Zaudern Luft gemacht. Diese Abfuhr tat ihnen aber sofort wieder leid. Die Jugendlichen erklärten sich am nächsten Tag sofort zur Renovierung des Clubs bereit. Am nächsten Tag, einem Samstag, wurde renoviert. Dabei tauchten weitere Schwierigkeiten auf. Das Glas für die Scheiben der eingeschlagenen Clubfenster wurde von einem Glaserlehrling — ob aus Protest oder aus Nachlässigkeit, war nicht zu klären — nicht richtig vermessen. Als die Scheiben eintrafen, paßten sie nicht. Nachdem ein Glasschneider besorgt war, wurden mehrere Scheiben falsch zugeschnitten. Einige Scheiben gingen zu Bruch. Schließlich war das gesamte vermessene Glas ruiniert. Auch Farbe war zu wenig da. Die Jugendlichen, die sich als Mitglieder und Vorhut der hundert Mann starken Bande ›Die Eichen‹ ausgaben, die in der Karlsgartenstraße seit längerer Zeit bestand, verließ bald das Interesse an der Renovierung. Sie begannen mit den Farben und Materialien zu spielen. Die Rotkol-Mitglieder fühlten sich von den Jugendlichen total verunsichert. Sie begannen eine feindliche Haltung gegenüber den Jugendlichen zu entwickeln. In der folgenden Woche kamen die Jugendlichen schon in den Club, während noch die Gruppe der kleineren Kinder dort war. Wieder kam es zu Auseinandersetzungen. Wir hatten versprochen, einen zum Club gehörigen Keller zu einem Partyraum auszubauen. Dieses Versprechen wurde von den Genossen nun zurückgezogen: es wurde erklärt, »daß es zweckmäßiger ist, im Keller eine Art Allzweckraum zu machen, wo sie Musik hören können und auch mal Flugblätter schreiben und diskutieren.« (Protokoll v. 19. 4. 1970) Auf diese neuen Vorstellungen von uns gingen die Jugendlichen nur noch zum Schein ein. In der folgenden Nacht wurde der Club wieder gestürmt und kurz und klein geschlagen. Es entstand dann für eine kurze Zeit eine Art Belagerungszustand. Genossen hielten den Laden die Nacht über besetzt. Die Jugendlichen versuchten bis spät abends, in Angriffswellen den Club zu erobern. An einem der Tage, als nur eine Genossin den Laden bewachte, versuchten die Jugendlichen wieder, in den Club zu kommen. Dabei schlugen sie auch auf die Genossin ein. Die Mehrzahl der Genossen im Projekt schwankte, ob man eine zünftige Straßenschlacht entfesseln sollte oder nicht. Man sah aber in einer möglichen Prügelei keinen politischen Gewinn. Da die Kinderarbeit nach der Zerstörung des Clubs unmöglich war, beschloß man, den Club zu vernageln und das Projekt aufzugeben. Die Unterschlagung der Jugendlichen bei der Vorbereitung des Projekts hatte sich gerächt. Die Verkürzung der Voruntersuchung auf die Arbeiterkinder als eine bestimmte Schicht des jugendlichen Proletariat hatte handgreifliche Folgen. Wir erkannten, daß das Auftauchen von privilegierten Intellektuellen im Stadtteil bei der Arbeiterjugend Bedürfnisse weckte, deren Erfüllung, weil die herrschende Klasse ihnen nicht nachkam, nun von uns verlangt wurde. Aufgrund unserer ökonomischen, physischen und konzeptionellen Schwäche waren wir nicht in der Lage, uns der Arbeiterjugend gegenüber richtig zu verhalten. Wir konnten die Arbeiterjugend über ihre wirklichen Gegner nicht aufklären. Als wir die in der Arbeiterjugend durch uns erweckten Bedürfnisse nicht erfüllen konnten, verwandelten wir uns in den Klassenfeind, der hier keine Macht besaß, sich zu verteidigen. Die sofort aufgenommene Auseinandersetzung mit dem Feind sah die Arbeiterjugend als Sieger. Hier bekamen wir handgreiflich demonstriert, welche praktische Rolle sie im Klassenkampf würde spielen können.

Zum Scheitern der Kindergruppenarbeit

Die Ursachen des Scheiterns proletarischer Erziehung lagen nicht an der proletarischen Erziehung. Sie lagen nicht daran, daß ›kompensatorische Erziehung‹ richtig und erfolgreich gewesen wäre. Sie lagen nicht an den Kindern. Sie lagen an uns, an unserer sozialen Basis und der fehlenden gesellschaftlichen Macht der studentischen Erziehungsbewegung.

Sie lagen an uns, indem wir unsere und die heute im Proletariat selbst vorliegenden Voraussetzungen für die Durchführung von proletarischer Erziehung überschätzten. Diese Überschätzung kam deshalb zustande, weil wir nicht bei der aktuellen, realen Lage der Arbeiterklasse ansetzten und daraus proletarische Erziehung und die Mittel ihrer Realisierung entwickelten, sondern von historischen Ideen geleitet waren. Mit unserer Idee von sozialistischer Erziehung hatten wir uns nicht zur Realität gedrängt, und so drängte sich die Realität auch nicht zur Idee.

Viele werden unser Scheitern auf pädagogische Unzulänglichkeiten zurückführen. Pädagogische Unzulänglichkeiten sind nicht die Ursache unseres Scheiterns. Sie begleiteten es nur. Pädagogische Unzulänglichkeiten gab es bei der zwölfjährigen Praxis proletarischer Erziehung durch die kommunistische Kindergruppen-Bewegung 1919–1932 auch genug.[5] Die Gefahr der Entpolitisierung, der Mangel an Helfern und Stoff, die Hilflosigkeit der Leiter — all dies gab es dort auch. Hoernle schreibt 1923 nach zweijähriger Praxis: »Noch leiden viele unserer Gruppen unter dem kleinbürgerlichen Vereinscharakter. Die Folgen sind unaufhörliche Klagen über Helfermangel, Stoffmangel, die bange Sorge: was können wir den Kindern bieten? Die Ursache ist meist Hilflosigkeit, Unklarheit des Leiters.«[6] Die proletarischen Erzieher in den kommunistischen Kindergruppen damals waren in pädagogischer Hinsicht bestimmt weniger ausgebildet als wir. Sie »sind ohne überhaupt irgendwelche Erziehung im Sinne der guten Kinderstube und besserer Schulbildung«[7]. Und doch wagte es die kommunistische Kin-

[5] Vgl. Die kommunistische Kinderbewegung in Deutschland 1920–33, in: Soll Erziehung politisch sein?, a. a. O., S. 95–104.
[6] Hoernle, a. a. O., S. 195.
[7] Ebd., S. 183.

dergruppen-Bewegung letztlich erfolgreich, »mit diesen jungen Proletariern die ganze bürgerliche Pädagogik aus dem Sattel zu heben und den Kampf um die proletarische Arbeits- und Gemeinschaftsschule aufzunehmen«[8].

Auch die kommunistischen Kindergruppen entwickelten wie wir die Erziehungstheorie aus der Praxis und scheiterten dabei nicht. »Als wir Weihnachten 1920 mit der Gründung kommunistischer Kindergruppen anfingen, haben wir uns nicht lange den Kopf zerbrochen, nach welcher pädagogischen Methode wir arbeiten sollen. Statt theoretischer Diskussion haben wir die Aufgabe praktisch an einem Zipfel angefaßt und begonnen. Wir waren uns klar über die Notwendigkeit der Arbeit und klar über das Ziel: das genügte.«[9] Auch die Richtung der proletarischen Erziehung der Kindergruppen unterschied sich nicht grundsätzlich von der unseren. Auch die proletarische Erziehung der Weimarer Zeit begann, wie wir, mit einem Bruch »der landläufigen bürgerlichen Pädagogik (Lern- und Autoritätsschule)«[10] unter dem Ziel: »Eingliederung des Kindes in den Kampf und die Arbeit seiner Klasse.«[11]

Das schließliche Scheitern der proletarischen Erziehung der Weimarer Zeit bewerkstelligte der Faschismus, nicht die Unangemessenheit dieser Erziehung für die Emanzipation des Proletariats.

Nicht an der Pädagogik scheiterten wir, sondern an der fehlenden Integration der proletarischen Erziehung in eine Bewegung der Arbeiterklasse. Wir scheiterten an politischen Problemen: an der Gleichsetzung der Vorhut der Studentenbewegung mit der proletarischen Avantgarde, an der Unterschätzung des Widerspruchs zwischen Studenten- und Arbeiterbewegung. Wir überschätzten die Kraft unserer Gruppe. Alle Aufgaben, die bei der proletarischen Erziehung gelöst werden müssen, glaubten wir alleine lösen zu können. Als 1969 mit den wilden Streiks im September der ökonomische Kampf in den Betrieben wieder aufgenommen wurde, waren verschiedene Studentengruppen schon dabei, den politischen Kampf an allen Fronten zu führen, aber eben ohne den Rückhalt der Klasse, für deren Interesse wir kämpften. Die gesamte antiautoritäre Bewegung ist an dieser Unterschätzung des Widerspruchs zwischen Studenten- und Arbeiterbewegung gescheitert. Viele sozialistische Gruppen, die sich innerhalb der antiautoritären Bewegung bildeten, zogen daraus den Schluß, sie könnten ihre Praxis auf eine reale Klassenbewegung des Proletariats gründen, wenn sie sich der sektiererischen KPD/ML oder der revisionistischen DKP anschlössen. Sie haben sich mit diesem Entschluß schwer getäuscht. So sind auch die Lehren, die Wolfgang Fritz Haug aus dem Scheitern des Schülerladens ›Rote Freiheit‹ zieht, sehr problematisch.[12]

8 Ebd.
9 Ebd., S. 167.
10 Ebd.
11 Ebd.
12 Schülerladen ›Rote Freiheit , a. a. O., S. 454–464.

Haug schreibt, nachdem er kräftig die pädagogischen Unzulänglichkeiten des Ladens als Ursache für das Scheitern der Arbeit gegeißelt hat: »Um nicht ins Leere hinein zu arbeiten, ist es erforderlich, die politische Erziehung von Arbeiterkindern im Rahmen oder in Verbindung mit bestehenden Arbeiterorganisationen — und nicht Studentenorganisationen, die sich proletarische Namen geben — durchzuführen.«[13]
Haugs listiger, umstandsloser Hinweis auf DKP und SEW bzw. SDAJ und FDJ-Westberlin geht allerdings ins Leere. Diese Organisationen haben es seit ihrem Bestehen bewußt vermieden, innerhalb ihrer Politik im Proletariat eine Klassenkampferziehungsbewegung zu initiieren. Wer Schulkampf und Straßenkampf der Arbeiterkindermassen bei ihnen sucht, wird so etwas nicht finden. Auf den Boden einer realen Klassenkampfbewegung wird sich nur der sozialistische Pädagoge stellen, der die Potentiale im Proletariat herausfindet und unterstützt, die den politischen Kampf für die Klasseninteressen zu führen beginnen.
Die Untersuchung der realen Ansätze der Klassenkampfbewegung heute und die Bestimmung der Inhalte, Ziele, Träger und sozialen Basis der heute möglichen Klassenkampferziehung wurde von einigen Genossen im Rotkol mehr und mehr als richtiger Schluß aus dem Scheitern der proletarischen Erziehung mit Arbeiterkindern gezogen.

Krise und Spaltung des Rotkol

Die Konfrontation mit der Einsicht in die begrenzten Möglichkeiten von Klassenkampf-Erziehungsprojekten im Proletariat trieb viele Mitglieder des Rotkol endgültig in eine politische Identitätskrise.
Auf der ersten Sitzung des Schülerladen-Zentralrats am 11. 4. 1970 im Republikanischen Club Berlin hatte sich gezeigt, daß diese Krise auch die anderen Erziehungsprojekte der Linken in Westberlin erreicht hatte.
Schon auf der ersten Sitzung des Zentralrats der Schülerläden zeichneten sich 3 Lager in der Schülerladen-Bewegung ab, die unterschiedliche Konsequenzen aus der Krise ziehen wollten. Eine Fraktion wollte die Projekte aufgeben und sich in die gerade entwickelnden Parteiaufbauorganisationen (KPD/AO, KPD/ML, Studenten-ML) aufnehmen lassen. Die zweite Fraktion wollte die Projekte unter der Strategie der Vereinigung der Projekte und der kollektiven Diskussion der Schwierigkeiten fortführen. Die dritte Fraktion wollte die Schwierigkeiten in einer Richtung überwinden, in der es möglich sein sollte, mit dem Aufbau einer proletarischen Jugendorganisation zu beginnen.
Auf diese konstituierende Sitzung aller Schülerläden hatte sich eine

[13] Ebd., S. 463.

Gruppe im Rotkol, insbesondere in der Frage des Aufbaus einer proletarischen Jugendorganisation, intensiv vorbereitet. Diese Gruppe war bei der Einschätzung der Rolle, die die proletarische Jugend im Klassenkampf spielt, und bei der Bestimmung des Verhältnisses von jugendlichem und erwachsenem Proletariat sowie Jugend und Partei aus mehreren Quellen beeinflußt.

1. Aus der Darstellung der Geschichte des Arbeiterjugend-Clubs ›Roter Turm‹ in Tübingen und der anschließenden Gründung des ›Sozialistischen Jugendzentrums‹ hatten wir gelernt, daß die Arbeiter-Jugendorganisationen eine gegenüber der Partei überhaupt autonome Organisationsform haben müsse.[14]

2. Die Entwicklung des amerikanischen SDS, besonders das aus ihm entstehende ›Revolutionary Youth Movement (RYM I, RYM II)‹[15] hatte uns darauf hingewiesen, daß die Arbeiterjugend im Spätkapitalismus die Avantgarde im Klassenkampf sei. Ebenso war die Avantgarde-Idee der proletarischen Jugend im westdeutschen SDS vertreten worden.[16] Sie hatte sich auch in der Praxis der APO gezeigt, in der Lehrlinge und Jungarbeiter für die antikapitalistischen Ziele der antiautoritären Bewegung an vorderster Front gekämpft hatten. Gleichzeitig hatten die wilden Streiks im September gezeigt, daß das Bewußtsein der erwachsenen Arbeiter noch weitgehend ökonomistisch war.

3. Unsere Aufarbeitung der Geschichte der kommunistischen Arbeiterjugendbewegung, besonders ihrer Gründungsphase 1916—1919, hatte unsere Sicht bestärkt: Die Arbeiterjugend ist in der Etappe vor der Gründung kommunistischer Parteien die führende Kraft, wenn im Proletariat überhaupt Ansätze von Klassenkampf sich entwickeln. Diese Theorie wurde in so überzeugender Weise von Lenin, Liebknecht, Hoernle, Lukács, Münzenberg vertreten, daß wir sie uns zu eigen machten. Uns überzeugten Liebknechts Worte vom revolutionären November 1918: »Die proletarische Jugend ist die reinste und hellste Flamme der Revolution, die da kommen wird und muß, der siegreichen Revolution des deutschen und des Weltproletariats.«[17] Lenins Worte an Münzenberg waren uns wichtig: »Lassen Sie sich ruhig Berufsjugendlicher schelten. Ohne die Jugend werden wir keine kommunistische Partei aufbauen.«[18] Das erste Programm der KJI von 1919 leuchtete

[14] Vgl. Arbeitsgruppe ›Sozialistisches Jugendzentrum‹: Thesen zur Jugendfrage in der Arbeiterbewegung, Tübingen 1968, S. 8–12.

[15] Die Fraktionierung der amerikanischen SDS, Berlin 1970. »Gegenwärtig betrachten wir die Arbeiterjugend als der revolutionären Bewegung gegenüber am aufgeschlossensten, die sich mit den Kämpfen der Völker der Dritten Welt identifiziert.« (S. 62)

[16] Darauf weist Ernest Mandel in seinem Beitrag: Die Radikalisierung der Jugend, Mannheim 1970, mit den Worten hin: In der BRD hätte die Studentenbewegung sich in gleicher Weise wie in Frankreich konsolidieren können, »wenn die SDS-Genossen die zentrale Organisationsfrage verstanden hätten, nämlich die Umwandlung der reinen Studentenorganisation in einen revolutionär kommunistischen Jugendverband, was wir ihnen in den Monaten Februar bis Mai 1968 immer wieder vorgeschlagen hatten« (S. 14).

[17] Deutschlands Junge Garde, Berlin 1955, S. 146.

[18] Willi Münzenberg: Die 3. Front, Berlin 1930, S. 312.

uns ein mit der These: »Die Arbeiterjugend ist der aktivste und revolutionärste Teil des Proletariats. Die wichtigste Aufgabe der kommunistischen Jugendorganisation ist gegenwärtig eine unermüdliche politische Agitation unter den breiten Massen der Arbeiter, die Organisation und Durchführung politischer Aktionen [...] und die Erziehung der Jugendlichen zum Erbauer der kommunistischen Gesellschaft.«[19]

4. Die Geschichte der deutschen kommunistischen Jugendorganisation 1921–33 nach der Aufgabe ihrer organisatorisch und politisch autonomen Position zeigte uns zudem, daß die Eroberung der Arbeiterjugendmassen durch eine parteiabhängige und untergeordnete Jugendorganisation nicht gelingt. Wir wollen den Fehler der KPD nicht wiederholen.[20]

5. Die jüngste Entwicklung der Arbeiter-Jugendbewegung in der BRD seit 1968, besonders die Ablösung der Roten Garden von der KPD/ML in Nordrhein-Westfalen, in Hamburg, in Berlin usw. zeigte, daß wichtige Teile der revolutionären Arbeiterjugend auch heute die Unterordnung unter eine in ihrem Führungsanspruch nicht ausgewiesene Partei ablehnten. Hinter das Bewußtsein dieser Arbeiterjugend wollten wir nicht zurückfallen.

6. Nach der Überwindung des falschen Avantgardeanspruchs der Studenten wollten wir von vornherein betonen, daß heute der Arbeiterjugend, nicht den Studenten, die Führung im Klassenkampf zusteht.

Auf der Basis der These von der Autonomie und Avantgardeposition der Arbeiterjugend in der heutigen Etappe des Klassenkampfs, mit der wir an die wichtigsten Ergebnisse der Studentenrevolte anknüpfen wollten, legten wir auf dem ersten Treffen der Westberliner Schülerläden am 11. 4. 1970 im RC einen Beitrag zum Aufbau der KJO in Westberlin vor. In ihm versuchten wir eine grundlegende Kritik des in der studentischen Erziehungsbewegung gehandhabten Begriffs der Organisation proletarischer Erziehung. In diese Kritik ging unsere Erfahrung als selbsternannte proletarische Erzieher ein; auch die zweite Erfahrung wurde berücksichtigt: Wir hatten die Fähigkeit des Arbeiterkindes überschätzt, die Veränderung seiner Lebensverhältnisse beginnen zu können, ohne durch Ansätze von Klassenkampf unterstützt zu sein. Wir schrieben:

Die bestehenden proletarischen Erziehungsprojekte wiesen bisher verschiedene Fehler auf. Der größte Fehler war der, daß die Organisationsfrage nur pädagogisch für die einzelnen Erziehungsprojekte gestellt wurde. Man kannte nur das Ziel: die organisatorische Autonomie jedes Erziehungsprojektes auf der Basis einer adäquaten Organisation der studentischen Projektkollektive zu erreichen. Die Organisations-

[19] Alfred Kurella: Gründung und Aufbau der KJI, Berlin 1930 (Neudruck: München 1970, S. 194).
[20] Vgl. Zur Geschichte der KJI. Einleitung in: Geschichte der KJI, Bd. 1, München 1970, S. I–XII, und die stalinistische Entgegnung der KPD/AO, in: *RPK* 94, S. 7–11.

frage muß aber innerhalb der proletarischen Erziehungsprojekte nicht in erster Linie für die Erzieher, sondern hauptsächlich für die proletarische Jugend gestellt werden. Sie muß nicht allein von pädagogischen, sondern von politischen Gesichtspunkten her gestellt werden.
Die Forderung der Verbindung von Erziehung und Klassenkampf darf nicht heißen: Integration proletarischer Kinder- und Jugendkampfgruppen in die Studentenrolle, sie muß heißen: Verbindung von revolutionärer politischer Erziehung mit dem organisierten Kampf der proletarischen Jugend.
Hauptvoraussetzung für die politische Erziehung und den politischen Kampf der proletarischen Jugend ist keine Neuauflage des Zentralrats von Erziehungsprojekten, sondern der Aufbau der Organisation der avantgardistischen proletarischen Jugend selbst.[21]

Mit der richtigen Stellung der Organisationsfrage, die von der Lage der Avantgardepotentiale der Arbeiterschaft ausging, nicht von der spezifischen Situation bestimmter politisierter Teile in Ausbildung befindlicher pädagogischer Intelligenz, konnten wir auch den wichtigsten Fehler unserer bisherigen Arbeit überwinden. Wir sahen nicht mehr proletarische Erziehung als ein Mittel an, den Klassenkampf zu initiieren, sondern gingen richtig davon aus, daß der Klassenkampf — auf der Basis ökonomischer Gesetze des Kapitals entwickelt und von einer proletarischen Avantgarde geführt — revolutionäre erzieherische Wirkung hat. Als unsere primäre Aufgabe sahen wir deshalb nicht mehr die Initiierung proletarischer Erziehungen, sondern wir wollten die Organisation des Kampfes unterstützen, den die Avantgardeschicht des Proletariats in der Gegenwart führt.
Die Aufgaben der Arbeiterjugend heute, mit denen wir vor den Westberliner Schülerläden den Aufbau der kommunistischen Jugendorganisation (KJO) und unsere notwendige Unterstützung dabei begründeten, sahen wir unter folgender Perspektive: Neben der Übernahme der Klasseninteressen durch die Arbeiterjugend steht die Umwälzung des Erziehungssystems, und zwar als Teil ihrer Hauptaufgabe, die »Remobilisation und Reorganisation des Proletariats« heißt.
Indem wir die Aufgaben der Arbeiterjugend und ihrer Organisation aus ihrer gesellschaftlichen Lage ableiteten, überwanden wir auch die bisher bei uns vorherrschende Methode, die Veränderung des Kapitalismus von Ideen statt von realen Kampfbewegungen im Proletariat abhängig zu machen. Diese Kampfbewegung wird nicht von den Studenten, sondern durch die Krise des Kapitalismus und die Gegenaktion proletarischer Avantgarden produziert. So schrieben wir:

Die Aufgaben der Arbeiterjugend bestimmen sich aus der aktuellen Lage und dem historischen Auftrag der Arbeiterjugend in der BRD und West-Berlin:
In der BRD leben etwa 8,5 Mill. Jugendliche im Alter von 14—25 Jah-

[21] Die Jugend des Proletariats soll in allem die Führung inne haben, Hektograph. Manuskript, Berlin 1970, S. 1.

ren. 4,8 Mill. sind abhängige Erwerbstätige, 1,4 Mill. Lehrlinge. Damit steht fest: etwa 80 % aller Jugendlichen in der BRD gehören zur lohnabhängigen Jugend. Die Arbeiterjugend ist nicht verschwunden, wie viele behaupten. Die wirtschaftliche, geistige und politische Lage der Arbeiterjugend hat sich allerdings gegenüber früher gewandelt.
Es findet heute eine Konzentration eines Teils der Arbeiterjugend in Großkonzernen wie Opel, Mannesmann, Farbwerke Höchst, Siemens usw. statt. Die Ausbeutung der proletarischen Jugend bewirkt, daß die industrielle Arbeit der Jugend vom Standpunkt der Lohnarbeit und nicht vom Standpunkt der Erziehung und beruflichen Ausbildung geregelt wird. Durch die rasante Entwicklung der Industrie, das Entstehen neuer Berufe und das Verschwinden alter ist zu erwarten, daß der heutige Arbeiterjugendliche damit rechnen muß, 2—3mal im Laufe seines Lebens seinen Beruf zu wechseln. Die unorganisierte Zusammenballung eines Teils der Arbeiterjugend in der großen Industrie vergrößert sowohl ihre Ohnmacht als auch die Möglichkeit organisierten Widerstandes. Ihre immer unzureichender werdende Ausbildung, die weder für einen Beruf, geschweige denn für 2—3 im Leben angemessen ist, vergrößert die Notwendigkeit der Veränderung der kapitalistischen Lohnarbeitsverhältnisse für die Arbeiterjugend. Die Durchführung der für die Arbeiterjugend allein angemessenen Ausbildung in enger Verbindung mit nichtkapitalistischer Produktion setzt den Sturz eines Systems voraus, das der Arbeiterjugend statt Ausbildung zu vermitteln ausbeutende Lohnarbeit abpreßt. Die Arbeiterjugend hat die Aufgabe, im Wirtschaftsbereich für Teilforderungen Kämpfe zu eröffnen, um den radikalen Kampf gegen den Kapitalismus zu beginnen.
Da der Arbeiterjugendliche vereinzelt und daher ohnmächtig ist, versucht das Kapital mit Hilfe einer Subkulturindustrie bisher erfolgreich ein praktisches Bewußtwerden seiner Situation zu verhindern und für sich profitabel zu machen. Nur wenigen gelingt es, das Bewußtsein von der spezifischen Klassenlage und der historischen Aufgabe der Arbeiterklasse zu entwickeln und kämpferisch umzusetzen. Sowohl die staatstragenden als auch die revisionistischen Jugendverbände, die Schule, die Arbeiterfamilie tragen dazu bei, die Arbeiterjugend zu spalten, zu atomisieren, und zu willigen, fähigen Arbeitstieren und Soldaten zu machen. Diesen Kampf gegen die Knechtschaft durch den kapitalistischen Staat und dessen Agenten, vor allem das Militär, kann dic Jugend nur gemeinsam mit allen anderen Teilen des Proletariats führen. Die größte Aufgabe der Arbeiterjugend ist deshalb die Remobilisation und Reorganisation des Proletariats. Vor dieser Aufgabe hat die Arbeiterjugend immer dann gestanden, solange es keine revolutionären Parteien des Proletariats gegeben hat.[22]

Die Arbeiterjugend als Teil ihrer Klasse erkannten wir nun als das wirkliche Subjekt des Prozesses, durch den das kapitalistische Erziehungssystem umgewälzt wird. Sie beginnt diesen Prozeß in den politischen Kämpfen vor dem Sturz des Kapitalismus und führt ihn nach der Eroberung der Macht durch das gesamte Proletariat vollständig durch.

[22] Ebd., S. 1–2.

Die Illusion, als mittelständischer Erzieher proletarische Kinder und Jugendliche zu politisieren, hat sich als solche entlarvt. Die organisierte proletarische Jugend aber ist in der Lage, Erziehungskader für Schülerläden und proletarische Arbeiterkinder- und Jugendclubs zu rekrutieren und zu schulen. Sie ermöglicht es aber auch erst, die Grundlagen für eine Kampferziehung zu legen: die Vermittlung von politischem Kampf und proletarischer Erziehung auf der Grundlage ihrer Revolutionsstrategie und -taktik.[23]

Bei dieser Einsicht leitete uns die These der Freien sozialistischen Jugend (aus der 1921 der Kommunistische Jugendverband Deutschlands entstand) vom 14. Dezember 1919. Die FSJ stellte damals fest: »Der Träger der Revolution in der Erziehung ist die proletarische Jugend.«[24]

Mit unserer Position wollten wir die beiden Fraktionen im Zentralrat der Schülerläden bekämpfen, die entweder sich einer Parteiaufbauorganisation anschließen und in ihrem Rahmen die Frage der KJO lösen wollten oder es bei einer Diskussion der allgemeinen Schwierigkeiten belassen wollten. Wir kamen mit unserem Vorschlag zum Aufbau der KJO in Westberlin, der folgenden Wortlaut hatte, nicht durch.

Der Aufbau der ›Kommunistischen Jugendorganisation (KJO)‹

Die Studentenbewegung hat bei ihren Aktionen viele Schüler, Lehrlinge und Jungarbeiter mobilisiert. Anstatt auf die durch sie mobilisierten Teile der Jungarbeiterschaft zurückzugreifen, beschäftigen sich Teile der Linken mit schematischen Parteiorganisationen ohne proletarische Basis. ROTKOL und die kooperationswilligen Gruppen erkennen es deshalb als ihre Aufgabe, auf der Grundlage der hier skizzierten Prinzipien die Mobilisierung und Organisierung der proletarischen Kinder und Jugendlichen voranzutreiben. Das Ziel sind nicht pädagogische Experimente, sondern der Aufbau der KJO als Beitrag zum Aufbau einer revolutionären proletarischen Partei. Folgende Schritte erscheinen deshalb notwendig:

(1) Es muß sich ein Delegiertenrat aller proletarischen Erziehungsprojekte und Jugendgruppen bilden, die eine einheitliche Strategie in folgenden Schritten entwickeln:
- (a) Einheitliche Voruntersuchung (Lage, organisierte Betreuung, Bedürfnisse)
- (b) planmäßige, terminierte Auswertung
- (c) organisatorische politische Schritte
- (d) Aufbau von Jugendkadern, Lösung des Schulungsproblems
- (e) Kooperationsverhandlungen mit revolutionären Jugendgruppen und Organisationen.

(2) Dieser Delegiertenrat hat nach Abschluß dieser Arbeit folgende Aufgaben:
- (a) Vorantreibung des Aufbaus proletarischer Jugend- und Kinderclubs

[23] Ebd., S. 5.
[24] *Die Junge Garde*, 10. Januar 1920, S. 77.

(b) Vorbereitung der Herausgabe einer revolutionären Jugend- und Kinderzeitschrift
(c) Vorbereitung der Gründung der KJO/West-Berlin.[25]

Unser erster Versuch, nach dem Scheitern der Kinderarbeit einen Beitrag zur Organisation der Arbeiterjugend zu leisten, war nicht gelungen.[26] Wir sollten später beim Versuch, diesen Beitrag über die Aufnahme von Betriebsarbeit in der Großindustrie zu leisten, ebenso scheitern. Erst mit der endgültigen Auflösung des Rotkol im Juni 1971 begannen Reste des Rotkol sich um die praktische Unterstützung des Kampfes und die Organisation der Arbeiterjugend zu bemühen. Bis dahin war aber noch ein weiter Weg zurückzulegen. Er war mit der theoretischen Untersuchung der Lage und Geschichte der Arbeiterjugend ausgefüllt.

Programm zur Untersuchung der Arbeiterjugend

Im Rotkol drängte alles zur Klärung der Lage. Ein Wochenendseminar wurde Ende April 1970 einberufen. Auf ihm wurde deutlich, daß sich auch im Rotkol ähnliche Fraktionen bilden würden wie im Berliner Zentralrat der Schülerläden. Der Zentralrat der Schülerläden hatte sich am 5. Mai 1970 zum zweiten und letzten Mal getroffen und festgestellt, »daß keine der anwesenden Gruppen angeben kann, ob und welchen Sinn ihre Arbeit in der augenblicklichen Entfaltung des Kampfes des Proletariats hat« (Protokoll v. 5. 5. 1970, S. 1).
Im Gegensatz zum friedlichen Abschlaffen der Auseinandersetzung im Zentralrat der Schülerläden prallten im Rotkol zwei unterschiedliche Positionen bei der Einschätzung der Lage aufeinander.
Eine Gruppe wollte die ganze Arbeit im Jugend- und Kinderbereich verlassen. Sie votierte für die Auflösung des Rotkol und die Überführung seiner Mitglieder in einen der Parteiansätze, sei es nun die KPD/ML oder die KPD/AO. Die andere Gruppe wollte aus den Fehlern der bisherigen Arbeit lernen. Sie wollte die wirkliche Avantgarde des Proletariats, die Arbeiterjugend, und nicht selbsternannte Avantgarden, studentische Parteiansätze, unterstützen. Sie plädierte für eine Weiterarbeit mit neukonzipierter Zielsetzung.
Die damit auftretende Spaltung entstand nicht ganz grundlos. Einmal hatten wir in unserer Hoernle-Rezeption die Bedeutung der kommu-

[25] Die Jugend des Proletariats soll . . ., a. a. O., S. 5–6.
[26] Die Ursachen für dieses Scheitern lagen nicht nur bei uns, sondern auch in den fehlenden Bemühungen der anderen Schülerläden, dem Problem des Aufbaus der KJO sich zu stellen. Während der Schülerladen ›Rote Freiheit‹ nur ganz abstrakt behauptet, daß »die sozialistische Kinder- und Schülerladenarbeit in den nächsten Jahren zur Entwicklung einer umfassenden Organisation der Arbeiterjugend führen soll« (Schülerladen ›Rote Freiheit‹, a. a. O., S. 7), und keinen Hinweis gibt, wie der Organisationsprozeß der Arbeiterjugend sich entwickeln soll, ist der Schülerladen Falkensteinstraße realistischer, wenn er feststellt, daß sie in ihrem Bericht »auch keine Antwort auf die Frage der Kinder- und Jugendorganisation« geben (Schülerladenbericht Falkensteinstraße, in: *Erziehung und Klassenkampf*, Nr. 2, 1971, S. 79).

nistischen Partei als Leiterin der proletarischen Erziehung erkannt, zum anderen hatten wir in der Aufarbeitung der Bedeutung verschiedener Organisationen der Arbeiterbewegung für die Entwicklung von proletarischer Erziehung[27] die Bedeutung der Partei überhaupt für die Erziehung des Proletariats herausgestellt. Zum andern war in der *RPK* 65 eine ›Antwort auf das Rotkol-Papier‹ veröffentlicht worden, in der unser dort abgedrucktes Strategiepapier[28] als »bürgerliche Soziologie« und als Fortführung der »theoretischen Ansätze der bisherigen Studentenbewegung« auf abstraktester Ebene abgekanzelt worden war.[29] Diese Veraussetzungen waren für die Partei-Fraktion Anlaß genug zu handeln. Sie gab die Losung aus: »Wir haben uns auf einen festen Zusammenschluß oder auf eine Integration in bestehende Aufbauorganisationen vorzubereiten. Dazu ist es nötig, sich in Schulungsgruppen zusammenzusetzen, um uns ideologisch vorzubereiten.«[30] Obwohl sie in der *RPK* 67, publizistisch ihren Austritt ausschlachtend, kernig drohten, uns »weiterhin auf das entschiedenste zu bekämpfen«, haben wir von den Genossen nie wieder etwas gehört.[31]

Die andere Gruppe, die das jugendliche Proletariat in seinem Kampf unterstützen wollte, sah in der Einrichtung von Schulungsgruppen und dem Eintritt in Studentenparteien keine Lösung der Probleme der heutigen Klassenkampfsituation. Sie sah sich auch vor die Notwendigkeit gestellt, ideologische Positionen zu revidieren, wenn sie sich angesichts der realen Prozesse im Proletariat als falsch erwiesen. Sie ging deshalb vom Primat der Partei als »der Erzieherin des Proletariats«[32] ab und stellte fest, daß »nicht der Aufbau der Partei der Studenten auf der Basis ihrer Kämpfe im Vordergrund steht, sondern der Aufbau der revolutionären Partei des Proletariats nach Initiierung von Kämpfen im Proletariat durch die Arbeiterjugend«[33].

Diese Gruppe lehnte es ab, daß Studenten sich zu selbsternannten intellektuellen Führern über das Proletariat machten. Sie stellte deshalb folgendes Sechs-Punkte-Programm auf:

1. eine Untersuchung der Lage der proletarischen Jugend im Kapitalismus zu machen;
2. die in Westdeutschland und West-Berlin schon bestehenden revolutionären Jugendorganisationen und ihre Aufbauschritte zu analysieren;
3. die Bildung von Untersuchungs- und Kontakttrupps in allen Bereichen des jugendlichen Proletariats zu beginnen;
4. den Aufbau einer Zeitung für die Arbeiterjugend auf der Basis

[27] Vgl. Soll Erziehung politisch sein?, a. a. O.
[28] In: *RPK* 60–62.
[29] *RPK* 65, S. 14.
[30] Zur Kritik der bisherigen Rotkol-Strategie und Praxis, S. 6.
[31] Erklärung der aus dem Rotkol ausgetretenen Fraktion, in: *RPK* 67, S. 13.
[32] Hoernle, a. a. O., S. 147.
[33] Zur Kritik am Rotkol, S. 2.

eines rekrutierten Korrespondentennetzes der proletarischen Jugend selbst zu versuchen;
5. Unterstützung der Kämpfe der proletarischen Jugend in allen Bereichen anzustreben;
6. die Kinderarbeit so lange zurückzustellen, bis die proletarische Jugend organisatorisch weit genug konsolidiert ist, daß sie die Kinderarbeit selbst aufnehmen kann. Bis zu diesem Punkt kann der Beitrag, den kommunistische und progressive pädagogische Intelligenz zur Emanzipation der Arbeiterkinder leisten können, nur vom Proletariat isoliert stattfinden.[34]

[34] Vgl. Peter Schneider: Bericht über eine Berliner Volksschule, in: *Kursbuch* 24, bes. das Beispiel des revolutionären Lehrers Braune.

III. Teil: Von der proletarischen Kinderarbeit zur Untersuchung der Arbeiterjugend

»Die revolutionäre Jugend, sie war die heißeste, reinste Flamme der bisherigen Revolution, sie wird auch weiterhin die glühendste, unauslöschbare Flamme der Revolution des Weltproletariats sein.«

Programm der Kommunistischen Jugendinternationale von 1928

1. Vom Lehrlingssyndikalismus zur revolutionären Arbeiter-Jugendbewegung

Die außerparlamentarische Opposition umfaßte nicht nur Studenten. Von Anfang an waren an ihr auch Jungarbeiter und Lehrlinge beteiligt. Durch die antiautoritäre Bewegung und durch die wachsenden Widersprüche, denen sie im Handwerk unter den Bedingungen wachsender Rationalisierungen und Automation der Großindustrie nach 1966/67 ausgesetzt waren, politisiert, begannen sie ab 1967/68 sich für ihre eigenen Interessen einzusetzen. Damit setzte eine weitgehend von der Öffentlichkeit unbemerkte proletarische Bewegung in der Etappe der Studentenbewegung ein.[1] Sie kämpfte hauptsächlich gegen Mißstände im Ausbildungsbereich. So demonstrierten am 8. November 1968 500 Lehrlinge und Jungarbeiter in Hamburg für ein besseres Berufsausbildungsgesetz.

Sie erhoben außerdem die Forderung nach Mitbestimmung in Betrieb und Schule. Am 14. Januar 1969 begann in Essen die Arbeitsgemeinschaft gewerblicher Lehrlinge (AGL) mit einer Kampagne gegen Ausbildungsmißstände. Am 10. März 1969 demonstrierten 250 Lehrlinge in Berlin gegen zu niedrige Bezahlung, zu wenig Urlaub und zu viele Überstunden. Im März 1969 begannen die Göttinger Lehrlinge ihren Kampf für »Demokratie, gegen die Diktatur des Kapitals«. Am 14. März tagte ein Arbeiterjugendgericht in Hamburg, um Protest gegen die Unterlassung der Entwicklung und Verabschiedung eines einheitlichen Berufsausbildungsgesetzes zu erheben. Am 1. Mai störten in Hamburg demonstrierende Lehrlinge und Jungarbeiter die zentrale Kundgebung des DGB. Am 7. Juni demonstrierten 10 000 Lehrlinge in Köln gegen das zur Verabschiedung im Bundestag anstehende reaktionäre Berufsbildungsgesetz.

Das war der Auftakt. In der Folgezeit hat sich im Kampf gegen Freisprechungsfeiern, in der Beteiligung an den Tarifkämpfen im September 1969 und 1970 eine große, politisch weit differenzierte Zahl von lokalen Lehrlings- und Jungarbeitergruppen gebildet. Die Mehrzahl dieser anpolitisierten Teile des jugendlichen Proletariats ist bisher in den über 100 Lehrlingszentren innerhalb des DGB organisiert. Ein weiterer Teil hat sich außerhalb der Gewerkschaft in zahllosen politisch sich bekämpfenden Jugendorganisationsansätzen wie Rote Garde, KJVD, Junge Garde, Spartacus, RAJ und der revisionistischen SDAJ gesammelt.

[1] Uwe Krombach: Vom Lehrlingsprotest zur proletarischen Jugendbewegung, in: *Kritischer Katholizismus*, 4. Jg. 1971, S. 5 ff. – Die Klassenkämpfe in Westdeutschland und das Entstehen der Lehrlingsbewegung, in: *Kommunistische Arbeiterkorrespondenz* Nr. 7, 1971, S. 8 ff. – Lehrzeit ist Leerzeit, in: *Der Spiegel* Nr. 18, 1970.

Die politische Stoßrichtung dieser Gruppen hat sich spätestens seit dem im November 1970 stattgefundenen Lehrlingskongreß der Jungsozialisten in Düsseldorf öffentlich als kontrovers erwiesen. Die theoretische Basis dieser Bewegung ist bisher über eine Kritik der kapitalistischen Berufsausbildungsverhältnisse nicht hinausgekommen.[2] Sie verfügt bisher über keine allgemeine Theorie der Lage und der Funktion des Kampfes der Arbeiterjugend im Spätkapitalismus. Die Auseinandersetzungen zwischen den verschiedenen Fraktionen werden weitgehend nicht auf der Basis einer schon entwickelten entsprechenden Theorie geführt. Dagegen sind die von der DDR gestützten revisionistischen Jugendgruppen wie die SDAJ, wenn diese mit DKP-treuen Publikationen und ihnen nahestehenden Autoren[3] den ideologischen Kampf um die Arbeiterjugend führt, im Vorteil.
Da die Entscheidung im Kampf zweier Linien in der Arbeiterjugend zwischen Revisionismus und Kommunismus entscheidend davon abhängt, wer die Mehrheit der Arbeiterjugend gewinnt, wird die Weiterentwicklung der Arbeiterjugendbewegung, die an Ausbildungs- und Lehrlingsproblemen sich fixiert, zur revolutionären Avantgarde ihrer Klasse auch mit davon entschieden, wie schnell und wie umfassend eine marxistische Theorie der Lage und des Kampfes der Arbeiterjugend sich entwickeln wird und das revolutionäre Handeln anleitet.
Die heutige Situation der Entwicklung einer in Teilen revolutionären Bewegung ohne revolutionäre Theorie hat seine Ursachen sowohl im langjährigen Verbot radikalerer Arbeiterjugendorganisationen, wie in der teilweisen Integration der Arbeiterjugend in den Kapitalismus — auch mit Hilfe der noch kaum bestrittenen Herrschaft bürgerlicher Jugendsoziologie.[4] Diese Situation ist aber auch weitgehend aus der bisherigen Geschichte des Verhältnisses zwischen Studentenbewegung und Arbeiterjugendbewegung zu verstehen.

[2] Dafür repräsentativ ist etwa Martin Baethge: Ausbildung und Herrschaft, Frankfurt 1970. — Roth/Kanzow: Unwissen als Ohnmacht, Berlin 1970. — Ausbildung statt Ausbeutung. Kritik am Berufsbildungsgesetz, Bonn 1970. — Vgl. auch Friedhelm Nyssen: Schule im Kapitalismus, Köln 1969.
[3] Vgl. Arbeiterjugend contra Monopole, Bochum 1970. — Das Lehrlingshandbuch, Frankfurt 1971. — SDAJ. Ein Porträt in Dokumenten, Dortmund 1970.
[4] Die auf die Integration der Arbeiterjugend in den Kapitalismus zielende Jugendsoziologie der Schelsky-Schule (Helmut Schelsky [Hg.]: Arbeiterjugend gestern und heute, Heidelberg 1955. — Helmut Schelsky [Hg.]: Arbeitslosigkeit und Berufsnot der Jugend, 2 Bde., Köln 1952. — Helmut Schelsky: Die skeptische Generation, Düsseldorf 1957 usw.) ist bis heute nicht durch eine marxistische Jugendsoziologie grundsätzlich revidiert worden. Mit C. Wolfgang Müllers: Jugend. Soziologische Materialien, Heidelberg 1967, wird ein schichtspezifischer Begriff von Jugend wieder gewonnen (S. 13 ff.), aber damit ist in gar keiner Weise eine Theorie intendiert, die in den zwanziger Jahren etwa von Richard Schüller: Wirtschaftliche Lage und wirtschaftlicher Kampf der Arbeiterjugend. Berlin 1923; Friedl Fürnberg und Kurt Müller: Die Lage der arbeitenden Jugend in den kapitalistischen Ländern, Berlin 1928; Heinrich Soffner: Die proletarische Jugend, Jena 1928, entwickelt wurde.

Zum Verhältnis von Studenten- und Arbeiterjugendbewegung

Im Zuge der Überwindung der Marcuseschen Randgruppentheorie und der ersten Relativierungen studentischer Selbsternennung zum revolutionären Subjekt, sowie auf der Basis des Scheiterns der Springer- und Notstandsaktionen, entwickelte die vom SDS geführte Studentenbewegung 1969 eine regional unterschiedliche, lokalistische und syndikalistische Lehrlingsarbeit. Die autoritären Zwänge in Familie, Schule und Betrieb, denen der Lehrling in höherem Maße als der privilegierte Student unterworfen ist, wurden mit Kampagnen und Aktionen bekämpft. Studentengruppen in Heidelberg, Kassel, Stuttgart, Frankfurt, Tübingen, West-Berlin, Karlsruhe [5] entwickelten Arbeit mit Lehrlingsgruppen. Sie entwarfen Aktionsstrategien für Berufs- und Hauptschule und Betrieb, richteten Lehrlingskommunen ein, projektierten kommunistische Zellenbildung in Schule und Betrieb und arbeiteten am Aufbau von regionalen Lehrlingsorganisationen und Lehrlingszentren.

Diese Arbeit war begleitet vom Beginn einer Theoriebildung, die zu folgenden Ergebnissen kam:[6]

1. Die Lehrlinge sind eine Schicht der Arbeiterklasse, die durch den Übergang von der Qualifikation zur Produktion gekennzeichnet ist. Sie wird schärfer unterdrückt als das erwachsene Proletariat. Dafür gibt es vier Gründe:

a) Die Lehrlinge sind total unterbezahlt.

b) Sie nehmen den untersten Platz in der Betriebshierarchie ein.

c) Sie sind aufgrund der Unterbezahlung finanziell von den Eltern abhängig.

d) Sie werden zum Besuch von autoritären, kaum berufsqualifizierenden Schulen gezwungen.[7]

2. Die Unterdrückung, der sie ausgesetzt sind, hat ökonomische und politische Ursachen. Sie erfaßt sowohl ihre Erziehung in Familie und Schule, ihre betriebliche Ausbeutung als auch ihre Unterdrückung in der Bundeswehr.

3. Die Struktur der Arbeiterjugendschicht wurde unter besonderer Berücksichtigung der Lehrlinge untersucht. Die Lehrlinge umfassen die Mehrzahl der Arbeiterjugend, zu der noch die Schichten der jugendlichen an- und ungelernten Arbeitskraft zählen. Die Lehrlinge sind die differenzierteste Schicht im Proletariat überhaupt. Innerhalb der Produktion konzentriert sie sich zur Mehrzahl unterm Kleinkapital:

[5] Vgl. Zur Lehrlingsarbeit, in: *SDS-Info* 20, Frankfurt, September 1969. Als bürgerliche Quelle für die Arbeit studentischer Gruppen im Lehrlingsbereich im Raum Frankfurt könnte dienen: Klaus Hendrich: Lehrlinge und Politik, Beilage zur Wochenzeitung *Das Parlament*, 10. Oktober 1970.

[6] Vgl. zum folgenden *SDS-Info* 20.

[7] Ebd., S. 29.

Kleinbetrieb und Handwerk. Sie teilte sich 1967 zu folgenden Anteilen im Produktions- und Distributionsbereich auf:
460 000 Lehrlinge in Handwerksbetrieben,
263 000 Lehrlinge in Industriebetrieben,
516 000 Lehrlinge im Distributionsbereich.
Innerhalb dieser drei großen Bereiche zerfallen die Lehrlinge ihrer Stellung im Arbeitsprozeß nach noch in unzählige Branchen der Produktion und Distribution. Ihre Differenzierung im Produktionsbereich ist größer als im Distributionsbereich.
4. Der Strukturwandel der Arbeiterjugend wurde erkannt. Die Zahl der Lehrlinge im Distributionsbereich ist im Steigen begriffen und hat die Tendenz, die Verwendung der Lehrlinge in der Produktion quantitativ zu übertreffen. Von 1950 bis 1967 stieg die Zahl der Lehrlinge im Distributionsbereich von 222 800 auf 516 00. Im Distributionsbereich arbeiten auch die meisten weiblichen Lehrlinge. 63,5 % der kaufmännischen Lehrlinge sind Mädchen. Ihr Anteil an den kaufmännischen Lehrlingen steigt: 1950 waren 58 %, 1966 63,5 % weiblichen Geschlechts.
5. Der Bewußtseinsstand der Lehrlinge wurde eingeschätzt. Man erkannte, daß sie der derzeit aktionsfähigste Teil des Proletariats sind und über das fortgeschrittenste politische Bewußtsein im Proletariat überhaupt verfügen, »das in einer — gegenüber der allgemeinen Arbeiterschaft — höheren Aktionsbereitschaft und Mobilisierungsfähigkeit zum Ausdruck kommt«[8]. Es wurde festgestellt, daß kaufmännische Lehrlinge mehr an Theorie und Schulung, gewerbliche Lehrlinge mehr an Aktionen und politischer Aktivität interessiert sind.[9] Nur eine geringe Zahl der Lehrlinge wird in der Großindustrie ausgebildet. Nur etwa 80 000 Lehrlinge von 1,2 Mill. werden in Betrieben über 1000 Angestellte beschäftigt. Diese Beschäftigung geschieht nicht im allgemeinen Produktionsprozeß, sondern in vom Produktionsprozeß geschiedenen Lehrwerkstätten. Unter diesen Umständen bewirkt ihr Aufenthalt in der Großindustrie — durch die mit ihr einhergehende Ausbildungsprivilegierung — keine vom sozialen Ort her gegebene naturwüchsige Aufhebung ihres falschen Bewußtseins. Lehrlinge aus der Großindustrie erreichen zumeist nur das Bewußtsein zu den Mitgliedern der Arbeiteraristokratie zu zählen.[10] Damit wurde die Einsicht gewonnen, daß der Kern des jugendlichen Proletariats im Gegensatz zum erwachsenen Proletariat nicht im Großbetrieb zu finden ist. Der Kern des jugendlichen Proletariats, der unter den Arbeitsbedingungen des zersplitterten Handwerks und der Kleinindustrie von den Verhältnissen ein antikapitalistisches Bewußtsein eingebleut bekommt, kann dieses Bewußtsein in höherem Maße als das erwachsene Proletariat mit den Mitteln der Aktion und unter Ablehnung von bloßer Reformpolitik praktisch wenden.

[8] Ebd., S. 29.
[9] Ebd., S. 12.
[10] Ebd., S. 6.

Mit diesen Einsichten entwickelte die Studentenbewegung schon ein Bewußtsein von den besonderen Bedingungen und Schwierigkeiten der Entstehung und praktischen Wendung von Klassenbewußtsein in der Arbeiterjugend. Sie entwickelte zugleich erste Ansätze der Einsicht in die unterschiedlichen Bedingungen der Entwicklung der Arbeiterjugend- und der Arbeiterbewegung überhaupt.
Auf dieser Basis entwickelte die Studentenbewegung erste Vorstellungen über die Träger, Ansatzpunkte, Mittel und Ziele der proletarischen Erziehung der Lehrlinge.
Als Träger der Politisierung wurden studentische Kadergruppen betrachtet. Diese versuchten, in Freizeit (Jugend-Freizeitheim) und Schule durch Betriebsbasisgruppenarbeit die Lehrlinge aufzuklären. Die Integrierung der Lehrlinge in Aktionen sollte schließlich zur Organisation der Lehrlinge führen. Ziel der Organisierung war die Initiierung von Betriebszellenarbeit. Auch bei dem Ansatz im Freizeitsektor verlor man die Perspektive des Kampfes in der Produktion nicht aus den Augen: »Die Stadtteilbasisgruppen setzen politisch in der Freizeitsphäre an. Ihr langfristiges Ziel bleibt jedoch die Rückkehr in die Produktionssphäre.«[11] Den Politisierungsprozeß wollte man vorantreiben, indem man an den bewußten Interessen der Lehrlinge anknüpfen wollte, um dieses Bewußtsein schließlich zu verändern. »Die Arbeit über Berufsvorstellungen, Berufsperspektiven, Ausbeutung in mittleren und kleineren Betrieben wurde eine mehr und mehr politische, deren Niveau transformiert werden muß in ein revolutionäres.«[12]
Im Zentrum der Aufklärung stand dabei die Bewußtmachung der klassenspezifischen Unterdrückung: man wollte »die Unterdrückungssituation in Betrieb, Schule und Familie bewußt [...] machen, um sie dann durch Aktion politisch zu wenden«[13]. Unterstützt werden sollte der Politisierungsprozeß durch Organisierung, Schulung und den Aufbau von Lehrlingskommunen. Es wurden Ansätze programmatischer Forderungen der Lehrlinge entwickelt:
»1. Tarifvertraglich festgesetztes Lehrlingsgehalt von 500 DM.
2. Herabsetzung des Mündigkeitsalters auf 18 Jahre.
3. Einrichtung von kapitalunabhängigen zentralen Lehrlingswerkstätten.
4. Öffentliche und kollektive Prüfung.
5. Abwählbarkeit der Ausbilder.
6. Prüfungsausschuß unabhängig von der Industrie- und Handelskammer und der Handwerksinnung.
7. Forderung nach 2-3tägigem Berufsschulbesuch in der Woche.
8. Kündigungsrecht.
9. Streikrecht.
10. Wahlmöglichkeiten und Mitbestimmung bei der Lehrplangestaltung.

[11] Ebd., S. 11.
[12] Ebd., S. 17 und 26.
[13] Ebd., S. 30 und 44.

11. Überbetriebliche Fachkurse und Fachschulbesuch innerhalb der Arbeitszeit.
12. Berufsschulferien gleich Urlaub.
13. Brechung des Elternrechts.
14. Veränderung des Jugendschutzgesetzes.«[14]

Die unter dieser Programmatik entwickelte Aktivität der Lehrlinge sollte zum Aufbau von Lehrlingsorganisationen führen. Ansätze von Lehrlings-Organisationen sah man in der Form von Lehrlings-Zentren oder Betriebsbasisgruppen.

Diese Etappe eines Kooperationsversuchs zwischen Studenten und Arbeiterjugendbewegung scheiterte. In den seltensten Fällen, wie etwa im Hamburger Jour Fix und SALZ (Sozialistisches Arbeiter- und Lehrlingszentrum) oder im von Berlin aus sich entwickelnden trotzkistischen Spartacus, wurde das Ziel erreicht.

Allgemein sind drei Gründe für das Scheitern der Studentenbewegung bei ihrem Anspruch, die Arbeiterjugend zu mobilisieren, zu nennen:

1. Schwierigkeiten in der Kooperation zwischen Studenten und Lehrlingen: Diese Schwierigkeiten entstanden, wenn Studenten das Theorie- und Strategiemonopol für sich beanspruchten und die Lehrlinge zu unterdrücken begannen, wenn keine Lösung des aus der ›Verstudentisierung‹ der Lehrlinge entspringenden Aufstiegstrebens (Zweiter Bildungsweg) gefunden wurde oder Regress in die Subkultur stattfand.

2. Mängel der Theoriebildung: Ohne entfaltete Theorie gab es auch kein längerfristiges revolutionäres Handeln. Mit der bloßen Herausarbeitung der Unterdrückung der Arbeiterjugend, allgemeinsten Feststellungen zur Klassenlage, Ansätzen einer Theorie der Politisierung und einem bunten Kanon von Forderungen waren seitens der Studentenbewegung die Erscheinungen der Lehrlingsbewegung noch keineswegs zu einem adäquaten Selbstverständnis durchgearbeitet worden. Diese Theoriestücke ermöglichten keine Vertretung von Klasseninteressen durch die Arbeiterjugend. Mit dieser Theorie konnte höchstens eine Eingliederung der Arbeiterjugend in die Studentenbewegung eingeleitet werden. Da auf dieser theoretischen Basis keine längerfristige Strategie, die der Avantgarde des Proletariats angemessen ist, entwickelt wurde, setzte sich häufig theorieloser Aktionismus oder Regress in bloße Schulung durch.

3. Die Versuche der Studenten, in der Gründung von Parteiinitiativen eine Lösung des Organisationsproblems der Linken zu finden. Die Studentengruppen, die sich zum Parteiaufbau entschlossen, gaben alle als handwerklerisch angesehene Gruppenarbeit auf. Sie entwickelten entweder eine Untersuchungsarbeit der gesellschaftlichen Verhältnisse, gingen in den Großbetrieb, um Betriebs-Massenorganisationen aufzubauen, oder konstituierten sich als Theoriezirkel, der die Revolutionstheorie für das Proletariat am Schreibtisch entwickeln wollte. Alle Gruppen gaben die für die Studenten schwierige Lehrlingsarbeit

[14] Ebd., S. 41.

auf und widmeten sich dem erwachsenen Proletariat oder der Theorie. Der Lehrlingsbewegung hat diese falsche Politik der Studentenbewegung sehr geschadet.[15] Der Schaden ist bisher auch in keiner Weise von den Studentenparteien behoben worden. Mit dem Rückzug der Studentenbewegung verstärkte die DKP und SDAJ ihren Einfluß in der Arbeiterjugend. Dabei verfolgt sie das Ziel, die Arbeiterjugend vom Klassenkampf abzuhalten und für den demokratischen Kampf zu organisieren. Sie entwickelt eine gewerkschaftsbürokratiekonforme Jugendpolitik und tut alles, damit die Arbeiterjugend ihre Beschränkung auf Lehrlings- und Ausbildungsprobleme nicht im Sinne ihrer Emanzipation zur Avantgarde ihrer Klasse löst.[16]

[15] Allerdings haben diese studentischen Initiativen auch Anstöße für die Entwicklung einer Theorie und Praxis sozialistischer Jugendarbeit gegeben, die heute beginnt, über Ausbildungsinstitutionen pädagogischer Intelligenz, Zeitschriften für Klassenkampferziehung (wie z. B. *Erziehung und Klassenkampf*, Frankfurt, 1. Jg. 1971) und Institutionen praktischer Jugendarbeit verschiedener Träger auf die Arbeiterjugend und ihren Organisierungsprozeß Einfluß zu nehmen. Vgl. Manfred Liebel: Abschied von der sozialintegrativen Jugendarbeit, in: *Deutsche Jugend*, H. 1, 1970. – Manfred Liebel: Überlegungen zum Praxisverständnis antikapitalistischer Jugendarbeit, in: *Deutsche Jugend*, H. 1, 1971. – Helmut Lessing: Jugend in der Klassengesellschaft, Teil 1 u. 2, in: *Deutsche Jugend*, H. 2 u. 3, 1971. – Helga Deppe-Wolfinger: Gewerkschaftliche Jugendbildung und politisches Bewußtsein, in: Frank Deppe (Hg.): Das Bewußtsein der Arbeiter, Köln 1971, S. 301 ff. – Im Zusammenhang mit den Artikulationshilfen der Studentenbewegung für die Lehrlingsbewegung ist auch die Entwicklung und Ausbreitung einer liberalen Emanzipationspädagogik zu sehen. Diese Pädagogik baut allerdings nicht auf einer historisch materialistisch begriffenen Analyse und Praxis der Lage der Arbeiterjugend auf, führt deshalb weder zu Klassenbewußtsein noch zu Klassenkampf und muß ihren Begriff von Emanzipation mit frühbürgerlicher Revolutionsideologie schmücken, für die heute einfach keine reale ökonomische Basis mehr besteht. Vgl. Ulf Luers u. a.: Selbsterfahrung und Klassenlage, München 1971. – Hans Hansen: Protokoll aus einem antiautoritären Ferienlager, München 1971. – Jürgen Fiege u. a.: Jugendcamp 70, Berlin 1971. – Hermann Giesecke: Die Jugendarbeit, München 1971.

[16] Zum heutigen Entwicklungsstand verschiedener Zentren der nichtparteigebundenen proletarischen Jugendbewegung, die sich allerdings noch nicht als Avantgarde ihrer Klasse begreift, vgl. Joachim Weiler, Rolf Freitag: Ausbildung statt Ausbeutung, Reinbek 1971. – Reinhard Crusius u. a.: Praxis und Theorie gewerkschaftlicher Lehrlingspolitik, Offenbach 1971. – Lehrlingskampf in den Betrieben, Offenbach 1971. – Siemens-Gruppe München: Lehrlingsarbeit im Großbetrieb, in: *Erziehung und Klassenkampf* Nr. 3, 1971, S. 37 ff. – Haug/Maessen: Was wollen die Lehrlinge? Frankfurt 1971.

2. Die Lage in Westberlin und die Jugendfrage im Rotkol

Gerade Westberlin ist für die Liquidierung der Lehrlingsarbeit durch die Studentenbewegung ein gutes Beispiel. Nach Ansätzen der Rotzeg, Schüler- und Lehrlingsarbeit zu machen [1], der Gründung des SALZ [2], der Gründung des Proletarierinnen-Zentrums (Protz ML)[3], der Randgruppenkonferenz [4], in denen die Mobilisation männlicher und weiblicher Lehrlinge eine Rolle spielte, wurde eben diese Mobilisation wegen der Schwierigkeiten bei der gemeinsamen Kooperation und der Entwicklung einer der revolutionären Praxis angemessenen Theorie oder wegen der Gründung von Parteiaufbauorganisationen (wie KPD/AO, PL/PI) eingestellt.

Als das Rotkol begann, sich um die Probleme des jugendlichen Proletariats in dieser Situation zu kümmern, sah es sich folgenden Problemen konfrontiert:

1. Die von der Studentenbewegung hinterlassenen Theoriestücke zur Lehrlingsbewegung mußten zu einer marxistischen Theorie der Lage und des Kampfes der Arbeiterjugend fortentwickelt werden.
2. Diese Weiterentwicklung mußte sich auf die politische Praxis der Arbeiterjugend in Westberlin beziehen und sich mit ihren Kämpfen verbinden.
3. Der Widerspruch zwischen Studentenbewegung und Arbeiterjugend mußte gelöst werden.
4. Die Organisationsvorstellungen der dogmatischen Linken, die mit einer aus Studentenkadern gebildeten Partei ihr studentisches Klassenbewußtsein von außen ans Proletariat herantragen wollten, mußten bekämpft werden.
5. Das Rotkol mußte sich diesen Aufgaben entsprechend organisieren.

Rotkol versuchte diese Aufgaben mit dem Papier ›Zur Kritik am Rotkol‹ vom Juni 1970 theoretisch in Angriff zu nehmen. Mit diesem Papier wird sowohl versucht, die nicht antagonistischen Widersprüche zwischen erwachsenem Proletariat und Arbeiterjugend ökonomisch zu begründen, als auch seine Perspektive des Aufbaus einer autonomen Arbeiterjugendorganisation zu verteidigen.

[1] Vgl. Praktikum der Germanisten an Berliner Schulen, in: *RPK* 6, 1969, S. 6 ff. – Peter Tautfest: Drei rote Banner, in: *RPK* 12, 1969, S. 6 ff.
[2] Sozialistisches Arbeiter- und Lehrlingszentrum (SALZ). Die Basisgruppen im sozialistischen Zentrum, in: *RPK* 17. 1969, S. 1 ff.
[3] Proletarierinnen-Zentrum (Protz ML), in: *RPK* 36, 1969, S. 8 ff.
[4] Randgruppenkonferenz in Berlin, in: *RPK* 54, 1970, S. 1 ff.

Paper 4: Die Arbeiterjugend als Avantgarde im Klassenkampf

Die Stellung der Jugend im kapitalistischen Produktionsprozeß und ihr Verhältnis zum erwachsenen Proletariat

Das Zwangsgesetz der nationalen und internationalen Konkurrenz zwingt das Kapital, den Produktionsprozeß vermittels ständiger und vermehrter Akkumulation auf eine immer höhere Stufenleiter zu heben. Die damit verbundene fortschreitende Entwicklung der Produktivkräfte macht eine ständige Veränderung des Arbeitsprozesses selbst erforderlich. Fortschreitende Teilung der Arbeit, einhergehend mit maßloser Produktivitäts- und Intensitätssteigerung des Arbeitsprozesses sind die Folge von Rationalisierungsmaßnahmen, deren Zweck es ist, der Arbeitskraft ein höchstes Maß an Mehrarbeit zugunsten der Profite des Kapitals zu entreißen und den Wert der Arbeitskraft zu senken. In diesen Prozeß werden immer größere Teile der Gesellschaft hineingerissen, und es wird kein Halt vor der Ausbeutung von Frauen, Kindern und Jugendlichen gemacht. Die Einbeziehung der ganzen proletarischen Familie in den Verwertungsprozeß des Kapitals hat für das Kapital den Zweck, den Wert der Arbeitskraft zu senken, und hat für das Leben der einzelnen Fraktionen des Proletariats entscheidende Konsequenzen.

»Der Wert der Arbeitskraft war bestimmt nicht nur durch die zur Erhaltung des individuellen erwachsenen Arbeiters, sondern durch die zur Erhaltung der Arbeiterfamilie nötige Arbeitszeit. (Verewigung der Ware Arbeitskraft auf dem Markt. Anm. d. Verf.) Indem die Maschinerie alle Glieder der Arbeiterfamilie auf den Arbeitsmarkt wirft, verteilt sie den Wert der Arbeitskraft des Mannes auf seine ganze Familie.« (Kapital, Bd. 1, S. 417 f.) Der Ankauf der Arbeitskraft der ganzen Familie ist zwar teurer als die des Mannes, aber dafür vervielfacht sich die Mehrarbeit. Der Preis der Arbeitskraft fällt also im Verhältnis des Überschusses der Mehrarbeit der ganzen Familie zur Mehrarbeit des Mannes. Die Arbeitskraft wird entwertet. Dies war nur möglich, wie oben angedeutet, durch die Einführung der Maschine und die daraus folgende zunehmende Teilung der Arbeit in einfache Teilarbeiten (Rationalisierung), die es ermöglichte, ungelernte Arbeitskräfte, Frauen, Kinder und Jugendliche die gleiche Arbeit verrichten zu lassen wie gelernte Arbeitskraft. Es trat also zur erwachsenen gelernten Arbeitskraft die Konkurrenz der jugendlichen, weiblichen, ungelernten Arbeitskraft.

Ein weiterer Aspekt kapitalistischer Produktion auf erhöhter Stufenleiter bringt uns in der Frage nach der Funktion von Jugendlichen im Produktionsprozeß einen Schritt weiter.

Die intensivere Ausbeutung, die mit fortschreitender Rationalisierung, mit der Weiterentwicklung der Arbeitsteilung einhergeht, hat auch einen steigenden »Konsum der Arbeitskraft« zur Folge, so daß »der Arbeiter von mittlerem Alter sich meist schon mehr oder minder überlebt hat. Er fällt in die Reihen der Überzähligen, oder wird von einer höheren auf eine niedrigere Staffel hinabgedrängt.« (Kapital, Bd. 1, S. 671.) Seine Stelle nahmen die jugendlichen Arbeitskräfte ein, so daß eine immer schnellere »Ablösung der Arbeitergeneration« notwendig wird. Diese Tendenz wird dadurch verstärkt, daß die Arbeitsteilung mit einer Geschwindigkeit vor sich geht, der die ältere Arbeitergeneration nicht zu folgen vermag. Flexibilität ist erforderlich, zwei- bis dreimaliger Berufswechsel infolge des Absterbens alter und des Entstehens neuer Berufe.

Wir hatten gesehen, daß der maßlose Verwertungsdrang des Kapitals das Ziel hat, den Wert der Ware Arbeitskraft möglichst gering zu

halten. Die Voraussetzung dafür war das Anwachsen der Produktivkräfte, bedingt durch die infolge industrieller Produktion möglich gewordene Entfaltung der Arbeitsteilung. Welchen Einfluß aber die Rationalisierung auf den Wert der Arbeitskraft hat, müssen wir noch genauer erläutern.
Der Wert der Ware Arbeitskraft war nicht nur bestimmt durch die zur Erhaltung des Arbeiters bzw. seiner Familie notwendige Arbeitszeit, sondern umschließt auch die Zeit, die notwendig ist zur Produktion der Arbeitskraft in Form von Ausbildung. »Um aber die allgemeine menschliche Natur so zu modifizieren«, daß sie »entwickelte und spezifische Arbeitskraft wird, bedarf es einer bestimmten Bildung und Erziehung, welche ihrerseits eine größere oder geringere Summe von Warenäquivalenten kostet.« (Kapital, Bd., S. 186.)
Die Zerlegung des Arbeitsprozesses in viele Teilarbeiten vereinfacht den Arbeitsprozeß für jede dieser Teilarbeiten. Der Arbeiter muß nur ein geringes an Qualifikation aufweisen, um die völlige Ausfüllung seiner Stelle im Arbeitsprozeß zu ermöglichen. Ein Minimum an Erlernungszeit und damit an Erlernungskosten muß vom Arbeiter aufgebracht werden, so daß der Wert der Arbeitskraft sinkt. Auf der anderen Seite jedoch erfordert die industrielle Produktion ein Potential an hochqualifizierten Arbeitskräften (Arbeiteraristokratie) die das Lohnniveau des Gesamtarbeiters zwar heben, aber für die Mehrheit der arbeitenden Klasse nicht repräsentativ sind. Die Analyse der kapitalistischen Bildungsplanung ergibt, daß die Zugehörigkeit zu dieser Leistungsstufe den Arbeitsplatz relativ sichert und von daher nicht mit der Mehrheit der Auszubildenden verglichen werden kann, deren Berufsaussichten zunehmend schlechter werden.
Schon der Jugendliche wird fähig, dieselbe Arbeit zu verrichten wie der Erwachsene, obwohl er in den ersten Jahren seiner Betriebszugehörigkeit offiziell als Lehrling gilt. Als solcher erhält er noch nicht einmal das Äquivalent für die Verausgabung seiner Arbeitskraft und kann sich deshalb nicht selbständig reproduzieren. Er schafft zwar fast ein gleiches Wertprodukt wie der erwachsene Arbeiter, bekommt aber nur ein Minimum an Lohn im Vergleich zu jenem.
Dies hat aber wiederum Konsequenzen für das Lohnniveau des erwachsenen Arbeiters, wodurch das Konkurrenzverhältnis zwischen beiden verschärft wird. Der Jugendliche wird so als Ausbeutungsobjekt zunehmend interessanter, besonders für die Industriezweige, die aufgrund ihres geringen Umfanges und veralteter Produktionsweise dem Druck der Monopole kaum zu widerstehen vermögen. Es sind dies das Handwerk und die kleine bzw. mittlere Industrie. Diese Industrien können heute nur noch durch die fast ausschließliche Ausbeutung von Jugendlichen existieren, wobei dieses Ausbeutungsverhältnis mit dem Begriff der Lehre verschleiert wird.
Aus der ökonomischen Analyse ergibt sich, daß dem Kapitalismus die ständige Reproduktion der Widersprüche im Proletariat zwischen jüngerer und älterer Fraktion eigen ist und nur mit der Abschaffung des Systems der Lohnarbeit sich aufhebt. Der historische Rückblick auf die Entwicklung der Arbeiterbewegung wird zeigen, wie die kommunistischen Parteien diesen Widerspruch behandelt haben und was wir daraus lernen können. Wir werden aus der Geschichte lernen, daß dieser Widerspruch sich bei der Zunahme der Widersprüche des Imperialismus (1918/1945/1969) zuspitzt. In diesen Phasen des Klassenkampfes hat die proletarische Jugend ihre Funktion in der Arbeiterbewegung als Avantgarde wahrgenommen. Wir werden weiter sehen, daß die bloß organisatorische Lösung des Verhältnisses von Jugendorganisationen zur Partei nur so lange dauert, bis neue Phasen entfalteter Klassenkämpfe die organisatorische Unterordnung der Jugend unter die Partei sprengen. Das Scheitern der KJI 1941 als eines Instrumentes zur

Aufhebung der Autonomie der Jugendverbände und das Entstehen autonomer Jugendorganisationen 1945–1950 (sowie ab 1969) verdeutlichen dies.
Wir werden schließlich sehen, daß dieser Widerspruch nicht die Spaltung des Proletariats verewigt, sondern im Gegenteil Entscheidendes zur Entfaltung von Klassenkämpfen beiträgt.

Die Rolle der kommunistischen Jugendorganisationen in der Arbeiterbewegung von 1918–1970

Die Entwicklung der kommunistischen Jugendorganisationen 1918–1919

Mit Kriegsende setzte in Mitteleuropa eine Kette unmittelbarer revoluitionärer Kämpfe ein, in denen die proletarische Jugend eine große Rolle spielte. Für die revolutionären Teile der proletarischen Jugend war diese Zeit (Nov. 1918 – Nov. 1919) die Periode ihrer endgültigen Formierung auf kommunistischer Grundlage in nationalem und internationalem Maßstab.
Noch vor dem Ausbruch der Novemberrevolution schlossen sich in Deutschland die verschiedenen Gruppen der oppositionellen proletarischen Jugend in einer Organisation zusammen. Am 27. und 28. Oktober 1918 konstituierte sich auf einem Kongreß in Berlin die »Freie Sozialistische Jugend« (FSJ). Aber nicht nur in Deutschland übernimmt die revolutionäre Arbeiterjugend Avantgardefunktion in den sich verschärfenden Klassenkämpfen. »Bei der Bildung kommunistischer Parteien hat die Jugendbewegung außerordentliche Dienste geleistet. Durch ihre Kritik und ihre vorwärtstreibende Agitation hat sie bewiesen, daß sie selbst die Stelle eines Vortrupps der revolutionären proletarischen Bewegung einnimmt.« (L. Polano, Wie weit ist heute eine Autonomie der kommunistischen Jugendorganisation in der kommunistischen Bewegung notwendig? Berlin 1920, S. 5.) Die kommunistischen Parteien Spaniens und Belgiens sind unmittelbar aus der kommunistischen Jugendorganisation dieser Länder hervorgegangen. In Italien stellte die Jugendorganisation von fünfzigtausend Mitgliedern der neuen KPI allein annähernd dreißigtausend. Und in China: »Welche Rolle haben die Jugendlichen seit der Bewegung des vierten Mai gespielt? Im gewissen Sinne die Rolle einer Avantgarde ... was heißt das? ... das heißt, sich an die Spitze stellen, in den vorderen Reihen der Revolution kämpfen.« (Mao Tse-tung, Ausgew. Werke, Bd. 2, S. 283 f.)
Im Februar 1919 machte die FSJ das Programm der KPD zu ihrer Plattform, wahrte aber dennoch die politische und organisatorische Unabhängigkeit. Neben W. Münzenberg machte sich E. Hoernle zu einem der Verfechter der Unabhängigkeit der Jugendorganisation: »Eine allzu enge Verschmelzung von Jugendorganisation und Partei, vollends die Angliederung der Jugend an die Partei in Gestalt einer Jugendsektion, würden dazu führen, daß das schöpferische Wachstum der Jugend, ihr geistiges Rebellentum ... von der Parteiautorität ... gehemmt würde ... Wir wollen die proletarische Jugend in weitestem Umfange auf dem Boden des Klassenkampfes organisieren, sie von der Notwendigkeit der revolutionären Aktion überzeugen, sie selber zur revolutionären Aktionen aufrufen und vorbereiten für die Rolle, die sie beim Sturz des Kapitalismus und Aufbau der sozialistischen Gesellschaft zu spielen berufen ist ... Selbstverständlich ist sie dabei abhängig von dem jeweiligen Stand der augenblicklichen Taktik des revolutionären Kampfes der Erwachsenen ... Aber die Jugend von vornherein auf Gleichschritt und Gleichtritt mit der Partei festlegen zu wollen, würde der Jugend eine wichtige Quelle der Erkenntnis und Schulung verstopfen: die eigene Erfahrung.« (E. Hoernle, Die Jungen und die Alten, in: Jugendinternationale, Nr. 15, S. 9)

Ebenso vertrat Lenin für die Phase vor der Diktatur des Proletariats die Unabhängigkeit der Jugendorganisationen. Aus den Leistungen und der besonderen Stellung der Jugend im Klassenkampf folgert er, daß »wir unbedingt für die organisatorische Selbständigkeit des Jugendverbandes eintreten, nicht nur deshalb, weil die Opportunisten diese Selbständigkeit fürchten, sondern auch dem Wesen der Sache nach. Denn ohne volle Selbständigkeit wird die Jugend nicht imstande sein, sich zu guten Sozialisten zu entwickeln und sich darauf vorzubereiten, den Sozialismus vorwärtszuführen.« (Lenin, Werke, Bd. 23, S. 164)
Vom 20.–26. Nov. 1919 tagte in Berlin der erste Kongreß der kommunistischen Jugendinternationale. Die Delegierten vertraten 14 Organisationen mit 20 000 Mitgliedern. Im ersten Programm der KJI, das auf diesem Kongreß angenommen wurde, heißt es: »Die Arbeiterjugend ist der aktivste und revolutionärste Teil des Proletariats.« Daraus wird die Folgerung gezogen: »Die organisatorischen Beziehungen zur Partei werden bestimmt durch zwei Grundprinzipien: 1. durch die Selbständigkeit der Jugend und 2. durch den engen Kontakt und die gegenseitige Unterstützung.« Die Beziehungen zwischen der KJI und der KI werden wie folgt definiert: »Die zentrale Führung der KJI steht in organisatorischer Verbindung mit der III. Internationale und arbeitet in engster Kampfeinheit mit ihr.« (Vgl. die entsprechenden Hinweise in: Programm der KJI 1929, Berlin 1929, S. 7.) Die revolutionäre Internationale und die Internationale Organisation der jugendlichen Proletarier kannten kein Verhältnis der Unterordnung, sondern nur das der Kooperation. Erst 1921 nach dem dritten Weltkongreß der KI wurde auf dem zweiten Weltkongreß der KJI die Unterordnung der kommunistischen Jugendorganisationen unter die KP's durchgesetzt. So blieb es bis zur Auflösung der KJI 1941. Welche Folgen das für die revolutionäre Entwicklung der Jugendorganisationen hatte, werden wir im Folgenden am Beispiel der deutschen Jugendorganisation sehen.

Die Entwicklung der kommunistischen Jugendorganisation in Deutschland 1920–1945

Aus der bis hierher aufgezeigten internationalen und nationalen Geschichte der proletarischen Jugendbewegung geht hervor, daß die Selbständigkeit der Arbeiterjugend – als die erste Voraussetzung für eine kommunistische revolutionäre Erziehung und die Ermöglichung ihres Beitrages zur Entfaltung von Klassenkämpfen – sich in unabhängigen, d. h. sich selbst verwaltenden Jugendorganisationen auf revolutionäre Weise entfalten konnte.
Die Entwicklung des kommunistischen Jugendverbandes in Deutschland (KJVD) seit 1920 zeigt deutlich, daß im Zuge des Aufgebens der politischen und organisatorischen Autonomie des Jugendverbandes die revolutionäre Rolle des KJVD ständig zurückging und schließlich ganz stagnierte. Die Preisgabe der Autonomie des Jugendverbandes in der Phase der Bolschewisierung bedeutete zugleich die Degeneration der Jugendmassenorganisation zur Sekte. Ergebnis dieser Politik der KPD war für den KJVD eine Organisationskrise nach der anderen, der Verlust eines großen Teils seiner Mitglieder und die »sektiererische Abgeschlossenheit vieler Teile des Verbandes von den Massen der werktätigen Jugend.« (G. Roger, Die pädagogische Bedeutung der proletarischen Jugendbewegung, Berlin 1956)
Ab 1928 wurde unter der Parole »Heran an die Massen« versucht, mit Hilfe neuer Arbeitsmethoden (z. B. verstärkte Betriebszellenarbeit) die alten Fehler rückgängig zu machen. In der Kritik der Kommunistischen Jugendinternationale am deutschen Verband hieß es unter anderem: »Die politische agitatorische Tätigkeit der kommunistischen Jugendorganisation bestand hauptsächlich in der mechanischen Wiederholung aller allgemeinen Parteiparolen . . .« (G. Roger, a. a. O.) Zur

Wiederherstellung der organisatorischen Autonomie des KJVD kam es allerdings nicht.
Kaum hatte man begonnen, die neuen Arbeitsmethoden einzuführen, wurden durch die »ultralinke« Politik der KPD die Spannungen im KJVD abermals verschärft. Im ersten Vierteljahr 1929 nahmen die Funktionsentzüge und Ausschlüsse laufend zu, wobei durch diese Maßregelungen zum Teil auch solche Kritiker bestimmter Züge der Verbandspolitik betroffen wurden, die bis dahin keineswegs zu den »Rechten« gehört hatten. Der Widerstand gegen eine derartige Politik der KPD verstärkte sich. »Ganze Gruppen des KJV – so in Thüringen, Hamburg, Frankfurt, Berlin-Brandenburg wurden ausgeschlossen, und auch in Schlesien, Westsachsen und Württemberg gab es beträchtliche oppositionelle Gruppen.« (K. H. Tjaden, Struktur und Funktion der KPD-Opposition, Meisenheim 1964, S. 143)
1930 kam es zwischen Walter Ulbricht und Willi Münzenberg zu einer scharfen Kontroverse über die Konzepte der KJVD als abhängiger Kaderorganisation oder autonomer Massenorganisation. Die Forderung Münzenbergs nach Autonomie des Jugendverbandes setzte sich nicht durch. Bis zum Verbot der KPD und ihrer Nebenorganisationen durch die Faschisten trat in der Verbandspolitik keine Änderung mehr ein.
Erst 1935 auf der »Brüsseler Parteikonferenz« flammte die alte Debatte erneut auf. Die Exil-KPD stellte sich voll hinter die Kritik Anton Ackermanns und beschloß für die Zeit nach dem Zusammenbruch des Faschismus den Aufbau einer unabhängigen kommunistischen Jugendorganisation. Ackermann führte in einem längeren Referat unter anderem aus: »Unsere Jugendarbeit hat sich vor 1933 vornehmlich auf die Kinder von Genossen beschränkt. Wir waren dadurch und durch die Organisationsform des Jugendverbandes von vornherein von der Masse der Jugend isoliert ... Aus dieser Situation müssen wir die Konsequenz einer an uns orientierten, von uns geleiteten, in ihrer Tätigkeit unabhängigen ... Jugendarbeit ziehen.« (Zit. bei Herz, FDJ, München 1965)

Die Freie Deutsche Jugend bis zu ihrem Verbot in der BRD (1946–1951)
Nach der Niederschlagung des Faschismus in Deutschland verzichtete die KPD auf die Reorganisation des Kommunistischen Jugendverbandes und betrieb statt dessen in Übereinstimmung der Vereinigungspolitik zwischen KPD und SPD und des Bündnisses der daraus hervorgegangenen SED mit den »antifaschistischen, bürgerlich-demokratischen« Parteien in der damaligen Sowjetischen Besatzungszone die Gründung einer selbständigen Jugendmassenorganisation, in der alle antifaschistisch gesonnenen Jugendlichen aufgenommen werden sollten. Nachdem am 7. 3. 1946 zunächst in der SBZ die Freie Deutsche Jugend gegründet worden war, folgten ab 1947 entsprechende Gründungen in Berlin und den westlichen Besatzungszonen.
Diese Entwicklung war bereits vorgezeichnet durch verschiedene Stellungnahmen des illegalen KJVD im faschistischen Deutschland. 1937 hatte der KJVD in Flugblättern zur Bildung einer »Freien Deutschen Jugendorganisation« aufgerufen. Seit demselben Jahr war in Paris die Zeitschrift »Freie Deutsche Jugend« erschienen, die sich als Diskussionsblätter für eine freie deutsche Jugendbewegung« verstand. Als 1938 in der Tschechoslowakei eine »Freie Deutsche Jugend« als »einheitlicher Jugendbund aller jungen deutschen Antifaschisten in der CSR« gegründet worden war, bezeichnete das ZK des KJVD diese als »höhere Form der freiheitlichen Jugendorganisation ..., die allen jungen Antifaschisten Raum gibt.«
Ihren Statuten nach war die FDJ weder eine kommunistische noch eine der SED bzw. KPD organisatorisch untergeordnete Organisation. Ihre Unabhängigkeit und ihre breite »antifaschistisch-demokratische« Platt-

form sollte gewährleisten, daß ein möglichst großer Teil der deutschen Jugend sich ihr anschließt. Die FDJ befand sich in Übereinstimmung mit der Politik der SED bzw. KPD, die revisionistische Entwicklung war bereits vorgezeichnet. Diejenigen Kräfte in der damaligen KPD, die den erneuten Aufbau einer eindeutig kommunistischen Jugendorganisation anstrebten, vertraten nach Ansicht der SED und KPD »linkssektierererische Auffassungen.«
1951, fünf Jahre vor dem Verbot der KPD, wurde bereits die FDJ durch Verordnung der Bundesregierung in Westdeutschland verboten. Der Grund hierfür liegt nicht in ihrem revisionistischen Programm (»Erziehung der Jugend im Geiste der Demokratie und des Humanismus«), sondern darin, daß die in der BRD seit 1951 offen betriebene Wiederaufrüstung die FDJ zu einem Sammelbecken und zur Speerspitze der überwiegend antimilitaristisch orientierten deutschen Jugend und damit zu einem revolutionären Faktor hätte werden lassen können. Dies mußte das westdeutsche Kapital und die Adenauer-Regierung insofern besonders befürchten, als die FDJ bis dahin nicht als bloßer Ableger der KPD erscheint, sondern sich als unabhängige Jugendorganisation verstand. Bis zu ihrem Verbot konnte die FDJ neben sozialdemokratischen Jugendverbänden und der Gewerkschaftsjugend eine wachsende Zahl von Jugendlichen zu antimilitaristischen Massenkundgebungen mobilisieren. Nach ihrem Verbot wurden Hunderte von Jugendlichen, die der Wiederaufrüstung den Kampf ansagten, in die Gefängnisse geworfen mit der »Begründung«, sie förderten die verbotenen Ziele der FDJ.

Die kommunistischen Jugendorganisationen seit 1968

In den Jahren 1966/67 erlebte die BRD eine wirtschaftliche Krise, die das Ende der Rekonstruktionsperiode des Kapitals anzeigte. Die industrielle Produktion sank von 163 % (gemessen am Stand von 1958 = 100 %) auf 150 %. Die Arbeitslosigkeit schnellte vom Dez. 1966 mit 360 000 auf 603 000 im Januar 1967 hoch. Sie lag im Durchschnitt des Jahres 1967 dreimal so hoch wie im Jahr 1966. (Vgl.: J. Kuczynski, »So war es wirklich«, Berlin 1969, S. 242.)
Die wirtschaftlichen Erschütterungen, die einhergingen mit dem Anwachsen der Aggressionen des amerikanischen Imperialismus in Vietnam und anderen Teilen der Dritten Welt, beeinflußten mittelbar nicht nur die seit 1967 sich entwickelnde antiautoritäre Studentenrevolte. Neben den sozialdemokratischen und gewerkschaftlichen Arbeiterjugendverbänden (wie z. B. Gewerkschaftsjugend des DGB 600 000, Naturfreundejugend 72 000, SDJ/Die Falken 160 000 Mitgl.) wurde am 4./5. Mai 1968 in Essen der erste kommunistische Jugendverband seit 1951, die SDAJ, gegründet. Sie hat heute rund 10 000 Mitglieder. Links von der revisionistischen SDAJ entstanden kommunistische Arbeiterjugendverbände: so die Roten Garden, als Abspaltung der Roten Garde der KJVD, und die Kommunistische Jugend ML (KJ/ML), außerdem die Revolutionäre Jugend/ML (RJ/ML) und der »Initiativausschuß für eine kommunistische Jugendorganisation – Spartakus«.
Wieder also sind es Teile der Jungarbeiterschaft, die als Avantgarde ihrer Klasse sich als erste revolutionieren und organisieren. Diese Tendenz wird noch verstärkt durch die immer deutlicher werdende doppelte Unterdrückung der Arbeiterjugend als Ware jugendliche Arbeitskraft im Produktionssektor und im Ausbildungssektor. Für viele Klein- und Mittelbetriebe ist auch heute noch das Mittel der »Lehrlingszüchterei« die folgenrichtige Konsequenz aus der verschärften Konkurrenz der Großbetriebe. Noch immer verdienen die meisten Handwerkslehrlinge nur ein Drittel des durchschnittlichen Hilfsarbeiterlohns – nämlich höchstens 100–250 DM. Zwei Drittel der jungen Arbeiter und Handwerksgesellen werden nach der Gesellenprüfung aus ihren Lehr-

betrieben entlassen und landen als Hilfsarbeiter in der Großindustrie. Die Zurichtung der Ware Arbeitskraft im Handwerk wird immer menschenunwürdiger.
Zur ökonomischen Ausbeutung kommt die politische Rechtlosigkeit. Lehrlinge unter 18 Jahren dürfen sich nicht an Betriebswahlen beteiligen. Ihre Jugendvertreter genießen keinen Kündigungsschutz wie z. B. Betriebsratsmitglieder. Ebenso haben die Lehrlinge kein Streikrecht. Teilen der Jungarbeiterschaft wird es immer deutlicher, daß ihre Ausbildung nur verschärfte Ausbeutung ist. Im Fensburger Gaststättengewerbe werden den Lehrlingen z. B. 48–50 Wochenstunden zugemutet. Allein 1967 wurden 46 489 Verstöße gegen die Bestimmungen des Arbeitsschutzgesetzes registriert. Mehr als solche Statistiken bringt dieses Gesetz allerdings nicht hervor.
Mit der wachsenden Rationalisierung erhöht sich auch die Gefahr der Arbeitslosigkeit für die Jugendlichen. »Wenn man von vernachlässigenswerten Ausnahmen absieht, nehmen die Disproportionalitäten in der Berufsbildung rapide zu. Eine kleine Gruppe von Lehrlingen wird in der fortschrittsintensiven Großindustrie zu einer neuen Arbeiteraristokratie hochgezüchtet. Der Masse der Arbeiter bleibt eine derart vermittelte berufliche Qualifikation erspart. Wenn sich die Automation in allen Sparten der Produktion und Distribution weiter fortsetzt, werden sie eines Tages nach dem Abschluß ihrer Lehre nicht mehr als Hilfsarbeiter unterkommen: Vor allem die Handwerksgesellen werden arbeitslos.« (K. H. Roth, Zur Lage und zu den Auseinandersetzungen um eine Reorganisation der Lehrlingsausbildung: in SDS-INFO 20, S. 6.) Der Berufsschulunterricht soll – bescheiden genug – acht bis zehn Wochenstunden betragen. Jeder zweite Berufsschüler muß sich mit weniger als acht Stunden zufriedengeben. Ein gerade verabschiedetes Berufsbildungsgesetz will die Entqualifizierung der Arbeitskraft angesichts vielfältiger Arbeitsteilung und ihren geringen Reproduktionskosten zusätzlich durch Kurzausbildung steigern. Die Lehrzeit soll auf ein, höchstens zwei Jahre verkürzt werden. Diese Verkürzung der jugendlichen Arbeitskraft zur entqualifizierten Ware wird auf die Interessen des Großkapitals zugeschnitten und das auf billigere Weise als früher.
Die fortgeschrittensten Teile des jugendlichen Proletariats beginnen gegen diese Verhältnisse anzukämpfen. Seit 1968 kommt es in der BRD immer häufiger zu Lehrlingsdemonstrationen. So demonstrierten im Herbst 1968 in Baden-Württemberg siebentausend Jugendliche und Ende April 1969 in mehreren Städten über fünftausend. Bei den Aktionen gegen die Notstandsgesetze, Neonazismus und bei den Anti-Springer-Demonstrationen stellte die Arbeiterjugend in der BRD den zahlenmäßig größten Anteil. Die Radikalisierung der Arbeiterjugend findet heute mit der Gründung kommunistischer Jugendorganisationen ihre richtige Antwort. Angesichts fehlender kommunistischer Massenorganisationen mit revolutionärer Strategie ist es nur korrekt, wenn die kommunistischen Jugendorganisationen sich als Avantgarde des Proletariats verstehen und sich als Vertreter des Gesamtinteresses ihrer Klasse begreifen. Die sich entfaltende revolutionäre Praxis geht Hand in Hand mit der Kritik der bestehenden Parteisekten. So stützte sich die Gründung der KJ/ML Hamburg auf folgende Kritik:
1. Die KPD/ML habe »sich selbst zur Avantgarde des Proletariats ernannt«. Sie behaupte nur, »ihre Vereinigung stelle die höchste Form des Klassenbewußtseins dar«.
2. Der Führungsanspruch der KPD/ML sei zu früh gestellt, »solange keine Klassen-, Orts- und Strukturanalyse in der BRD in einem hierfür notwendigen Etappenabschluß geleistet ist«.
3. Wichtige Organisationsansätze »wurden in die Parteigründung nicht mit einbezogen«.

4. Die KPD/ML habe einen diktatorischen statt einen demokratischen Zentralismus entwickelt.
Die KJ/ML kommt zu dem Schluß: »Die KPD/ML ist laut Grundsatzerklärung die Avantgarde des Proletariats. Tatsächlich ist sie nur die Avantgarde der Roten Garde. Aber auch dies nur organisatorisch, nur formal. In Wirklichkeit war sie der Klotz am Bein der Roten Garde.« (Vgl.: Apo-Press, Hamburg, Nr. 5, 1970, S. 2–4.)

Nach dem Versuch von Rotkol, in der Westberliner Linken sich eine politische Position zu schaffen, von der aus proletarische Jugendarbeit möglich war, ging es nun daran, die theoretischen und praktischen Probleme der Weiterentwicklung der Lehrlingsbewegung zu lösen, so wie sie von der Studentenbewegung hinterlassen worden waren.

Theorie ohne Praxis

Bei dem Versuch, proletarische Jugendarbeit zu initiieren, unterliefen uns grundlegende Fehler. Aufgrund unserer gescheiterten Praxis mit proletarischer Kinderarbeit lehnten wir jeden unmittelbaren Kontakt mit der Arbeiterjugend selbst ab. Wir hatten Angst, ohne Prinzipien und vor der Schaffung organisatorischer Voraussetzungen uns in eine neue handwerklerische Praxis im Proletariat zu stürzen. Wir versäumten es, uns erst einmal ein genaues Bild von den Ursprüngen und der Entwicklung der bisherigen Arbeiterjugendbewegung in Westberlin zu machen. Wir kamen noch nicht einmal dazu, uns ständig über die aktuelle Entwicklung auf dem laufenden zu halten. Indem wir die realen sozialen Bewegungen im Proletariat unterschlugen, mißlang uns in unseren weiteren theoretischen Bemühungen jeder Ansatz zur Entwicklung von revolutionärer Theorie, die in konkretem Bezug zur aktuellen Praxis des Proletariats und seiner Jugend stand. Wir waren damit noch hinter unseren Ansatz der Kinderarbeit, in der eine Wechselwirkung zwischen Theorie und Praxis entwickelt worden war, zurückgefallen. Unser am Ende der Kinderarbeit entworfenes Untersuchungsprogramm verkürzten wir völlig auf Theoriebildung.[5] Damit

[5] Dieser Regreß wäre in dieser Weise nicht geschehen, wenn wir bei der Untersuchung der Arbeiterjugend die von der Arbeiterbewegung selbst entwickelte Theorie der Lage der Arbeiterjugend und die Methoden der Erforschung der empirischen Erscheinungsformen der Arbeiterjugend gekannt hätten. Wir bedienten uns aber keineswegs der Marxschen Methode. Wir stiegen in unserer Analyse nicht zum Abstrakten hinab, um von ihm her wieder die konkreten Erscheinungsformen der Lage der Arbeiterjugend zu entwickeln. (Vgl. Marx' Abriß in: Grundrisse der Kritik der politischen Ökonomie, Berlin 1953, S. 21–29.) Wir entfalteten keinen Begriff vom Zusammenhang des Wesens und der Erscheinungsweise der Arbeiterjugend. Dabei hätte uns neben Marx' Methode der abstrakten Fassung der konkreten Erscheinungsformen, die von Marx 1866 propagierte Untersuchungsmethode nämlich »die statistische Untersuchung der Lage der arbeitenden Klassen« (MEW 16, S. 191), sein »allgemeines Untersuchungsschema« (MEW 16, S. 192) ebenso helfen können, wie der »Fragebogen für Arbeiter« (MEW 19, S. 230–237), den Marx 1880 entwarf. Wichtig wäre bei der Untersuchung der heutigen Erscheinungsform der Arbeiterjugend gewesen, wie Friedrich Engels zu verfahren, der 1844 die englische Arbeiterklasse untersucht hatte und über seine Methode schrieb: »Ich habe lange genug unter euch (Arbeitern) gelebt, um einiges von euren Lebensumständen zu wissen,

legten wir den ersten Grundstein für unsere Unfähigkeit, die während der Studentenbewegung aufgebrochenen Probleme der Arbeiterjugend zu lösen.

Wir versuchten, die Negation von Praxis durch besonders sorgfältige Theoriebildung aufzuheben. Da wir aber einmal überhaupt keinen Begriff von den realen Kämpfen der Arbeiterjugend hatten, zum anderen keinen konkreten Begriff der Arbeiterjugend als Teil der Arbeiterklasse, mußte unseren theoretischen Bemühungen vieles mißraten. Wir lasen zwar in Schulungsgruppen das Kapital I, aber wir haben es wie so viele kaum ausreichend konkret auf die Lösung unserer Aufgaben beziehen können. Wir organisierten uns als Theoriezirkel. Wir gingen in teilweiser Übernahme des unmaterialistischen Jugendbegriffs der antiautoritären Bewegung davon aus, daß die Arbeiterjugend in dreifacher Weise unterdrückt sei: im Reproduktionsbereich, in Schule und Produktion. Wir teilten deshalb unseren Zirkel in drei Gruppen auf, die die Formen der Unterdrückung der Arbeiterjugend in den jeweiligen Bereichen untersuchen sollten.

Da uns ein entfalteter Begriff von der Klassenlage der Arbeiterjugend jedoch fehlte, entwickelte sich die theoretische Arbeit in allen drei Bereichen ohne vereinheitlichte Basis.

Die Gruppe, die über die Lage der Arbeiterjugend in der Produktion arbeiten sollte, konnte nicht umfassend die Lage der Arbeiterjugend in der Produktion entwickeln. Sie charakterisierte zwar die Schichten der Arbeiterjugend (Lehrlinge, angelernte und ungelernte Jungarbeiter), arbeitete aber nicht genügend exakt die Probleme heraus, die sich aus der Lehrlingszüchterei für die Masse der Arbeiterjugend ergeben. Die Gruppe ging nicht dem Problem der Entstehung von Klassenbewußtsein in der Arbeiterjugend nach. Sie arbeitete auch nicht die Branchenunterschiede in der Industrie, den Strukturwandel der Arbeiterjugend unter dem Einfluß der Ausdehnung von Distribution und Verwaltung heraus. Da die Gruppe nicht die Einbeziehung der Arbeiterjugend in den Krisenzyklus des Kapitals und seine politischen und ökonomischen Konsequenzen analysierte, wurde ihr Versuch, Stellung zur Gewerkschaftsfrage zu nehmen und auch die Lage der Arbeiterjugend auf dem Arbeitskräftemarkt zu analysieren, statisch und unpraktisch. Die Konsequenz dieses Vorgehens: Es kam uns gar nicht in den Sinn, die historisch-materialistische Methode auf die Lage und

[. . .] ich habe die verschiedenen offiziellen und nichtoffiziellen Dokumente studiert, ich habe mich nicht damit begnügt, mir war es um mehr zu tun, als nur um die abstrakteste Kenntnis meines Gegenstandes, ich wollte euch in euren Behausungen sehen, euch in eurem täglichen Leben beobachten, mit euch plaudern über eure Lebensbedingungen und Schmerzen, Zeuge sein eurer Kämpfe gegen die soziale und politische Macht eurer Unterdrücker.« (MEW 2, S. 229) Wenn wir so verfahren wären, hätten wir vielleicht Marx' Hinweis eingelöst: »Um erfolgreich zu wirken, muß man das Material kennen, worauf man wirken will.« (MEW Bd. 16, S. 191) Eine sehr gute Darstellung der Entwicklung bürgerlicher und marxistischer Untersuchungen über die Lage der Arbeiterjugend von den Anfängen bis zur Gegenwart gibt Siegfried Ransch: Jugend und Jugendsoziologie – ein Beitrag zur Analyse der westdeutschen bürgerlichen Jugendsoziologie, Berlin, Humboldt Univ., Wirtschaftswiss. Diss., 1965.

Entwicklung der Arbeiterjugend in der BRD anzuwenden. Auch konkret wurden keine Ergebnisse über die bisherigen gewerkschaftlichen und ökonomischen Kämpfe der Arbeiterjugend gewonnen.
Die Gruppe, die über die Lage der Arbeiterjugend in der Reproduktionssphäre arbeitete, entwickelte zwar den abstrakten Zusammenhang zwischen kapitalistischer Produktion und Reproduktion. Sie entwikkelte die Lohn- und Wohnsituation der Arbeiterjugend. Sie analysierte die außerschulischen Erziehungsinstitutionen, die Probleme der Jugendsubkultur und exemplarische Beispiele für Freizeitprojekte der Linken. Ihr gelang aber nicht, mit der Einsicht in den kapitalistischen Krisenzyklus die bisherige und zukünftige Entwicklung des Reproduktionsbereiches zu analysieren.
Die dritte Gruppe, die die Schulsituation der Arbeiterjugend untersuchen sollte, verblieb bei dieser Aufgabe im Rahmen von kritischer Einflußforschung. Sie analysierte zwar die lebendigen sozialen Prozesse, aber nur bezogen auf die antiautoritäre Schülerbewegung. Die Volksschule, ihre Abhängigkeit vom Krisenzyklus des Kapitals, die derzeitigen Widersprüche in der Volksschule und der bewußtseinsmäßige Ausdruck dieser Widersprüche in der schulpflichtigen Arbeiterjugend wurden nicht untersucht.
Die Konsequenz dieser Gruppenarbeit war, daß wir die Masse des unsystematisch, uneinheitlich und mit verschiedenen Methoden erstellten Materials nicht zur Grundlage von Strategieentwicklungen nehmen konnten. Von unserer Theorie aus führte kein Weg zur Praxis. Da wir den realen gesellschaftlichen Reproduktionsprozeß in seiner aktuellen Erscheinung verdrängten, stellte sich uns auch das Problem des Zusammenhanges der Grundkategorien der politischen Ökonomie und aktueller Empirie weitgehend nicht.[6]

Proletarische Organisation ohne Arbeiter

Als wir mit unserer theoretischen Begründung von zukünftiger Praxis im Proletariat nicht weiterkamen, drängte sich das Organisationsproblem wieder in den Vordergrund. Dabei fielen wir auf früher gemachte Fehler wieder zurück. Wir setzten uns, ohne proletarische Avantgardisten organisiert zu haben, wieder als Avantgarde ein. Wir begriffen unseren Theoriezirkel als Initiativzelle (IZ) einer unabhängigen kommunistischen Jugendorganisation (UKJ). Unsere Initiativzelle entwickelte aber als einzige Praxis lediglich einige Flugblattaktionen vor Berufsschulen. Diese hatten keine Konsequenzen. Als einzige Lösung der Orientierungsfrage erschien uns dann die Betriebsarbeit. Wir woll-

[6] Ansätze zur Reflexion des Verhältnisses von Empirie und ökonomischen Grundkategorien finden sich bei: Autorenkollektiv Marxarbeitskreis Historiker: Schulungstext zur Kritik der politischen Ökonomie Berlin 1971. — Altvater/Huisken: Materialien zur politischen Ökonomie des Ausbildungssektors, Erlangen 1971, S. XXIII ff.

ten durch die Aufnahme von Betriebsarbeit im Großbetrieb sowohl die Studenten zu Kadern machen, als auch Ansätze einer Betriebsorganisation des Proletariats, die auch die Arbeiterjugend umfassen sollte, initiieren. Die Frage der Betriebsarbeit führte zur endgültigen Spaltung und Auflösung des Rotkol.

Diese Spaltung hatte folgende Ursachen: eine Gruppe im Rotkol wollte die Betriebsarbeit nicht aufnehmen, weil die Masse der Arbeiterjugend im Handwerk und industriellen Kleinbetrieben organisiert ist. Ein anderer Teil des Rotkol wollte trotz besseren Wissens im Großbetrieb arbeiten. Sie sahen die Lösung ihrer Probleme darin, einer studentischen Parteiinitiative beizutreten, die sowohl ihre Betriebsarbeit anleiten, als auch die kommunistische Jugendorganisation aufbauen sollte. Die Auflösung des Rotkol zeigte, daß unzulängliche theoretische Arbeit, der Einfluß der Spaltung der Linken Bewegung überhaupt, fehlender Bezug der Intellektuellen zur realen Praxis des Proletariats bzw. der Arbeiterjugend zur sektiererischen Verkürzung, zum Scheitern jeder organisierten Unterstützung des Klassenkampfes durch Intellektuelle führen muß.

3. Für eine neue Offensive

Nach der Spaltung und Auflösung des Rotkol im Sommer 1971 ging ein Teil der Genossen in eine studentische Parteiinitiative, die sich inzwischen selbst aufzulösen droht. Ein anderer Teil begann eine statistische Erfassung der Lage der Arbeiterjugend in Westberlin. Ein dritter Teil integrierte sich in den Aufbauprozeß eines Jugendzentrums im Arbeiterbezirk Kreuzberg. Er begann die Agitation für eine radikale Perspektive pädagogischer Intelligenz in Westberliner Ausbildungsstätten. Er versuchte die theoretischen und praktischen Voraussetzungen des politischen Kampfes von Sozialisten nach dem faktischen Scheitern von Studentenparteien zu klären.
Mit der Aufnahme praktischer politischer Arbeit diskutieren wir etwa folgende politische Position:

Zur Kritik der Parteigründungsetappe

Heute wird in der wachsenden Isolation organisierter Gruppen der Linken wie auch durch die uneingelösten Versprechen der studentischen Parteigründungen deutlich, daß die Wende der antiautoritären Bewegung zu den Massen im Grunde eine Abwendung von denselben zur Konsequenz hatte. Die fehlende Vermassung des antikapitalistischen Kampfes in der BRD findet seine Ursachen in objektiven und subjektiven Gründen. Objektiv haben die Fraktionen des Kapitals mit Hilfe der SPD und FDP die auftretenden Reproduktionsschwierigkeiten des westdeutschen Kapitals teilweise abschwächen können. Subjektiv haben alle Versuche nicht zur Organisation und Entfaltung der Massen geführt. Weder die Aufarbeitung der Theorie und Praxis der III. Internationale (1919–1943)[1] und der Geschichte der deutschen KPD (1919–1951)[2], noch das Bemühen um eine abstrakte Rekonstruktion des Systems der Kritik der politischen Ökonomie haben eine den spätkapitalistischen Verhältnissen angemessene revolutionäre Theorie und Organisationsform hervorgebracht. Die Rezeption der leninistischen Parteikonzeption führte zu mehreren Prämissen, mit deren

[1] Vgl. Die kommunistische Internationale, Berlin 1970. – Schüller, Kurella, Chitarow: Geschichte der kommunistischen Jugendinternationale, Bd. 1–3, München 1970.
[2] Vgl. KPD/AO: Die Bolschewisierung der KPD, Teil 1 u. 2, Berlin 1970. – Dazu: Hans Dieter Heilmann, Bernd Rabehl: Die Legende von der Bolschewisierung, I u. II, in: *Sopo* 8 u. 10.

Hilfe man die Organisations- und Strategieprobleme der Linken lösen wollte:
1. Zwischen ökonomischem und politischem Kampf ist streng zu unterscheiden.
2. Zwischen dem bloß ökonomistischen Bewußtsein der Arbeiterklasse und dem proletarischen Klassenbewußtsein ist ein großer Unterschied. Träger des Klassenbewußtseins sind die fortgeschrittensten Intellektuellen.
3. In der sozialistischen Bewegung muß man streng zwischen Avantgarde und Masse unterscheiden. Die Avantgarde muß die Massen anleiten.[3]

Aufgrund dieser Prämissen schien sich das Verhältnis von Studenten- und Arbeiterbewegung in der BRD richtig bestimmen zu lassen. Die Übernahme des Leninschen Organisationsmodells bot sich schließlich auch deshalb an, weil man den Begriff der Arbeiterklasse auf das Industrieproletariat einengte. Die industriellen Handarbeiter wurden damit, angeleitet von ihrer Partei, als alleiniges ›revolutionäres Subjekt‹ konzipiert. Die Intellektuellen wurden in ihrer Mehrzahl als »gebildete Vertreter der herrschenden Klasse« (Lenin) und als bloße »kleinbürgerliche Bündnispartner des Proletariats« eingestuft.[4] Unter der Annahme, daß das Proletariat selbst die fortgeschrittensten, Intellektuellen als Avantgarde zu seiner Mobilisation braucht, und nachdem die Studentenbewegung, soweit sie um die Verteidigung studentischer Privilegien gekämpft hatte, als reaktionär eingestuft wurde, ergab sich die Legitimationsbasis, daß sich einzelne Gruppen von Intellektuellen zur Avantgarde des Industrieproletariats machen konnten. Sie gaben nun an, daß sie den ökonomischen mit dem politischen Kampf verbinden und Klassenbewußtsein von außen ans Proletariat herantragen könnten. Als selbsternannte Kaderavantgarde hoben sie sich von den als unbewußt begriffenen Massen ab. Sie glaubten sich im Besitz des richtigen Revolutionskonzepts. Sie erhoben den Anspruch, alle Klassenkämpfe anzuführen. Allerdings geschah diese Selbsternennung einzelner intellektueller Gruppen über Studenten- und Arbeiterbewegung, ohne daß sie sich auf »die tatsächlichen Verhältnisse eines existierenden Klassenkampfes, einer unter unseren Augen vor sich gehenden geschichtlichen Bewegung« (Kommunistisches Ma-

[3] Vgl. zur klassischen Kritik der Leninschen Parteikonzeption Rosa Luxemburg: Organisationsfragen der russischen Sozialdemokratie, in: Dies., Politische Schriften, Bd. 3, Frankfurt 1968, S. 83 ff. – Otto Rühle: Die Revolution ist keine Parteisache, in: Die Linke gegen die Parteiherrschaft, Olten 1970, S. 329 ff. – Neuere Kritiken zur Rezeption des Leninschen Parteikonzepts in der Linken: Monika Steffen, Klaus Funken: Die einfache Kaderproduktion, in: *Kursbuch* 25, S. 123 ff. – H. Bierbaum u. a.: Zur Aktualität der Leninschen Partei, in: *Sopo*, Febr. 1971. – B. Rabehl u. a.: Gegen den Strom des Revisionismus und Opportunismus, Berlin 1971 – Michael Schneider: Gegen den linken Dogmatismus, eine ›Alterskrankheit‹ des Kommunismus, in: *Kursbuch* 25, S. 73 ff. – Hans-Jürgen Krahl: Thesen zum allgemeinen Verhältnis von wissenschaftlicher Intelligenz und proletarischem Klassenbewußtsein, in: Ders., Konstitution und Klassenkampf, Frankfurt 1971, S. 330 ff.

[4] So schrieb z. B. die Betriebsorganisation PL/PI: »Die Perspektive der sozialistischen Intelligenz hängt vollkommen in der Luft, solange nicht das kämpfende Proletariat dieser Intelligenz konkrete Aufgaben stellt.« (Plattform der PL/PI, Berlin 1970.)

nifest), noch auf eine richtige Analyse des heutigen Monopolkapitalismus stützen konnten.[5]

Auf der Basis der fehlenden Vermittlung von theoretischem Anspruch und praktischer Realität führten die Parteiansätze die Linke insgesamt vom Studenten- zum Arbeiterfetischismus, von der antiautoritären Massenbewegung zur autoritären Zirkelbewegung,[6] von der Offensive zur Defensive, vom Primat des ›subjektiven Faktors‹ zum Primat des ›objektiven Faktors‹, vom Marcusianismus zum pseudoreligiösen Mao- und Stalinkult. Mit dieser Strategie, ihren theoretischen und organisatorischen Prämissen muß im Interesse der Massen gebrochen werden.

Von der Sektiererei zur proletarischen Massenbewegung

Wenn die Wende der antiautoritären Bewegung zu den Massen keine war, so gilt es heute die Weichen zu stellen, damit sie endlich eine werden kann.

Dabei hilft uns nicht die Übernahme von revolutionären Theorien, die auf der Basis revolutionärer Bewegungen in Ländern ohne entfaltetes Kapitalverhältnis entstanden sind. Dabei hilft uns noch weniger der Import von historisch relativierten Organisationsmodellen.

Es kommt darauf an, das »Urteil in allen Fragen der Taktik, auch in der Revolution, abhängig zu machen nur von der Realität, von den wirklichen Klassenverhältnissen, wie sie sich politisch und ökonomisch offenbaren.«[7]

Der Rekurs auf die Geschichte der III. Internationale, der KPD sowie der KP Chinas und die Rekonstruktion der politökonomischen Kategorien war notwendig. Die unkritische Analyse der III. Internationale und der bolschewisierten Parteien als den Trägern des sowjetischen Staatsinteresses und nicht der nationalen proletarischen Klasseninteressen war allerdings fehlerhaft genug. Auch die teilweise Aufarbeitung der Politökonomie in hegelscher, idealistischer Form geriet höchstens zum adäquaten Ausdruck eines universitären Assistentensozialismus, war selbst nicht die Rekonstruktion des wissenschaftlichen Sozialismus der heutigen sozialistischen Bewegung. Diese Etappe der Theorieentwicklung ist objektiv überholt. Heute ist die Aufgabe unabweisbar, die revolutionäre Theorie und den Prozeß der Organisation unter Bezug auf die aktuellen monopolkapitalistischen Produk-

[5] Bekennt doch z. B. des ZK der KPD/ML: »Da wir augenblicklich weder eine marxistisch-leninistische Analyse des heutigen Monopolkapitalismus noch eine richtige Klassenanalyse Deutschlands besitzen, wird deren Ausarbeitung zur absoluten Notwendigkeit.« Plattform des ZK der KPD/ML, in: *Roter Morgen*, April 70.

[6] Vgl. Die Partei aufbauen. Plattformen, Grundsatzerklärungen, Berlin 1971.

[7] Hermann Gorter: Offener Brief an den Genossen Lenin, in: Die Linke gegen die Parteiherrschaft, Olten 1970, S. 418.

tionsverhältnisse in der BRD und die aktuellen politischen Kampfbewegungen zu entwickeln.
Um diesem Ziel näherzukommen, ist von der Einsicht in die Veränderung des Spätkapitalismus gegenüber dem Kapitalismus zur Zeit der III. Internationale auszugehen.
Der Spätkapitalismus in den Metropolen ist durch die wissenschaftlich-technische Revolution, eine enorme Expansion seiner Produktivkräfte[8], den Strukturwandel des Proletariats[9], die Entstehung des monopolkapitalistischen Staates, durch die Internationalisierung der nationalen Gesamtkapitalisten unter der Führung des US-Kapitals und schließlich durch die Abschwächung seines Gegensatzes zu den revisionistischen Staaten zu kennzeichnen.
Das Erfassen der inneren und äußeren Reproduktionsbedingungen der spätkapitalistischen Gesellschaft, ihrer Widersprüche und deren praktischer Aufhebung erfordert einen neuen Begriff vom Proletariat und seiner Emanzipation. Die Identifikation der Arbeiterklasse mit manueller Arbeit und die Vorstellung von der Arbeiterklasse als einer harmonischen, widerspruchslosen Einheit, wie sie bei den Parteisekten vorherrscht, ist falsch.[10]
Zur Arbeiterklasse müssen wir alle die zählen, die keine Produktionsmittel besitzen, sich durch den Verkauf ihrer Arbeitskraft reproduzieren müssen und ihre Arbeit gegen Lohn tauschen. Die Zahl der Mitglieder der Gesellschaft, die diesen Lebensbedingungen unterworfen sind, vergrößerte sich beim Übergang von der manufakturellen zur industrialisierten, maschinellen Produktion. Heute beim Übergang von der maschinellen Fabrikproduktion zur teilautomatisierten, verwissenschaftlichten Produktionsweise, entwickelt sich eine gesteigerte Subsumtion der Arbeits- und Lebensbedingungen unter die Bedingungen der Lohnarbeit. »Mit der fortschreitenden Vergesellschaftung des Kapitals und der produktiven Arbeit und der technologischen Verwissenschaftlichung der Produktion wird auch das unmittelbare Industrieproletariat immer mehr zum Moment im Gesamtarbeitsprozeß. Es repräsentiert weniger denn je die Totalität produktiver Arbeit.«[11] Diese Entwicklung hat zur Konsequenz, daß auch

[8] Vgl. Richta-Report: Politische Ökonomie des 20. Jahrhunderts. Die Auswirkungen der wissenschaftlich-technischen Revolution auf die Produktionsverhältnisse, Frankfurt 1971. – Technische Revolution, Freisetzung und Vollbeschäftigung im Kapitalismus. *DWI-Forschungshefte*, Nr. 3, 1966. – Justina Marx: Strukturveränderungen in der westdeutschen Arbeiterklasse in der wissenschaftlich-technischen Revolution, in: *DWI-Berichte*, Nr. 12, 1969.
[9] Helmut Steiner: Soziale Strukturveränderungen im modernen Kapitalismus, Berlin 1967. – Tjaden u. Tjaden: Zur Analyse der Sozialstruktur des deutschen Kapitalismus, in: *Das Argument*, Nr. 61, 1970, S. 645 ff.
[10] Diese Thesen werden auch in der Diskussion um den Inhalt des Begriffs ›Arbeiterklasse‹ von DKP-Autoren kritisiert. Allerdings werden reformistische Schlüsse aus dem Strukturwandel der Arbeiterklasse gezogen. Vgl. Heinz Jung: Zur Diskussion um den Inhalt des Begriffs Arbeiterklasse und zu Strukturveränderungen in der westdeutschen Arbeiterklasse, in: *Das Argument*, Nr. 61, 1970, S. 665–698.
[11] Hans-Jürgen Krahl, a. a. O., S. 334. Das Kollektiv RAF (Rote Armee Fraktion) geht in der Einschätzung der Bedeutung des Industrieproletariats noch weiter, wenn es feststellt, daß die »handarbeitende Industriearbeiterschaft tendenziell eine Rest-

relevante Teile der früher selbständigen Intelligenz zu Teilen des Gesamtarbeiters werden. Das revolutionäre Subjekt im Spätkapitalismus ist keineswegs die manuell arbeitende Industriearbeiterschaft allein, sondern es sind potentiell alle revolutionären Teile der Schichten des Gesamtarbeiters. Der Hebel, mit dem der Kapitalismus gestürzt wird, ist heute deshalb nicht allein die revolutionäre Industrie-Betriebsarbeit und Organisation, sondern die politische Organisation in allen Bereichen des Gesamtarbeiters. Zum zentralen Problem der Revolution wird im Spätkapitalismus nicht die ›Leninsche Herantragung des Klassenbewußtseins‹ von außen an die Arbeiterklasse, sondern die Entwicklung des Klassenbewußtseins durch revolutionäre Potentiale, die nicht als Berufsrevolutionäre von den Massen getrennt sind, im Gesamtarbeiter selbst. Nicht die Organisation der Führer oder Kader ist heute zu entwickeln, sondern die Entfaltung von Massenorganisationen auf der Basis der Massenbedürfnisse der Lohnabhängigen.
Die vom Stand der Produktivkräfte heute geforderte und im Kapitalismus nur für die qualifizierten Teile des Gesamtarbeiters ansatzweise realisierte Mobilität und Aufhebung der Teilarbeit macht jede autoritär-zentralistische Organisationsform zum Verewiger kapitalistischer Hierarchie und zum untauglichen Mittel der Emanzipation. Die revolutionäre Partei der Zukunft, die sich von unten aus den Massenorganisationen entwickelt, muß eine Massen-, keine Kaderpartei sein.[12] »Eine führende Partei ist nur dann eine proletarische Partei, wenn sie den Massen nicht befehlen will, sondern im Gegenteil das Instrument ihrer Initiativen bleibt.«[13]

Die Bedeutung der Jugend in der Etappe des proletarischen Massenkampfes

Die Entwicklung der kapitalistischen Produktivkräfte in der wissenschaftlich-technischen Revolution hat die Ausdehnung der Lohnarbeitsverhältnisse auf breite Schichten erzwungen und produziert auch Veränderungen in den jugendlichen Schichten des Gesamtarbeiters. Es ist also ein neuer Begriff von der ›Arbeiterjugend‹ und ihrer Funktion im Klassenkampf zu gewinnen.
In der Jugend des Gesamtarbeiters ist zwar der Widerspruch zwischen Kopf- und Handarbeit, zwischen studierender und arbeitender Jugend noch stärker ausgeprägt als im erwachsenen Gesamtarbeiter, der insgesamt schon in Lohnarbeit steht. Auf dem Hintergrund der wissenschaftlich-technischen Revolution wird aber mit der notwendigen

schicht« ist, »die im weiteren Verlauf der industriellen Revolution auch von dem unmittelbaren Zugriff auf die entscheidenden ökonomischen Hebel verdrängt werden wird«. (Kollektiv RAF: Über den bewaffneten Kampf in Westeuropa, Berlin 1971, S. 55.)
12 Vgl. Mario Tronti: Revisionismus und Extremismus, Berlin 1971, Kap. II.
13 Carles Bettelheim: Massenlinie und revolutionäre Partei, München 1971, S. 12.

Verstärkung der Vergesellschaftung der Erziehung dieser Widerspruch verändert. Die unterschiedlichen Qualifikationsstufen und -zeiten müssen aufgrund der Verwissenschaftlichung der Produktion und Reproduktion einander angenähert werden. Aufgrund des explosiv steigenden Bedarfs an intellektueller Arbeit muß das Bildungsprivileg schrittweise eingeschränkt werden. Es werden also Tendenzen deutlich, daß der Widerspruch zwischen Kopf und Handarbeit im jugendlichen Gesamtarbeiter sich abzuschwächen beginnt.

Die wissenschaftlich-technische Revolution beginnt aber auch das Verhältnis von jugendlichen und erwachsenen Schichten des Gesamtarbeiters grundsätzlich zu verändern. Die Arbeitsqualifikation der erwachsenen Lohnabhängigen wird von den Jugendlichen, die stets über aktuelleres Wissen, Fähigkeiten und Fertigkeiten verfügen müssen, immer stärker entwertet. Die traditionellen Alters- und Autoritätsrollen lösen sich damit auf. Die mit Fließbandsystem und Taylorismus immer umfassender einsetzende Intensivierung der Arbeit verstärkt aber auch die seelischen und nervlichen Belastungen im Produktionsprozeß. Damit gewinnt junge unverschlissene Arbeitskraft auch angesichts wachsender Freisetzung von Arbeitskräften bei steigender Automatisierung an Bedeutung für den kapitalistischen Produktions- und Reproduktionsprozeß. Das notwendige Resultat dieser Entwicklung: die Jugend steigert ihr Selbstbewußtsein. Die arbeitende und lernende Jugend verweigert immer stärker die Anpassung und beteiligt sich statt dessen an allen neuen revolutionären Bewegungen des Sozialismus in Westeuropa — Ausdruck der veränderten Stellung der Jugend im kapitalistischen Reproduktionsprozeß.

Das früher vom Rotkol vertretene Theorem von der ›Arbeiterjugend als Avantgarde im Klassenkampf‹ versuchte, leicht arbeiterfetischistisch, dieser veränderten Stellung der Jugend im Reproduktionsprozeß einerseits und in der revolutionären Bewegung andererseits Rechnung zu tragen. Heute zeigt sich, daß die Arbeiterjugend im antikapitalistischen Kampf nicht als Avantgarde der Arbeiterklasse, sondern als revolutionärste Schicht der handarbeitenden Lohnabhängigen einzuschätzen ist. Sie wird beim Fortgang der Klassenkämpfe immer enger mit den revolutionären Potentialen der lernenden Jugend kooperieren, weil deutlich wird, daß gemeinsame Ziele sie verbinden. In der heutigen Etappe wird der Ansatz von Organisationsprozessen weitgehend auf Teilen der arbeitenden und studierenden Jugend aufbauen müssen. Diese Organisationsansätze, in denen die Jugend das Übergewicht hat, irgendwelchen studentischen Kaderparteien unterzuordnen, würde die Revolutionierung der arbeitenden und lernenden Jugend nur hemmen.

Was heisst nun proletarische Erziehung im Spätkapitalismus?

Die Einsicht, daß in allen Fragen des politischen Kampfes von den spätkapitalistischen Verhältnissen und nicht von historisch-überholten Produktionsepochen und ihrer revolutionären Theorie und Praxis auszugehen ist, hat auch Konsequenzen für den notwendig neu zu fassenden Begriff von proletarischer Erziehung. Ein Begriff von proletarischer Erziehung im Spätkapitalismus kann nicht aus der Theorie und Praxis der kommunistischen Kinder- und Jugendarbeit der zwanziger Jahre oder der chinesischen Kulturrevolution gewonnen werden.[14] Das verbietet der unterschiedliche Stand der Produktivkräfte und der Klassenkämpfe. Proletarische Erziehung heute kann nichts anderes sein als die selbsttätige Anpassung der jungen Generation des Gesamtarbeiters an die revolutionäre Bewegung, die aufgrund der Widersprüche des Spätkapitalismus den Kampf gegen die »Teilung und den kapitalisitischen Begriff der Arbeit«, »für die Gleichheit der Einkommen und für eine gesellschaftliche Verwaltung und Leitung und gegen den politischen Staat«[15] aufnehmen muß.
Diese selbsttätige Anpassung an den revolutionären Prozeß, die den einzelnen zur subjektiven und objektiven Selbstbefreiung führen soll, entspringt dem im Spätkapitalismus mit der wissenschaftlich-technischen Revolution auf die Spitze treibenden Widerspruch zwischen Produktivkräften und Produktionsverhältnissen. Der Prozeß der historischen Entwicklung der Produktivkräfte ist kein gleichmäßiger. Stetige Phasen werden von qualitativen Sprüngen unterbrochen. Nach dem qualitativen Sprung von der Kooperation zur Manufaktur und von dieser zur großen Industrie entwickelt sich im Spätkapitalismus mit der wissenschaftlich-technischen Revolution der Sprung zur teilautomatisierten Produktion. Die spätkapitalistische Gesellschaft tritt heute in eine Phase der sprunghaften Revolutionierung ihrer technischen Basis ein. »Durch Maschinerie, chemische Prozesse und andere Methoden wälzt sie beständig mit der technischen Grundlage der Produktion die Funktion der Arbeiter und die gesellschaftliche Kombination des Arbeitsprozesses um.«[16] Der Spätkapitalismus verschärft mit seiner revolutionären, technologischen Basis den Widerspruch zwischen notwendiger Allseitigkeit der Arbeitskraft und der Unmöglichkeit, die alte Teilung der Arbeit aufzuheben. »Die Natur der großen Industrie bedingt daher Wechsel der Arbeit, Fluß der Funktion, allseitige Beweglichkeit des Arbeiters. Andererseits reproduziert sie in ihrer kapitalistischen Form die alte Teilung der Arbeit mit ihren

[14] Einen derartigen Versuch machte jüngst noch die KPD/AO in dem Buch: Kampf-Kritik-Umgestaltung: proletarische Schule und Universität in China, Berlin 1971.
[15] Vgl. Notwendigkeit des Kommunismus. Die Plattform von Il Manifesto. Berlin 1971, These 79.
[16] MEW, Bd., 23, S. 511.

knöchernen Partikularitäten.«[17] Die vom heutigen Stand der Produktivkräfte geforderte, notwendige Entfaltung der Produktivkraft Arbeit wird wegen Erhöhung des Profits und zur Drückung der Kosten für die Qualifikation der Arbeitkraft von der kapitalistischen Profitwirtschaft verhindert.
Die kapitalistische Gesellschaft in der wissenschaftlich-technischen Revolution aber muß durch die Kapitalbewegung mit ihrem Wechselspiel von Stagnation, Prosperität, Überproduktion und Krise, durch den wachsenden Zwang zur Mobilität, durch die Ruinierung des Handwerks und der Kleinindustrie, sowie durch das Absterben des alten Energiesektors und die Expansion der Wachstumsindustrie den lohnabhängigen Massen die anachronistischen Formen der Kapitaldiktatur enthüllen und zum Kampf gegen diese Diktatur antreiben. Die technologische Revolution macht es für alle Teile des Gesamtarbeiters zur Frage »von Leben oder Tod, den Wechsel der Arbeiten und daher möglichste Vielseitigkeit der Arbeiter als allgemeines gesellschaftliches Produktionsgesetz anzuerkennen und seiner normalen Verwirklichung die Verhältnisse anzupassen«[18].
Die Auswirkungen der wissenschaftlich-technischen Revolution haben nach der Krise 1966/67 in der BRD verschärft begonnen. Bis 1980 muß in der BRD aufgrund von Produktionsumstellungen mit dem »Wechsel des Arbeitsplatzes von mehr als 10 Mill. Personen gerechnet werden. Das entspricht zwei Fünfteln der Erwerbstätigenzahl von 1968.«[19] Diese Teile des Gesamtarbeiters werden also in Zukunft mit dem Wechsel des Arbeitsplatzes eine Schlechterstellung und die Einsicht in fehlende Allseitigkeit ihrer Ausbildung sowie den Wechsel ihres Wohnortes mit seinen Auswirkungen für sich und ihre Familien erfahren. Diese Erfahrung wird sie objektiv zum Widerstand gegen die Teilung der Arbeit, zum Kampf für die Gleichheit der Einkommen und für eine gesellschaftliche Verwaltung der Produktionsprozesse zwingen.
Während der wissenschaftlich-technischen Revolution werden die jugendlichen Teile des Gesamtarbeiters in besonderer Weise mit der Einsicht in ihre Lage unterm Kapitalismus konfrontiert und zum Handeln gezwungen.
Das hat folgende Gründe:
1. Die Hauptschulen haben der Jugend in keiner Weise ein Wissen vermittelt, das sie für die spätkapitalistischen Produktionsverhältnisse qualifiziert. Die Hauptschüler haben keine polytechnische Bildung erhalten, wie sie der neue Stand der Produktivkräfte erfordert.[20] Der

[17] Ebd.
[18] Ebd., S. 512.
[19] Wirtschaftliche und soziale Aspekte des technischen Wandels in der BRD, Bd. 1, Frankfurt 1970, S. 34.
[20] Vgl. Werner Petschick: Ökonomische Aspekte der westdeutschen Berufsausbildung und demokratische Lösungswege unter besonderer Berücksichtigung der Anforderungen der wissenschaftlich-technischen Revolution, Berlin, Humboldt Univ., Wirtschaftswiss. Diss., 1968, S. 66–72.

›Lehrstellenmarkt‹ wird ihnen schon nach dem Verlassen der Hauptschule zeigen, daß die Reproduktion ihrer Lebensumstände völlig von den Bewegungen des Kapitals abhängt.[21]

2. Die Berufsausbildung findet für zwei Drittel der gewerblichen Lehrlinge im Handwerk statt. Dort wird ihnen noch nicht einmal das nötige Wissen über die Produktionsgeheimnisse der Manufaktur geschweige denn die polytechnische Qualifikation für den technologisch-revolutionären Spätkapitalismus vermittelt. Das Überwechseln der meisten Lehrlinge nach Abschluß ihrer Lehre in die große Industrie wird sie nötigen, auf die ihnen durch das Kapital vermittelte Verblödung zu reagieren.[22]

3. Die kaufmännischen Lehrlinge werden vorwiegend für einfache Büroarbeiten ausgebildet. Mit dieser Ausbildung versehen und den rasanten Veränderungen im tertiären Sektor konfrontiert, werden die jungen Kaufleute erfahren, worum sie das Kapital betrogen hat.[23]

4. Die Gymnasiasten- und Studentenrevolte hat gezeigt, daß der Kampf gegen die Kapitaldiktatur in der Phase seit 1966/67, in der die notwendige Erziehung zur polytechnischen Allseitigkeit technokratisch reduziert wird, nötig und möglich ist. Sie hat allen jugendlichen Schichten ein Beispiel gegeben.

Die arbeitende und lernende Jugend wird zum Kampf um allseitige Erziehung im Spätkapitalismus nicht nur in besonderem Maße gezwungen, sie hat auch, von ihrer wachsenden Bedeutung für den Produktionsprozeß her gesehen, immer größer werdende Möglichkeiten, diesen Kampf erfolgreich zu führen.

Proletarische Erziehung kann unter diesen Umständen nichts anderes heißen als Kampf um die Allseitigkeit der Arbeitskraft durch ihre Befreiung von den Fesseln der Lohnarbeit.[24]

Diese Befreiung der Arbeitskraft von den Fesseln der Lohnarbeit geschieht mit dem Ziel, die wissenschaftlich-technische Revolution zu vollenden und die Handarbeit überhaupt abzuschaffen.

Der heutige Kampf der studierenden und arbeitenden Jugend um die Durchsetzung einer Arbeitserziehung, die die Allseitigkeit des Menschen herausbildet und die in den Formen, in denen Arbeit und Kampf im Klassenkampf sich verbinden lassen, auch schon unter dem Kapitalismus möglich ist, steht in der Tradition des Kampfes der traditio-

21 Ebd., S. 91–108.

22 Ebd., S. 108–113.

23 Werner Petschick, a. a. O., S. 108–113. Vgl. außerdem: Elisabeth Bernheyer: Probleme der Qualifizierung von Industriearbeiterinnen unter Bedingungen der technischen Revolution in Westdeutschland. Berlin Humboldt-Univ. Wiwi. Diss. von 1967, Ekkehard Sachse: Technische Revolution und Qualifikation der Werktätigen. Berlin 1965.

24 Diskutiert werden die Vorstellungen von den Grundlagen und dem Kampf um polytechnische Erziehung im Kapitalismus und der Verwirklichung der polytechnischen Erziehung unterm Sozialismus bei folgenden Autoren: H. Karras: Die Grundgedanken der sozialistischen Pädagogik in Marx' Hauptwerk »Das Kapital«. Hannover: 1970. Gotthold Krapp: Marx und Engels über die Verbindung des Unterrichts mit produktiver Arbeit und die polytechnische Bildung. Frankfurt 1971.

nellen Arbeiterbewegung um revolutionäre Arbeitserziehung.[25] Aber er entwickelt neue Momente, die dem heutigen Stand der Produktivkräfte entsprechen.

Heute ist die herrschende Klasse, um die Konkurrenzfähigkeit ihrer Produktion auf dem Weltmarkt aufrechtzuerhalten, gezwungen, mit der Einführung der Arbeitslehre eine verbesserte ›Hinführung der Schüler zur modernen Arbeits- und Wirtschaftswelt‹ in den Hauptschulen zur organisieren.[26] Gleichzeitig werden diese Anstrengungen indes nicht ausreichen, um den Produzenten die nötigen Kenntnisse über die Entwicklung neuer Technologien wie Datenverarbeitung, Computerwesen, Kybernetik sowie neuer Produktivkräfte wie Atomenergie zu vermitteln. Die Abneigung der Fähigkeiten, die zur Meisterung des neuesten Standes der Produktivkräfte durch die Produzenten notwendig sind, wird heute zu einer zentralen Forderung. Die Jugend führt heute den Kampf der traditionellen Arbeiterjugend allerdings ohne Sozialstaatsillusionen fort. Sie kämpft vielmehr um die gesellschaftliche Durchsetzung proletarischer Erziehung ebenso wie um ihre proletarisch-revolutionäre Erziehung selbst.

Proletarische Erziehung findet statt, wenn beim Kampf im Ausbildungsbereich um allseitige Erziehung gelernt wird, daß die Durchsetzung der polytechnischen Erziehung die gleichen gesellschaftlichen Veränderungen erfordert wie die Abschaffung der Lohnarbeit. Damit diese Erziehung aber erfolgreich ist, muß sie dem Kampf um Allseitigkeit verbinden mit dem Erwerb der Waffen, die intellektuell und materiell der Befreiung vom Kapitalismus in den entsprechenden Institutionen der Gesellschaft (wie Ausbildungssystem, Betrieb und Bundeswehr) dienen. Damit die intellektuellen und materiellen Waffen zur Anwendung kommen, müssen gegen die Sozialstaatillusionen die Aktionserziehung, gegen die wachsenden Mystifikationen des Kapitalverhältnisses die Befähigung zum wilden Streik gesetzt werden. Die wachsende Militarisierung der herrschenden Klasse muß mit der politischen Nutzung des Wehrdienstes beantwortet werden. Proletarische Erziehung muß schließlich allen Arbeitern und Angestellten, sowie der wissenschaftlichen und technischen Intelligenz frühzeitig vermitteln, daß »auf sie alles ankommt, daß sie von fremder Hilfe anderer Klassen nichts, von Führern nur ganz wenig, von sich selbst aber alles erwarten sollen«[27].

[25] Vgl. zur Geschichte dieses Kampfes: Zur Geschichte der Arbeitserziehung in Deutschland, Teil 1 und 2, Berlin 1970/71 (Monumenta Paedagogica, Bd. 10 u. 11). – Richard Müller: Der Grundsatz der Verbindung von Unterricht und Erziehung mit produktiver Arbeit und die Arbeitserziehung in den bildungspolitischen Kämpfen der deutschen Arbeiterbewegung in der Novemberrevolution und in der revolutionären Nachkriegskrise, in: Helmut König (Hg.): Beiträge zur Bildungspolitik, Berlin 1968. (Monumenta Paedagogica Bd. 4, S. 244 ff.)

[26] Vgl. Sabine Gensior: Arbeitslehre. Ein erneuter Versuch der ideologischen Integration der Arbeitskraft, Berlin 1971. – Marianne Henkel: Die Einführung der Arbeitslehre in ausgewählten Bundesländern, Berlin 1970. – Zur Geschichte der Arbeitserziehung in Deutschland, Teil 2, Berlin 1971, S. 152–227.

[27] Hermann Gorter: Offener Brief an den Genossen Lenin, in: Die Linke gegen die Parteiherrschaft, a. a. O., S. 431.

Entwicklungsstand und Perspektiven der Forschung auf dem Gebiet proletarischer Erziehung

Erst mit der Einsicht, daß die proletarische Erziehung sowohl die Mitglieder des Gesamtarbeiters zur Revolutionierung der Produktivkräfte wie der Produktionsverhältnisse vorbereiten soll, sind wir zu einem vertieften Begriff von proletarischer Erziehung vorgestoßen. Wir haben dabei folgende Stufen durchlaufen:

1. Im antiautoritären *Kinderladen* begriffen wir revolutionäre Erziehung als ungesellschaftlich gefaßte antiautoritäre Charaktertransformation der Individuen. Wir glaubten, die einzelnen Kinder durch Zerstörung autoritärer Ideologie in ihren Köpfen und durch Aufgabe der autoritären Rolle der Erzieher zu autonomen und kritischen Individuen entwickeln zu können. Dieser Erziehungsbegriff entsprach unserem Verständnis der bestehenden Gesellschaft als einer autoritär organisierten und alle Individuen anpassenden.
2. Im proletarischen *Kinderclub* begriffen wir revolutionäre Erziehung als klassenspezifisch proletarische. Wir wollten ausgehen von den klassenspezifischen, materiellen Lebensumständen der Arbeiterkinder. Wir wollten sie kollektiv befähigen, den entpolitisierenden, apathisierenden oder korrumpierenden Einfluß ihrer Umwelt zu bekämpfen. Aus angepaßten Massenindividuen sollten revolutionäre Mitglieder ihrer Klasse werden. Wir glaubten, daß sie – zum kämpfenden Kollektiv im Straßenkampf entwickelt – einen Beitrag zur Emanzipation ihrer Klasse leisten würden. Erziehung hieß: Kampferziehung in Gruppen.
3. In der Phase der *Unterstützung der Arbeiterjugend* am Schreibtisch glaubten wir, proletarische Erziehung entfalte sich im kollektiven Widerstand der Arbeiterjugend nicht nur im Wohnviertel, sondern in allen Bereichen von Produktion, Qualifikation und Reproduktion. Erziehung hieß nun: Kampferziehung im Rahmen der proletarischen Jugendorganisation hieß: lerne und arbeite für die Emanzipation der Klasse.
4. Erst mit der schließlichen Entwicklung eines angemessenen Begriffs der dynamischen und zugleich höchst widersprüchlichen Klassengesellschaft, die die Produktivkräfte ein gutes Stück entfaltet, um zugleich an dieser Entfaltung zu scheitern, konnten wir auch die Umrisse eines Erziehungsbegriffs gewinnen, der auf der Kenntnis der Totalität der Widersprüche der kapitalistischen Gesellschaft und ihrer Bewegungsformen aufbaut.

Erst dieser Begriff der proletarischen Erziehung unter spätkapitalistischen Verhältnissen faßt die materiellen Voraussetzungen, Inhalte und Ziele der mit der wissenschaftlich-technischen Revolution eröffneten Möglichkeit zusammen, nach denen die Allseitigkeit der Individuen im Klassenkampf erreichbar wird. Er impliziert, daß die individuelle Emanzipation zugleich eine kollektive ist, die Emanzipation der arbeitenden Klasse zugleich die Aufhebung der Klassengesellschaft.

Die Realisierung proletarischer Erziehung hängt nun ab vom Stand der Vergesellschaftung der Erziehung, von der Entwicklung der Widersprüche der Kapitalfraktionen, vom Klassenkampf und von der Klassenorganisation. Ziel der proletarischen Erziehung ist es, den einzelnen schließlich von den Zwängen der Natur durch Bemeisterung der Arbeit nach der Befreiung des Menschen von den Zwängen des Kapitalismus zu emanzipieren. Erst unter dieser Zielsetzung kann der an bloßer intellektueller ›Autonomie und Emanzipation‹ orientierte linksbürgerliche Erziehungsbegriff auf seine materialistischen und bewaffneten Füße gestellt werden.[28] Proletarische Erziehung heißt nun: Befähige dich, durch organisiertes Arbeiten, Lernen und Kämpfen die kapitalistischen Produktionsverhältnisse zu zerschlagen und die Produktivkräfte einschließlich der Arbeiterschaft zu befreien.

Eine wichtige Aufgabe bei der Erforschung der proletarischen Erziehung ist heute die weitere Klärung der aktuellen Grundlagen proletarischer Erziehung. Dabei muß neben der theoretischen Klärung die empirische Untersuchung intensiviert werden. Diese Arbeit hat nur Zweck, wenn sie schließlich direkt dem heutigen Kampf der Jugend des Gesamtarbeiters nutzen kann. Sie muß sich deshalb auf die aktuellsten Probleme dieses Kampfes tatsächlich beziehen.

Es liegt auf der Hand, daß kommunistische Intellektuelle, die diese Aufgaben beginnen, für sich selbst organisatorische Konsequenzen ziehen müssen. Die Organisationsfrage löst sich für die Kopf- und Handarbeiter nicht nach abstrakten Prinzipien der III. Internationale, sondern nach Maßgabe der Möglichkeit, daß sich am Arbeits-, Studien- und Ausbildungsplatz die unteren und höheren Schichten des Gesamtarbeiters gemeinsam organisieren.[29]

[28] Das Gerede von der Aufhebung »der Entfremdung schon im Erziehungsprozeß« (Mollenhauer: Erziehung und Emanzipation, München 1968, S. 21) wird nur wahr, wenn Erziehung an der Aufhebung der Entfremdung in der Gesellschaft teilnimmt.

[29] Vgl. z. B. die Beiträge zur Lösung der Organisationsfrage für Oberschüler und Lehrer: Karl-Walter Beise u. a.: Die Revolte gegen die technokratische Schulreform, in: *Erziehung und Klassenkampf*, Nr. 2, 1971, S. 6 ff. – Georg Daniel: Thesen zur Organisierung von Lehrern, in: *Erziehung und Klassenkampf*, Nr. 2, 1971, S. 38 ff.

Literaturverzeichnis

1. Zur antiautoritären Erziehung

Abraham, Karl: Psychoanalytische Empirie. Fallstudien. Berlin 1970. (Beiträge zur antiautoritären Erziehung.)

Anleitung für eine revolutionäre Erziehung. Berlin 1969—70.
Nr. 1. Vera Schmidt: 3 Aufsätze. Berlin 1969.
Nr. 2. Walter Benjamin: Eine kommunistische Pädagogik. Berlin 1969.
Nr. 3. Erziehung und Klassenkampf. Berlin 1969.
Nr. 4. Annie Reich: Für die Befreiung der kindlichen Sexualität. Berlin 1970.
Nr. 5. Kinder im Kollektiv. Berlin 1969.

Antiautoritäre Erziehung und Kinderanalyse. Berlin o. J. (Raubdruck).

Antiautoritäre Erziehung/Kinderläden. In: *Vorgänge.* Nr. 5. 1970.

Aufrechter Gang. In: *Der Spiegel,* Nr. 44, 1970, S. 62 ff.

Berliner Kinderläden. Antiautoritäre Erziehung und sozialistischer Kampf. Köln/Berlin 1970.

Bernfeld, Siegfried: Antitautoritäre Erziehung und Psychoanalyse. Bd. 1—3. Darmstadt 1969—70.

Bettelheim, Bruno: Die Kinder der Zukunft. Gemeinschaftserziehung als Weg einer neuen Pädagogik. Wien/München 1971.

Beutler, Kurt: Was heißt antiautoritäre Erziehung? In: *Westermanns pädagogische Beiträge.* Nr. 7. 1970. S. 325 ff.

Dermitzel, Regine: Thesen zur antiautoritären Erziehung. In: *Kursbuch* 17. 1969. S. 179 ff.

Deubel, Gerlinde u. a.: Kinderladen: So wird's gemacht. In: *betrifft: erziehung.* Nr. 9. 1970. S. 39 ff.

Erziehung zum Ungehorsam. Kinderläden berichten aus der Praxis der antiautoritären Erziehung. Hg. von Gerhard Bott. Darmstadt 1970.

Freud, Anna: Wege und Irrwege in der Kinderentwicklung. Stuttgart 1968.

Grigat, Rolf, u. Reiner Kemmler: Autoritäre oder antiautoritäre Erziehung? München 1970.

Informationsdienst des Vereins für fortschrittliche Erziehung Hg. v. Kinderladenkollektiv Nürnberg. Nürnberg. 1. Jg. 1969 — 2. Jg. 1970.

Kinderkollektiv I. Kinderladenarbeit in Hannover. Hannover 1970.

Kinderläden. Revolution der Erziehung oder Erziehung zur Revolution. Reinbek 1971.

Kleffken, Ludger: Antiautoritäre Vorschulerziehung. In: Heinz Abels (Hg.): Sozialisation in der Schule. Bochum 1971. S. 185—205.

Kinderladen-Info 1. Hg. v. Zentralrat der Hamburger Kinderläden. Hamburg 1970.

Kinderladen-Info. Hg. v. Sozialistische Kinderläden West-Berlin. Nr. 1—8. Berlin 1969.

Kohl, Herbert R.: Antiautoritärer Unterricht in der Schule von heute. Reinbek 1971.

Kommune 2. Kindererziehung in der Kommune. In: *Kursbuch* 17. 1969. S. 147—178.
Kommune 2. Versuch der Revolutionierung des bürgerlichen Individuums. Berlin 1969.
Leonhardt, Klaus Dieter: Summerhill. Antiautoritäre Erziehung — Erziehung ohne Perspektive. Frankfurt 1970.
Materialien zur antiautoritären Erziehung. In: Info. Hg. von der sozialistischen Arbeitsgruppe an der Fachschule für Sozialpädagogik Hamburg. 1970. Nr. 9.
Michels, Bernd: Was heißt eigentlich Kinderladen? In: *konkret*. Nr. 11. 1970. S. 24 ff.
Millhofer, Petra: Kinderläden als Erziehungsmodell. Hektographiertes Manuskript. Soziologisches Institut FU Berlin. WS 1969/70.
Neill, Alexander S.: Theorie und Praxis der antiautoritären Erziehung. Das Beispiel Summerhill. Reinbek 1970.
Neill, Alexander S.: Das Prinzip Summerhill. Fragen und Antworten. Reinbek 1971.
Popenoe, Johua: Schüler in Summerhill. Reinbek 1971.
Spitz, René: Vom Säugling zum Kleinkind. Stuttgart 1969.
Summerhill. Pro und Contra. Reinbek 1971.
Wolff, Reinhart: Erziehung ohne Zwang? In: *betrifft: erziehung*. Nr. 9. 1970. S. 34 ff.
Wolfheim, Nelli: Psychoanalyse und Kindergarten. München, Basel 1969.
Zimmer, Jürgen: Antiautoritäre Erziehung. In: *betrifft: erziehung*. Nr. 4. 1969. S. 32 f.
Zimmer, Jürgen: Antiautoritäre Erziehung in Kindertagesstätten. Verkürzte Nachschrift eines Referates gehalten am 29. 4. 1968 in Stadt Blankenburg auf dem Sozialreferentenseminar des VDS.
Zucht oder antiautoritäre Erziehung? Stuttgart 1970.

2. Zur proletarischen Erziehung

Adler, Max: Neue Menschen. Berlin 1924.
Ausländer, Fritz: Rettet die Schule. Berlin 1927.
Balabanoff, Angelica: Erziehung der Massen zum Sozialismus. Berlin 1926.
Beiträge zur Geschichte der Vorschulerziehung. Berlin 1968.
Blonski, Pawel Petrowitsch: Die Arbeitsschule. Berlin 1921.
Borchardt, Julian: Wie sollen wir unsere Kinder ohne Prügel erziehen? Berlin 1919.
Bracken, Helmut von: Die Prügelstrafe in der Erziehung. Dresden 1926.
Brechstein, Eicke: Die Sozialisation des Arbeiterkindes in Familie und Schule. Freiburg 1971.
Breitenstein, Desiderius: Die sozialistische Erziehungsbewegung. Freiburg 1930.
Deppe-Wolfinger, Helga: Gewerkschaftliche Jugendbildung und politisches Bewußtsein. In: Deppe, Frank (Hg.): Das Bewußtsein der Arbeiter. Köln 1971. S. 301—359.
Duncker, Käthe: Die sozialistische Erziehung im Haus. Berlin 1914.
Geschichte der Erziehung. Berlin 1968. 8. Aufl.

Hoernle, Edwin: Grundfragen proletarischer Erziehung. Darmstadt 1969.
Jenssen, Otto: Erziehung zum politischen Denken. Berlin 1931.
Kanitz, Otto F.: Kämpfer der Zukunft. Für eine sozialistische Erziehung. Frankfurt 1970.
Kalinin, Michail Iwanowitsch: Über kommunistische Erziehung. Berlin 1950.
Karras, Heinz: Die Grundlagen der sozialistischen Pädagogik in Marx' Hauptwerk Das Kapital. Berlin 1956.
Das proletarische Kind. Zur Schulpolitik und Pädagogik der KPD in den Jahren der Weimarer Republik. Berlin 1958.
Krapp, Gotthold: Marx und Engels über die Verbindung des Unterrichts mit produktiver Arbeit und die polytechnische Bildung. Frankfurt 1971.
Krupskaja, Nadeshda Konstantinowna: Sozialistische Pädagogik Bd. 1—4. Berlin 1966—67.
Kurella, Alfred: Methodischer Leitfaden für den Lehrer des politischen Grundwissens. Wien/Berlin 1927.
Lenin, Wladimir Iljitsch: Ausgewählte pädagogische Schriften. Berlin 1955.
Liebknecht, Wilhelm: Wissen ist Macht — Macht ist Wissen und andere bildungspolitische Äußerungen. Berlin 1968.
Makarenko, Anton Semjonowitsch: Werke. Bd. 1—7. Berlin 1956—62.
Marx, Karl, und Friedrich Engels: Über Erziehung und Bildung. Berlin 1966.
Marzahn, Christian: Zur Bedeutung der revolutionären Pädagogen der Weimarer Zeit für die Rekonstruierung einer marxistischen Erziehungstheorie und -praxis heute. In: *Erziehung und Klassenkampf*. Nr. 1. 1971. S. 31 ff.
Mehnert, Wolfgang: Der Beitrag Edwin Hoernles zum schulpolitischen und pädagogischen Kampf der KPD in der Weimarer Republik (1919—29). Berlin. 1958.
Neubauer, Theodor: Die neue Erziehung der sozialistischen Gesellschaft. Erfurt 1920.
Owen, Robert: Pädagogische Schriften. Berlin 1955.
Robmann, Agnes: Proletarische Lebensführung. Bern/Biel 1920.
Rühle, Otto: Arbeit und Erziehung. Leipzig 1904.
Ders.: Grundfragen der Erziehung. Stuttgart 1912.
Ders.: Erziehung zum Sozialismus. Berlin 1919.
Ders.: Die Seele des proletarischen Kindes. Dresden 1925.
Schlesinger, Therese: Wie will und soll das Proletariat seine Kinder erziehen? Wien 1921.
Schrott, Andreas: Charakterbildung in der Familie. Ein Beitrag zur sozialistischen Erziehung. Wien 1931.
Schumacher, Henny: Die proletarische Frau und ihre Erziehungsaufgabe. Berlin 1929.
Schweitzer, Gustav: Proletarische Erziehungsarbeit. Prag 1930.
Siemsen, Anna: Beruf und Erziehung. Berlin 1926.
Proletarisches Spielbuch. Berlin 1970. (Anleitung für eine revolutionäre Erziehung, Nr. 7.)
Stern, Joseph Luitpold: Klassenkampf und Massenschulung. Wien 1930.
Quellen zur Geschichte der Erziehung. Berlin 1968[5].

Reichelt, Monika: Arbeit mit Arbeiterkindern. Über die Schwierigkeit der Schülerladenversuche. In: *Kritischer Katholizismus.* Nr. 7. 1971. S. 13.
Reisig, Hildegard: Die Rolle der Bildung für die Befreiung des Proletariats im politischen Denken der deutschen Arbeiterbewegung von den 40er Jahren bis zum Weltkrieg. Leipzig. Phil. Diss. 1932.
Schülerladenbericht Falkensteinstraße. Anfang 69 — Mitte 70. In: *Erziehung und Klassenkampf.* Nr. 2. 1971.
Schulkampf 1. Hg. v. Lutz v. Werner u. Reinhart Wolff. Frankfurt 1970.
Soll Erziehung politisch sein? Hg. vom Roten Kollektiv proletarische Erziehung. Frankfurt 1970.
Sozialistische Projektarbeit im Berliner Schülerladen Rote Freiheit. Frankfurt 1971.
Suchodolsky, Bogdan: Grundlagen der marxistischen Erziehungstheorie. Berlin/Warschau 1961.
Suchomlinski, Wassili: Über die Erziehung des kommunistischen Menschen. Berlin 1965.
Zeichnungen und Geschichten proletarischer Kinder. Berlin 1970. (Anleitung für eine revolutionäre Erziehung. Nr. 9.)
Zetkin, Clara, u. a.: Die Erziehung der Kinder in der Proletarischen Familie. Berlin 1960.
Zetkin, Clara: Über Jugenderziehung. Berlin 1957.

3. Zur alten und neuen Arbeiterjugendbewegung

Achenbach-Stiller, Vera: Arbeiterjugend. In: *Kürbiskern.* Nr. 2. 1971. S. 307—318.
Arbeiterjugend contra Monopole. Bochum 1970.
Ausbildung statt Ausbeutung. 1. Kritik am Berufsbildungsgesetz. 2. Vorschläge zur Veränderung der beruflichen Bildung. Bonn 1970.
Baumann, Edith: Die Geschichte der deutschen Jugendbewegung. Berlin 1948.
Bondy, Curt: Die proletarische Jugendbewegung in Deutschland. Lauenburg 1922.
Borgwardt, Carl: Die sozialistische Jugendbewegung. Rostock. Phil. Diss. 1924.
Crusius, Reinhard, u. a.: Praxis und Theorie gewerkschaftlicher Lehrlingspolitik. Offenbach/Hamburg 1971.
Deutschlands Junge Garde. 50 Jahre Arbeiterjugendbewegung. Berlin 1955.
Dokumente zur Geschichte der FDJ. 4 Bde. Berlin 1960 ff.
Dortans, J. L.: Arbeiterjugend zwischen Revolution und Reform. Köln 1970.
Flach, Herbert: Die pädagogischen Bestrebungen der deutschen proletarischen Jugendbewegung bis zum ersten Weltkrieg. Potsdam. Phil. Diss. 1956.
50 Jahre sozialistische Arbeiterjugend. Hg. Die Falken. Mannheim. 1954.
Frank, Ludwig: Die jugendlichen Arbeiter und ihre Organisationen. Berlin 1906.

Zur Geschichte der Arbeiterjugend-Bewegung in Deutschland. 1904–1946. Berlin 1956.
Fürnberg, Friedel, und Kurt Müller: Die Lage der arbeitenden Jugend in den kapitalistischen Ländern. Berlin 1928.
Globig, Fritz: ... aber verbunden sind wir mächtig. Aus der Geschichte der Arbeiterjugend-Bewegung. Berlin 1958.
Globig, Fritz: Was wir wollen. Berlin 1919.
Gorkic, Milan: Heran an die Betriebe. Wien 1928.
Die Grundfragen der kommunistischen Jugendbewegung. Berlin. 1922.
Gyptner, Rudolf: Vom Verein zur Massenorganisation. Die Betriebszelle der kommunistischen Jugend. Berlin 1923.
Hackmack, Hans: Sozialistische Jugendbewegung. Berlin 1918.
Haug, Hans Jürgen, und Hubert Maessen: Was wollen die Lehrlinge? Frankfurt 1971.
Hendrich, Klaus, Lehrlinge und Politik. In: Beilage zur Wochenzeitung *Das Parlament* v. 10. Oktober 1970.
Hoernle, Edwin: Sozialistische Jugenderziehung und sozialistische Jugendbewegung. Berlin 1919.
Holler, Eckard: Vom roten Turm zum sozialistischen Jugendzentrum. Tübingen 1970. (Schriftenreihe zur sozialistischen Jugendbewegung Nr. 1.)
Hübner, Christoph, u. a.: Politökonomische Bestimmung zur Lage der Arbeiterjungend im Kapitalismus und deren Bedeutung für die Entwicklung von Klassenbewußtsein. In: *Erziehung und Klassenkampf*. Nr. 1. 1971.
Hübner, Monika: Schulkampf: Ende oder Anfang? Bedingungen eines sozialistischen Schulkampfes heute. In: *Kritischer Katholizismus*. Nr. 7. 1971. S. 14.
Vom Kampf gegen Erziehungsheime zum Klassenkampf. In: *Sozialistische Korrespondenz*, Nr. 36. 1970. S. 15 ff.
Kelbert, H.: Der Kampf der revolutionären Arbeiterjugend in der Novemberrevolution 1918 in Deutschland um eine bessere Berufsausbildung. Berlin 1960.
Korn, Karl: Die Arbeiterjugendbewegung. Berlin 1922.
Krawczack, Klaus: Die Lage der westdeutschen Arbeiterjugend. Berlin 1960.
Krombach, Uwe: Vom Lehrlingsprotest zur proletarischen Jugendbewegung. In: *Kritischer Katholizismus*. Nr. 7. 1971. S. 5 f.
Kuczynski, Jürgen: Studien zur Geschichte der Lage des arbeitenden Kindes in Deutschland von 1700 bis zur Gegenwart. Bd. 1 u. 2. Berlin 1968.
Zur Lehrlingsarbeit. In: *SDS-Info*. Nr. 20. 1969.
Lessing, Helmut, und Manfred Liebel: Bürgerliche Jugendrevolten zwischen Autoritätskonflikt und Klassenkampf. In: *Deutsche Jugend*. Nr. 6. 1970.
Lindstaedt, Erich: Mit uns zieht die neue Zeit. Ein Beitrag zur Geschichte der deutschen Arbeiterjugend-Bewegung. Bonn 1954.
v. Loebell, Theodora: Die Jugendbewegung der sozialdemokratischen Partei. Jena. Phil. Diss. 1921.
Lenin, W. I.: Über die Jugend. Frankfurt 1971.
Liebknecht, Karl: Arbeiterbewegung und Jugendorganisation. In: Ders., Gesammelte Reden und Schriften. Berlin 1960. Bd. 2.

Liebknecht, Karl: Militarismus und Antimilitarismus unter besonderer Berücksichtigung der internationalen Jugendbewegung. Leipzig 1907.
Maaß, Herbert: Zur politischen Ökonomie der Lehrlingsbildung. Diplomarbeit am Soziologischen Institut der Freien Universität Berlin vom 1. Juli 1971.
Michels, Hans Jochen, und Wolfgang Pfeiffer: Lehrlingsbuch. Frankfurt 1971.
Mit Luxemburg und Liebknecht. 10 Jahre KJVD. Berlin 1929.
Münzenberg, Willi: Die 3. Front. Aufzeichnungen aus 15 Jahren proletarischer Jugendbewegung. Berlin 1930.
Münzenberg, Willi, und Leo Flieg: Die Jugend der Revolution. Berlin 1920.
Münzenberg, Willi: Die sozialistischen Jugendorganisationen vor und während des Kriegs. Berlin 1919.
Münzenberg, Willi: Der wirtschaftliche Kampf der proletarischen Jugend. Berlin 1921.
Münzenberg, Willi: Die proletarische Jugendbewegung. Berlin 1929.
Nowinskaja, M. L.: Die Jugend in der heutigen kapitalistischen Gesellschaft. In: *Sowjetwissenschaft. Gesellschaftliche Beiträge.* H. 7. 1969.
Peters, Max: Die weibliche Jugend und ihre Organisation. Berlin 1908.
Petschick, Werner: Ökonomische Aspekte der westdeutschen Berufsausbildung und demokratische Lösungsversuche. Berlin. Humboldt-Univ. Wirtschaftswiss. Diss. 1968.
Priemer, Rolf Jürgen: Arbeiterjugend nimmt den Kampf auf. In: *Marxistische Blätter.* H. 4. 1969. S. 7 ff.
Das Programm der KJI von 1928. Frankfurt 1971. (Revolutionäre Bibliothek der Arbeiterjugend. Bd. 2.)
Ransch, Siegfried: Jugend im Kampf gegen den westdeutschen Imperialismus. In: *Einheit. Theoretische Zeitschrift des wissenschaftlichen Sozialismus.* Berlin. H. 6. 1969. S. 696 ff.
Roger, Gerhard: Die pädagogische Bedeutung der proletarischen Jugendbewegung Deutschlands. Frankfurt 1971. (Revolutionäre Bibliothek der Arbeiterjugend. Bd. 1.)
Rühle, Otto: Das proletarische Kind. München 1911.
Schiller, Paul: Die Betriebsorganisation der Jugend. Berlin 1919.
Schneider, Hartmut: Die sozialistische Jugendbewegung. Köln. Phil. Diss. v. 24. 4. 1952.
Schüller, Richard: Wirtschaftliche Lage und wirtschaftlicher Kampf der Arbeiterjugend. Berlin 1923.
Schüller/Kurella/Chitarow: Geschichte der KJI. Bd. 1—3. München 1970.
Schult, Johannes: Aufbruch einer Jugend. Bonn 1956.
Schumann, E.: Wir gingen mit Karl Liebknecht. Berlin 1960.
Sieger, Walter: Das erste Jahrzehnt der deutschen Arbeiterjugendbewegung. 1904—14. Berlin 1958.
Soffner, Heinrich: Die proletarische Jugend. Jena 1928.
Tschitscherin, Georgij: Skizzen aus der Geschichte der Jugendinternationale. Berlin 1921.
Wiesner, Erich: Mann nannte mich Ernst. Berlin 1958.
Winterhager, W. Dietrich: Lehrlinge — die vergessene Majorität. Weinheim 1970.
Zetkin, Clara: Die Jugendorganisation. In: Dies., Ausgewählte Reden und Schriften. Berlin 1956. Bd. 1.

Fischer Taschenbuch Verlag

»Buch der Bücher«

Francois Bondy

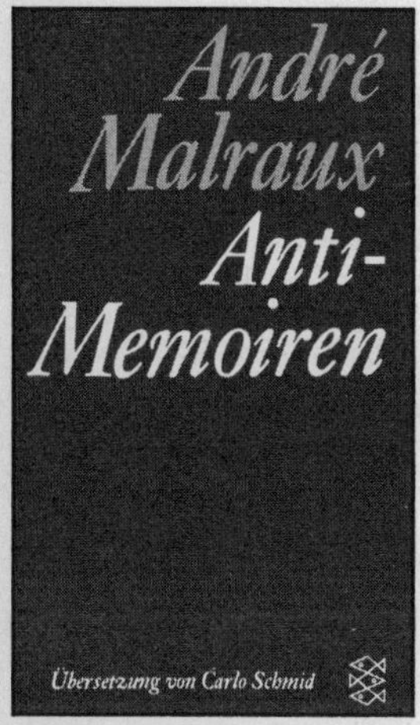

André Malraux
Anti-Memoiren
Band 1191 DM 7,80

Jugendlicher Revolutionär in Shanghai, Archäologe, 1934 mit Gide Teilnehmer am Kongreß sowjetrussischer Schriftsteller in Moskau, Organisator der republikanischen Luftwaffe im Spanischen Bürgerkrieg, ›Colonel Berger‹ des französischen Widerstandes, Kulturminister de Gaulles, Freund und vertrauter Gesprächspartner von Mao und Nehru, Autor von ›La condition humaine‹ (Fischer Bücherei, Bd. 1016).

Malraux' Doppelbegabung als Schriftsteller wie als Politiker hat ihn nicht der Gefahr ausgesetzt, die bei derart gegensätzlichem Talent häufig besteht: auf beiden Gebieten ein Dilettant zu sein. Auch wenn seine Bücher und seine politischen Handlungen außer auf Zustimmung auch auf Kritik gestoßen sind – daß er eine der wenigen großen Persönlichkeiten der Gegenwart sei, wurde nicht bestritten.

Fischer Taschenbuch Verlag

Informationen zur Zeit

Anpassung oder Widerstand?
Gewerkschaften im autoritären Staat
Hrsgg. v. Sven Gustav Papcke
Originalausgabe (1094)

Hans Eckehard Bahr
Weltfrieden und Revolution
(1102)

Peter Bender
Zehn Gründe für die Anerkennung der DDR
Originalausgabe (951)

Peter Brosch
Fürsorgeerziehung
Heimterror und Gegenwehr
Originalausgabe (1234)

Hendrik Bussiek (Hrsg.)
Wege zur veränderten Gesellschaft
Politische Strategien
Originalausgabe (1205)

Veränderung der Gesellschaft
Sechs konkrete Utopien
Originalausgabe (1092)

Che Guevara und die Revolution
Hrsgg. v. Rudolf Sonntag
Originalausgabe (896)

Theodor Ebert
Gewaltfreier Aufstand
Alternative zum Bürgerkrieg
(1123)

Heinz Grossmann (Hrsg.)
Bürgerinitiativen
Schritte zur Veränderung?
Originalausgabe (1233)

Hans-Jürgen Haug / Hubert Maessen
Was wollen die Lehrlinge?
Originalausgabe (1186)

Was wollen die Schüler?
Politik im Klassenzimmer
Originalausgabe (1013)

Urs Jaeggi
Macht und Herrschaft in der Bundesrepublik
Originalausgabe (1014)

Kriegsdienstverweigerer: Gegen die Militarisierung der Gesellschaft
Mit einem juristischen Ratgeber
Hrsgg. v. Hans-Jürgen Haug u. Hubert Maessen
Originalausgabe (1173)

Friedrich Mager / Ulrich Spinnarke
Was wollen die Studenten?
(Neue Ausgabe) Originalausgabe (949)

Harold Rasch
Politik mit dem Osten
Von der Abschreckung zum Frieden
Originalausgabe (1165)

Das Rote Buch
Worte des Vorsitzenden Mao Tse-tung
Hrsg. Tilemann Grimm
(857)

Lothar Schmidt / Dieter Thelen
Hochschulreform
Gefahr im Verzuge?
Mit einem Gesetzentwurf
Originalausgabe (1011)

Schulreform
oder Der sogenannte Fortschritt
Hrsg. Johannes Beck u. Lothar Schmidt
Originalausgabe (1121)

Bobby Seale
Wir fordern Freiheit
Der Kampf der Black Panther
(1198)

Sozialistische Projektarbeit im Berliner Schülerladen Rote Freiheit
Analysen, Protokolle, Dokumente
Herausgeber-Kollektiv
Originalausgabe (1147)